부자 사주
가난한 사주

사 례 로 보 는 실 전 사 주 풀 이

부자 사주
가난한 사주

무영 저

좋은땅

서문

　가끔 운명은 출생과 동시에 정해져 있어서 우리가 어쩌지 못하는 불가항력적인 힘에 의해 지배받는 것은 아닐까 하는 생각이 든다. 사주팔자(四柱八字)를 통해서 이미 정해져 있는 운명을 바꿀 수 있을까? 하늘에서 이미 부여한 명(命)을 인간의 힘으로 바꾼다는 것은 신의 영역에 도전하는 일일 것이다. 누구나 출생할 때 알몸으로 태어나서 죽음을 맞이할 때는 수의만 한 벌 입고 떠나는 것과 같이 운명에 시(始)와 종(終)은 결정되어 있다. 하지만 시작해서 끝날 때까지의 과정의 영속성에 대하여 알 수 있다면 얼마든지 운명의 개척이 가능할 수 있다고 생각한다.

　운명의 사전적인 의미는 '인간을 포함한 모든 것을 지배하는 초인간적인 힘 또는 그것에 의하여 이미 정해져 있는 목숨과 앞으로의 생사나 존망에 관한 처지'라고 되어 있다. 보통 운명에 대해 이야기할 때는 태어날 때부터 정해진 것 혹은 선천적으로 타고난 숙명과도 같은 것이라 말한다. 하지만 운명과 숙명의 의미의 차이는 크게 구분하지 않는 책들도 많으며 사전적 해석에 따르면 숙명에 의해 현생의 모든 일이 이미 선천적으로 결정되었다고도 본다.

　그러나 운명과 숙명은 차이가 있다. 운명은 예측할 수도 있어서 얼마든지 자유의지에 따라 개척할 수도 있고 지혜롭게 대처할 수도 있다. 숙명은 운명을 숙지하여 인간을 포함한 모든 것을 지배하는 초인간적인 힘이라고 생각하고 그것에 의하여 이미 정해져 있는 목숨이나 처지를 아무런 저항 없이 받아들이는 것이라고 본다. 감성적인 면에서 숙명이 좀 더 슬프다는 생각이 든다. 큰 의미에서는 운명은 능동적인 면이 있고 숙명은 수동적인 관계일 수도 있다.

필자는 인간의 운명은 얼마든지 개척 가능하다고 생각하여 조심스럽게 사주 명리학이라는 학문을 통하여 그 운명을 예측하여 본서가 피흉취길(避凶就吉)의 지침서가 되었으면 하는 바람이다. 올바른 예측을 통하여 똑같은 잘못을 반복하지 않도록 노력한다면 얼마든지 삶이 바뀌고 현재보다 좋아질 수 있다. 운명을 넘어 숙명(宿命)을 알 때, 천명(天命)을 안다고 한다. 천명을 안다는 것, 그것이 운명으로부터의 해방이다. 즉 알고 있으면 좀 더 자유로울 수 있는 것이다.

본서는 일반적으로 우리 삶에서 가장 중요하다고 여기는 배우자, 자식, 직업, 건강 등을 사계절의 기운과 흐름에 맞춰 사주를 추명하고 운명을 예측해 보았다. 이를 통해 거스를 수 없는 숙명 안에서 자신의 인생을 보다 능동적이고 객관적으로 확인하여, 정해진 운명을 적극적으로 개척하고 나 자신에게 안정적이고 행복한 삶을 영위하는 데 도움이 되었으면 하는 바람이다.

사주 명리학의 사주팔자는 생년월일 생시까지 4개의 기둥을 세워 '기둥주' 자를 써서 사주(四柱)라 하고, 총 8글자를 팔자(八字)라 하며, 이것을 하늘에서 내렸다는 의미로 천명(天命)으로 명하며, 명(命)이 걸어가는 과정을 운(運)이라 하여 운명이라 명한다. 운명을 바르게 알 수 있다면 자유의지로 개척할 수 있을 거라 생각한다.

기 출판된『사주와 자연이치』(좋은땅, 2018)가 10천간(天干)의 사계절에 따른 변화에 집중하여 간지(干支)의 작용을 설명하여 출간하였다면 본서는 인간사에 가장 중요한 배우자, 자식, 직장, 재물, 건강 등 사례별 사주를 사계절 물상에 비추어 자연의 변화하는 현상을 살펴서 출간하게 되었다. 운명을 무조건적인 숙명으로 받아들이지 않고 운명을 개척할 수 있는 밑거름이 되길 바라는 마음이다. 문제를 직시하고 해결하겠다는 의지적인 존재로 바로 설 수 있다면, 그것은 숙명적인 존재로부터 운명적인 존재로 거듭났다고 할 수 있다.

본서의 줄기는 사주의 기운과 사계절 변화에 따라 인간의 움직임을 추명하는 난강망에 기인한 조후법을 적극 활용하였음을 밝혀 둔다. 사례별 사주 설명 시 현상에 대한 명확한 이해의 중요성으로 반복적인 설명이 있을 수 있으므로 학우들의 이해를 바란다. 일반적인 사주 추명법 중 많이 통용되고 있는 십신, 격국, 억부용신, 십이신살 등은 참고 사항으로 하였다. 사주 명리학을 깊고 심오한 이치에 접근할 수 있도록 도와주신 이진우 교수님께 감사드린다.

2022년 11월 1일 무영

목차

서문 4

1장 사주팔자 운명 정해져 있는가?

1. 사주팔자가 운명이라면 나는 개척할 준비가 되어 있다 14
   1) 사주 명리학이란 14
   2) 사주 통변의 기본 요령 19

2. 사주는 일기예보 22
   1) 겨울운에는 조심하세요 24
   2) 산에 불이 났어요 27
   3) 말년이 좋으니까 열심히 살아야죠 29
   4) 사주팔자 난로와 냉장고 32
   5) 고목에 봉춘이 될까요 34

3. 배우자 38
   1) 좋은 부인도 나쁘게 될까 39
   2) 장모님 잘 좀 봐주세요 42
   3) 약한 배우자를 만나는군요 45
   4) 바람은 피워도 배우자를 버리지 않는다 47
   5) 남의 것을 탐하는 사람 50
   6) 재혼 52

4. 자식 56
   1) 귀한 자식 낳는 명 57

2) 자식 낳고 힘든 사주   60

3) 자식의 건강   63

4) 자식 낳으면 좋은 사주   65

5) 자식 갖기 어려운 명   67

6) 외방 자식을 둔다   69

7) 사주팔자에 자식이 있지만 자식이 없다   72

5. 부모님   76

1) 좋은 부모님을 만났군요   78

2) 부친의 건강을 조심하세요   81

3) 부모 덕   84

4) 부모 선망   86

5) 어머니 안녕하신가요   89

6) 부모님 유산 잘 지키세요   92

6. 재물   96

1) 부자 사주   98

2) 부자 사주가 맞나요?   101

3) 젊어 고생은 사서도 한다   104

4) 부자 사주 가난한 사주   108

5) 재물의 크기와 행복의 척도   111

7. 직업   115

1) 사업가인가? 직장인인가?   116

2) 공공 기관   120

3) 활인지명(活人之命)   125

4) 예체능으로 갈까요?   130

5) 판, 검사 될 수 있을까요?   133

6) 의료인   139

7) 직업이 바뀌었네요   141

8) 우리 아이 적성이 궁금해요   143

8. 건강(수명)   148

1) 호흡기관, 폐 질병   150

2) 소화기관, 허리 통증   153

3) 자궁 관련 임신, 유산의 위험   155

4) 다리 골절 등 교통사고 상해 위험   157

5) 시력 약화   159

9. 궁합   162

1) 우리 궁합은 몇 점일까요   164

2) 남편을 거느릴 수 없는 명인가요?   170

10. 사주팔자의 생시와 지역   174

1) 자시   175

2) 절입시   178

3) 태어난 지역의 시간 차이   179

2장   춘하추동 사계절에 따른 일간별 용신

1. 갑목(甲)   189

1) 인묘진월의 갑목   189

2) 사오미월의 갑목   191

3) 신유술월의 갑목   192

4) 해자축월의 갑목   194

2. 을목(乙)   196

1) 인묘진월의 을목   196

2) 사오미월의 을목　198

3) 신유술월의 을목　199

4) 해자축월의 을목　201

3. 병화(丙)　203

1) 인묘진월의 병화　203

2) 사오미월의 병화　204

3) 신유술월의 병화　206

4) 해자축월의 병화　207

4. 정화(丁)　209

1) 인묘진월의 정화　209

2) 사오미월의 정화　211

3) 신유술월의 정화　212

4) 해자축월의 정화　214

5. 무토(戊)　216

1) 인묘진월의 무토　216

2) 사오미월의 무토　218

3) 신유술월의 무토　220

4) 해자축월의 무토　221

6. 기토(己)　223

1) 인묘진월의 기토　223

2) 사오미월의 기토　225

3) 신유술월의 기토　227

4) 해자축월의 기토　229

7. 경금(庚)　231

1) 인묘진월의 경금　232

2) 사오미월의 경금　233

3) 신유술월의 경금   235

4) 해자축월의 경금   237

8. 신금(辛)   239

1) 인묘진월의 신금   240

2) 사오미월의 신금   241

3) 신유술월의 신금   243

4) 해자축월의 신금   245

9. 임수(壬)   247

1) 인묘진월의 임수   248

2) 사오미월의 임수   249

3) 신유술월의 임수   251

4) 해자축월의 임수   252

10. 계수(癸)   255

1) 인묘진월의 계수   255

2) 사오미월의 계수   257

3) 신유술월의 계수   259

4) 해자축월의 계수   260

3장   하늘 이야기

1. 천상열차분야지도   264

2. 28수   268

참고문헌   278

1장

사주팔자 운명 정해져 있는가?

1.
사주팔자가 운명이라면
나는 개척할 준비가 되어 있다

1) 사주 명리학이란

사주 8글자는 하늘의 기운을 받아 각자의 명이 출생과 동시에 그날 그 시간과 땅의 기운이 동하여지는 것이므로 사계절 자연의 변화와 불가분의 관계에 있다. 즉 춘하추동(春夏秋冬) 사계절의 운행에 따라 만물이 생성 소멸의 변화 과정을 겪는 것을 하늘에서 내린 생명체에 각각의 속성과 용도를 부여하여 문자화시켜 자연의 법칙에 따라 풀이해 놓은 것이 사주 명리학이다. 명리학은 태극으로부터 음양과 오행의 상생, 상극의 변화와 십간(甲, 乙, 丙, 丁, 戊, 己, 庚, 辛, 壬, 癸), 십이지지(子, 丑, 寅, 卯, 辰, 巳, 午, 未, 申, 酉, 戌, 亥)를 근간으로 자연의 운행 법칙을 인간과 우주 만물의 성명에 대한 근본 원리와 삶의 본질을 연구하는 학문이다. 십간과 십이지지로 정해진 사주팔자와 대운, 세운과의 상관관계를 자연물상에 비추어 자신의 명을 성찰하고 자유의지에 의한 운명의 개척을 발판으로 삼아 현명하고 지혜롭게 살아가는 방법을 얻는 것이므로 정확한 사주풀이는 운명도 바꿀 수 있다.

가끔 사주팔자나 운명을 본다는 것에 대하여 부정적인 사람들이 하는 질문 중 하나가 '한날한시에 생한 사주팔자는 모두 같은 운명을 살아야 하는 것 아니냐?' 하는 질문을 받는다. 현실에서는 동일한 사주이지만 전혀 다른 삶을 살고 있는 경우가 있다.

그것은 같은 화분이어도 어느 집에 있느냐에 따라 온도, 습도 등 제각각의 환경 속에서 다르게 성장하는 것처럼 사주팔자가 동일하다고 같은 삶을 살지는 않는다. 그러므로 사주가 같아도 어떤 사람은 대통령을 하고 어떤 사람은 양봉업을 하고 있다고 들은 적이 있다. 누가 더 행복하고 누구의 삶이 더 편안했느냐를 어떤 관점에서 바라보냐 하는 것은 각자 판단의 몫이고 똑같은 기운이지만 어떤 환경에서 형성되었느냐에 따라 삶의 형태가 바뀐다고 볼 수 있다.

22간지와 사계절

10천간(甲, 乙, 丙, 丁, 戊, 己, 庚, 辛, 壬, 癸)는 하늘의 형상과 생각을 나타내고, 12지지(子, 丑, 寅, 卯, 辰, 巳, 午, 未, 申, 酉, 戌, 亥)는 사계절의 흐름과 현실에서 나타나는 형상을 말한다. 천간 지지의 기(氣)는 12달의 계절과 시간에 의하여 변화하며 12운성, 12포태법이라 하며 오행의 왕상휴수사(旺相休囚死)로 표현되고 우주 모든 만물의 시작과 변화를 뜻한다.

십이포태법은 사계절 변화를 뜻하며 오행이 자연의 우주 법칙에 따라 생(生)하고 왕(旺)하며 쇠(衰)하고 사(死)해 가는 원리 설명한 것이다. 자연의 기운에 의한 사주풀이에 있어서 절대적으로 중요한 부분을 차지한다. 오행의 왕쇠(旺衰)는 십이포태법에 의하며 오행의 변화를 판단하는 데 중요한 요소가 된다. 오행의 왕쇠는 천간지지(天干地支) 공히 적용되며, 음, 양 포태는 정확히 구분하여 적용하여야 한다.

예시로 갑목(甲)이 사오미(巳午未)에 병사고(病死庫)에 들지만 을목(乙)은 오월(午)에 만개하여 생지(生)에 해당하는 이치와 같다. 갑목과 을목은 오행으로는 같은 목이지만 갑목(甲)은 땅에 뿌리를 내리고 있는 목이며 생, 사목(生, 死)의 구분이 반드시 필요하다. 생목은 열매가 있는 과실목이며 사목은 건축의 자재로 쓰이는 동량목이며 불을 붙이는 땔감의 역할도 한다. 을목(乙)은 지엽, 화초, 꽃, 새, 바람 등으로 표현한다.

이와 같이 오행(五行)도 반드시 음양(陰陽) 구분이 필요하며 양간의 십이포태법은 순행하며, 음간의 십이포태법은 역행한다. 또한 지지글자의 십이포태법도 적용하여야 한다. 예를 들면 미토(未) 대·세운 운에서는 천간의 갑목(甲), 지지의 인목(寅)이 모두 같이 입고(入庫)된다. 22간지의 용도 특성을 인식하여 십이포태법의 변화에 적용하여야 한다. 모든 만물은 생기를 갖고 태어나서 그 기가 소멸되고 멈추어질 때는 기(氣)가 끝난다. 특히 진술축미(辰戌丑未)의 고장의 작용에 있어서는 천간과 지지의 글자를 모두 살펴야 한다. 또한 월지는 제강이라 고장(庫臟) 월에 태어났을 때는 해당 글자나 해당 육친이 고장 기운에 생(生)했음을 유념하여야 한다.

사주를 사계절 기운에 의하여 풀이하기 위한 첫 단추는 일기(一氣) 삼도(三道)라는 말을 마음에 담아야 한다. 흔히 도(道)라고 하면 도인과 특별한 사람만 깨닫는 것처럼 여겨진다. 영적인 우리가 눈으로 보이지 않는 어떤 초자연현상을 의미하기도 한다. 하지만 도(道)의 진정한 의미는 하늘이 내린 명(命)이 천의(天意)에 따라 변화하는 것 즉 사계절의 변화에 의해 생장, 소멸하는 것이 도(道)이다. 하늘에는 원형이정(元亨利貞)의 도(道)가 있고 땅에는 생장수장(生長收藏)의 도(道)가 있으며 사람에게는 인의예지(仁義禮智)의 도(道)가 있다(『周易』). 동양 철학의 상유천(上有天) 하유지(下有地) 중유인(中有人)으로 동기 동도 동행하는 것이 도(道)인 것이다.

좀 더 풀어 쓰면 하늘에는 하늘의 길이 있고 땅에는 땅의 길이 있으며 그 길을 인간이 같이 걸어간다는 의미이다. 즉, 하늘이 겨울이면 땅도 겨울이 되고 그 길을 걸어가는 사람도 겨울 기운을 피할 수 없는 것이 사계절 자연의 이치이다.

길이 아닌 것은 도(道)가 아니다. 길은 그 길로만 가면 하자가 없다. 옆으로 가거나 잘못 가게 되면 본인도 타인에게도 해가 되는 것이다. 낮과 밤이 되는 것도 도가 되고, 생장소멸(生長消滅)이 이루어지는 것도 도(道)이다. 생장수장은 우주 대자연의 법칙이고 춘하추동 사계절의 변화이다. 쓰임이 있게 하는 것이 도(道)이다. 동양철학의 용어들은 많은 학문에서 폭넓게 회자 인용되고 있지만 필자는 사주 명리학이라는 학문에 맞게 설명하고자 한다.

사계절과 도(道)를 간지를 인용하여 설명해 보면 갑목(甲)이 계절에 쓰임 있게 나와서 본인의 역할을 잘하고 있는 것이 도(道)이다. 비록 계절에 반하여 태어났지만 어떠한 길을 가야 되는지 살피는 것도 또한 도(道)이다. 갑목이 잘 자라서 열매를 맺는 역할과 땔감으로서의 역할, 동량으로 쓰임이 있는 역할과 같이 각각의 길(道)이 있는 것이다. 또한 임수(壬)의 도는 무엇인가. 봄에 나무를 기르고 여름에는 쓰임 있는 수(水)의 역할을 할 수 있느냐? 또는 올바른 길이 아닌 물이 전혀 필요치 않은 역행의 길을 가고 있느냐를 살피는 것도 도의 기준이 된다.

하늘에서 사주명을 내렸는데 그 명을 가지고 어떠한 대·세운을 걸어가고 있느냐를 살피는 것이다. 그러므로 하루 중 낮과 밤의 이치와 사계절의 변화가 반복되는 순환 과정을 살피는 것이 올바른 도를 파악하는 지름길이 된다.

밤에는 태양이 없기 때문에 일을 할 수가 없다. 밝은 낮에 일을 하는 것이 도(道)인 것이다. 여름에 털옷을 입으면 그것은 도(道)가 아니다. 여름에는 옷을 벗어야 하고 비가 오면 우산을 써야 하는 이치이다. 소나기가 오면 우산도 소용없다. 처마 밑에 숨어야 한다. 그것이 도인 것이다. 이렇듯 도는 특별한 것이 아니고 마땅히 해야 할 일을 말한다. 그 도는 천지인(天地人)이 같이 움직인다. 겨울(冬)에 생한 갑목(甲)이 대·세운이 겨울인데 헐벗고 세상을 돌아다닐 것인가! 사주팔자에 난로가 있어서 살 수 있을까! 살아갈 수 있는 원동력의 유무를 살펴보고 조심하는 것이 사주 명리학의 도(道)라는 것을 명심하여야 한다.

그 속에서 생극제화(生剋制化)와 유행지기(流行知氣)를 살피며 오행의 변화 작용을 22간지와 사계절의 기운에 반추하여야 하는 것이 사주명리학의 핵심이다. 단순하지만 정확한 사계절 자연의 이치를 깨달아야 사주 명리학의 깊은 면까지 볼 수 있다.

2) 사주 통변의 기본 요령

10천간(甲, 乙, 丙, 丁, 戊, 己, 庚, 辛, 壬, 癸) 일간의 특성, 속성과 본분을 파악한다.

특성이란 일간의 형상의 모습과 내재되어 있는 기를 말한다.

일간의 특성은 물상과 기『사주와 자연이치』의 287쪽을 같이 살펴보면 많은 도움이 될 것이다. 물상(物象)과 기(氣) 양면을 모두 보아야만 사주통변을 할 때 깊고 넓게 볼 수 있다.

속성은 월지에 그 계절의 일간의 모습을 나타낸다. 예를 들어 인월(寅)의 갑목(甲)을 살펴보면 인월(2월 4일~3월 4일)의 나무의 모습을 생각한다. 입춘 후 경칩 전까지의 나무는 한기 미진이라 아직 싹이 올라오지 않은 상태이므로 싹이 나오려고 준비하는 과정이다. 묘월이 되어야 나무 싹이 모습을 조금씩 드러내기 시작한 것이므로 어리고 여린 나무 준비하는 과정 등으로 해석해야 한다. 단순히 인월의 갑목(甲)이라 생각하고 신강 사주라 판단하여 섣부르게 금신(金)을 용(用)하게 되면 자라지 않은 어린 싹에 도끼 망치를 가하는 형상으로 아주 흉하다. 계절의 기운으로 일간의 속성을 판단한다.

본분은 일간이 계절에 처한 각자의 속성에 따라 해야 할 일이다. 사계절로 표현되는 대·세운에 따라 대처하는 오행 간지의 변화작용을 살핀다. 즉 '일간이 무엇을 하고 살 것인가?'이다. 예를 들어 갑목(甲)이면 생목인가 사목인가를 살피어 대운 환경을 보고 방어 글자의 유무를 따져야 한다. 생목(生)이면 봄에 꽃 피고 여름에 양육하여 가을에 결실목이 되는 것이 중요하며, 사목(死)일 경우는 동량지재의 건축물이 될 수도 있고 몸을 희생하여 세상을 밝히는 연료목이 될 것인가 살핀다. 이 부분에서 생목이 좋고 사목이 나쁘다는 의미는 아니다. 각각의 쓰임과 계절의 변화에 따라 대·세운의 비교로 살아가는 형태에 따라 성공 여부가 결정된다.

일간의 특성, 속성, 본분을 파악한 연후에 사주의 강약과 사계절 대·세운 흐름을 비교 분석하여야 한다. 사주의 강약은 단순히 같은 글자 뿌리의 유무에 따라 판단하는 것이 아니라 그 월지계절(月支)의 쓰임에 따라 신강 신약을 판단하여야 한다.

예를 들어서 오월(午)에 출생한 정화(丁) 일간을 신강이라 표현하는 것이 대다수의 견해이지만 초열의 무더위에 또 불을 들고 태어났으니…. 천대받고 따돌림당하는 쓸모없는 존재가 된다. 정화(丁)의 다른 표현은 하늘의 별이라 대낮에 태양 옆에 있는 별은 빛을 발할 수 없는 이치와 같다.

오랜 세월을 비식재관인(比食財官印) 즉 십신의 풀이, 격국, 십이신살 등 사주 명리학을 공부해 보았지만 답은 천편일률적이다. 일반적으로는 재, 관이 없으면 볼품없는 사주로 풀이하지만 현실에서는 관(官)이 없어도 높은 직위에 있고 관이 없어도 좋은 남편을 만나며 재(財)가 없어도 부유하고 좋은 아내를 만난다. 인수 없다고 공부 기운이 없다는 일차원적 발상으로 푸는 사주풀이에서 탈피하여야 한다.

수많은 사주 추명 결과 어떠한 사주도 대·세운 환경에 따라 운의 기복과 변화를 겪지만 결국 승부수를 띄우는 좋은 사주는 월지 즉 계절에 필요한 일간으로 태어난 사람들이 많은 것을 알 수 있었다.

예시로 미월(未)의 임수(壬)일간의 경우, 여름의 강물, 호수, 물로서 계절의 소중하고 귀한 존재로 생하였다. 하절에 물처럼 소중한 것은 없으므로 필요로 하는 곳이 많아서 찾는 곳 많으니 곳곳에서 환영이다. 이렇듯 계절과 일간과의 관계를 살핀 연후에 계절에 필요하면 물을 주변도 나누어 주어 세상을 이(利)롭게 할 수 있는가? 물이 적어서 본인 먹기도 바쁠 것인가를 그다음 살펴야 하는 부분이다.

팔자는 8글자인 이유가 있다. 단순히 일주로만 판단하거나 일주론(日柱論)이라 하여 맹신하게 된다면 단순한 성향은 읽어 내도 깊이 있는 풀이를 하기는 어렵다. 사주 8글자가 주변의 글자와 일간과 계절에 미치는 영향을 살펴야 한다.

다음은 통변의 순서이다.

① 일간의 특징
② 월지와 일간과의 상관성(속성)
③ 일간이 무엇을 해야 하는가(본분)
④ 주변의 글자들이 일간에 미치는 영향
⑤ 월령에 따라 영향을 받는 사주팔자 여덟 글자

2.
사주는 일기예보

천지자연의 조화 속에서 인간의 운명도 길흉(吉凶)이 바뀌는 것을 알 수 있다. 눈보라 치는 동절이 오면 인간의 의지와는 상관없이 그 속에서 영향을 받을 수밖에 없다. 운(運)은 때와 시기를 말하며 계절이 바뀌는 것이 운이라는 것을 깨달아야 한다. 역학을 공부하다 보면 여러 가지 학문을 부가적으로 공부하게 된다. 참으로 어려운 말도 많고 뜻도 모르면서 유식을 과장하기도 한다. 본 필자가 느낀 사주학에서 필요한 동양 철학 용어는 딱 하나 이 부분만 제대로 깨우치면 폭넓게 사주풀이를 할 수가 있다.

> 천도(天道) 원형이정(元亨利貞) 지도(地道) 생장수장(生長收藏)
> 인도(人道) 인의예지(仁義禮智) 일기(一氣) 삼도(三道) 동도동
> 행(同道同行)
>
> —『周易』

하늘에는 원형이정, 땅에는 생장수장, 사람에게는 인의예지 모두 하나의 기운으로 마땅히 나아가야 할 길(道)은 같이 간다는 뜻이다. 여기서 도(道)란 특별한 것이 아니고 마땅히 행해야 할 일을 뜻하는 것이다. 즉 원형이정, 생장수장, 인의예지는 모두 자연의 이치를 말하며 계절의 변화를 뜻

한다고 본다. 즉 천지인(天地人) 삼도(三道)는 하나의 기운으로서 같이 움직인다는 의미이다.

전술하였지만 일기삼도(一氣三道) 동도동행(同道同行)을 좀 더 쉽게 풀어보면 한 가지 기운 속에서 천지인 함께 존재하고 같은 도(道)를 걸어간다는 것을 의미한다. 즉 하늘과 땅의 기운이 봄이면 인간에게도 봄이 되는 것이다. 이렇듯 사람은 대자연의 이치 속에서 살아야 하기 때문에 자연을 거스르고 살 수는 없다. 시작과 끝은 인간의 자유의지대로 이룰 수 없다. 반드시 사계절 변화에 의해서만 결정된다. 주시는 이도 하늘이요 거두시는 이도 하늘이라는 말이 있다. 혹시 하늘이 우주 대자연의 법칙 즉 사계절의 변화가 아닐까 생각해 본다.

사주풀이를 하다 보면 각각의 대운에 따라 해당 나이에 길목을 지키고 있다. 그 운들은 태어나면서 기다리고 있다. 나는 북풍한설 몰아치는 겨울의 운인데 타인은 꽃이 피고 새가 우는 봄의 환경인 것을 원망할 필요는 없다. 영원한 겨울과 영원한 봄은 절대 없다. 누구한테도 사계절은 오고 가기 마련이고 그 환경 속에서 내 사주팔자가 어떤 변화 작용으로 대처하느냐에 따라 인생 향방이 결정된다. 춘하추동(春夏秋冬) 계절의 변화가 중요한 것은 사주 원명의 주인공이 사계절 자연의 이치에 따라 환경 속에서 움직이기 때문이다.

춘하추동(春夏秋冬) 왕래하는 것을 천리(天理)라고 하며 천지 만물이 생장소멸(生長消滅)되는 것을 천지지도, 천리라 표현한다. 춘하추동의 영향 속에서 하늘과 땅의 움직임 속에서 인간이 살아가고 있기 때문에 계절의 기운은 절대적이다. 그러므로인간의 삶은 사계절의 기후변화에 절대적 상관관계가 있다. 그러므로 사주학은 하늘에서 내린 천명을 자연에 이치에 따라 풀어야 되는 것이 절대적이다. 감사하게도 만물의 영장인 인간에게 계절의 변화를 읽어 낼 수 있는 지혜를 주서서 운의 흐름을 알 수 있게 되었다. 삼라만상 만물은 움직이는 기(氣)가 없어지면 삶이 끝난다. 기(氣)는 운(運)이다. 살아서 움직이는 것은 기가 왔다 갔다 하는 것이 운이라 할 수 있다. 그러므로 사주의 주인공이 춘하추동(春夏秋冬)의 어떤 계절을 지나고 있는지 살펴서 우산을 써야 하는지 잠시 머물러 준비를 해야 하는지 인생의 지표로 삼아야 할 것이다.

다음 사주명으로 계절의 기운이 사주에 미치는 영향을 살펴보자.

1) 겨울운에는 조심하세요

庚 丙 丁 癸

寅 寅 巳 丑 (乾)

　　　　　辛壬癸甲乙丙

　　　　　亥子丑寅卯辰

사월(巳月)의 병화(丙)이다. 사월은 입하로 들어가는 길목에 있고 만물의 동식물이 가장 활기차게 움직이는 시기이다. 또한 계절적으로 태양이 가장 멀리, 빠르게 퍼지는 록왕(祿旺)의 태양이므로 힘이 있고 활기차다. 사월이라 수(水)가 필요한 시기이지만 병화(丙)는 임수(壬)가 필요하고 계수(癸)는 흉이 된다. 하절이 되어도 비(雨)가 내려서 태양을 가릴 필요는 없다. 또한 지지에서 병화의 근지가 되는 사화가 축토(丑)에 의하여 병신합(丙辛合)이 되어 있으므로 일간이 약해졌다. 모친이 근지를 주신 것 같지만 사화(巳)는 변화가 많은 글자이기 때문에 대·세운에서 사, 유, 축(巳酉丑)운이 왔을 때 조심하여야 한다.

사화 월령이 일간의 뿌리가 될 때는 병화 자신이 대·세운에 따라 땅에 떨어지는 현상이 나타나므로 건강에도 적신호가 오게 된다. 진사월(辰巳)에는 목을 심어야 하므로 시지의 인목(寅)이 용신이다. 둘째 자식 낳고 좋아진다고 봐도 무방하다. 원명은 두뇌 총명하고 노력형이라 젊은 나이에 본인의 아이디어로 사업을 크게 하게 된다. 초반 병진, 을묘, 갑인(丙辰, 乙卯, 甲寅) 대운은 태양이 화창하며 모든 동식물에게 따사로운 볕을 내리는 태양이 활발하게 얼굴을 드러내는 시기이다.

하루 시간을 봐도 태양의 위치가 점점 변하는 것을 알 수 있듯이 봄, 여름, 가을, 겨울은 차이를 두어서 한곳에 오래 머물지 않는다. 신기하게도 인묘진, 사오미, 신유술, 해자축 정확하게 일자가 춘절봄이 91일, 하절여름이 91일, 추절이 91일, 동절이 91일~92일 약간의 오차가 있을 뿐이지만 거의 정확하게 움직인다. 우리 인간은 이 영향을 받게 된다.

갑인 대운까지 큰돈이 들어오고 승승장구하게 된다. 겨울의 시작을 알리는 계축대운에 한 역술가에게서 관(官)운이 들어온다는 말을 듣게 된다.

관공서와 연관 있다는 말을 믿고서 사업체의 외형을 정비하고 좀 더 확장하여 투자했다가 큰 타격을 입게 된다. 본인이 현재 잘나가니까 앞으로도 변함없이 잘나갈 것 같은 마음이 들 수는 있다. 하지만 그것은 정말 위험한 생각이다. 봄(春)의 한정된 기간이 지나면 다시 오지 않는다. 간혹 이상기온으로 겨울에 가끔 훈풍이 부는 것을 잠시 느끼는 때가 있지만 사계절은 변화가 뚜렷한 것을 부인할 수 없다. 대운은 이 사계절 변화, 자연의 이치를 살피는 것임을 명심하여야 한다.

사주추명시 이렇게 단식으로 비식재관인(比食財官引) 십신(十神)을 적용하여 풀게 되면 오류가 크게 발생한다. 정관을 보기 전에 사주 원명에서 계축(癸丑)이라는 기운이 미치는 영향을 먼저 파악한 뒤 참고로 좋은 기운일 때 관(官)을 적용하여야 한다. 사주의 흐름도 파악하지 못한 채 단순히 관(官)을 말하는 것은 앵무새가 생각 없이 같은 말만 반복하는 것과 같다. 갑인(甲寅)대운까지는 병화 태양이 활발히 활동하는 봄이고 용신이 천간지지로 근지가 되어 움직이는 시기이므로 당연히 사업도 번창하고 재물도 쌓이므로 본인도 계속 잘나갈 것이라 믿고 자신감이 충만하다. 하지만 어떤 사주팔자도 끝까지란 없다. 좋거나 나빠도 6년 이상은 안 간다.

계축(癸丑)대운부터는 안타깝게도 겨울(丑)로 접어들게 된다. 겨울만으로도 힘든데 하늘에서 비(癸)까지 내리는 어려운 환경이 된다. 이러한 운에는 세운에 따라 움직여야 하지만 이미 원국에서 계수(癸)가 있는 상태이므로 재물의 손실이나 사업이 힘들게 될 확률이 많다. 태양이 축시(丑)가 되면 얼굴이 없다. 병화(丙)가 일할 수 있는 때가 아닌 것을 안다면 좋았던

갑인 대운에서 사업을 조금씩 줄이면서 가지고 있는 것을 잘 지켜야 함을 알 수 있을 것이다. 좋은 시절에는 대인 관계에 있어서도 겸손하고 어려운 사람을 도와주는 기치를 발휘해서 생활한다면 설사 다음 대운에서 활동이 멈춘다 하여도 그동안 쌓아 놓은 선행과 지혜로움으로 다음 대운을 잘 보낼 수 있게 된다.

원명은 축자해 겨울 대운에 태양이 활동성은 떨어져서 사업도 축소가 되고 일신의 많은 변화가 따르지만 다행히도 인목이라는 따뜻한 글자의 도움으로 무사히 잘 넘길 수는 있었다.

이렇듯 일간이 어떤 계절을 지나고 있으며 겨울에 대적할 수 있는 글자가 있는지(寅午戌未), 초열 여름을 이겨 낼 수 있는 글자(申子辰丑)가 있는지 살펴야 한다.

2) 산에 불이 났어요

사주에서 금수(金水)가 좋아서 수운(水)을 기대한다고 하는데… 과연 맞는 이야기일까?

　戊 戊 己 癸
　午 子 未 亥 (坤)

　　　　乙甲癸壬辛庚
　　　　丑子亥戌酉申

미월(未)의 무토(戊)이다. 미월은 삼복의 초열 기운이 염염하여 수기(水氣)가 절대적이다. 여름 지리산 설악산에 한 줄기 단비라도 기대하지만 그마저도 부친 자리(己)에서 못 쓰게 만들고 있다. 지지의 자수(子)는 작은 물방울과도 같은 존재이다. 자오묘유(子午卯酉) 왕지는 말만 왕(旺)이지 혼자서는 힘 발휘가 안 되는 미약한 존재이다. 자수(子)는 한 방울 물 신금(申)이 있어야 힘을 받는다. 오화(午)는 작은 라이터 불 인목(寅)이 있어야 불의 역할을 할 수가 있다. 묘목(卯)은 작은 꽃 화초 해수(亥)가 있어야 목이 형태가 있다. 유금(酉)은 축토(丑)가 있어야 금의 역할이 단단하게 된다.

원국의 해수(亥)는 겉모습 오행은 수(水)이지만 실상은 나무로 물이 설기되어 불을 붙이는 돼지기름과도 같은 것이므로 원국에 오화가 있을 때 해수는 불을 더 내는 돼지기름의 역할이다. 또한 원국에서 해수는 미토에 맞아서 물의 흔적이 없다. 일점 수기는 자수(子)뿐이다. 자수(子)에 항상 기대를 하지만 한 방울의 물마저도 좌우(午, 未) 글자 때문에 불안하다. 본래 자수(子)와 오화(午)의 관계는 일대일로 싸우면 자수가 오화를 수극화(水剋火)하여 이기는 듯하지만 미토(未)가 자수를 토극수(土克水)하므로 자수(子)가 맥을 못 추는 형상이다.

원국에서 수기가 미약한지는 모르고 대·세운에서 수운(水運)만 오면 기대가 만발이다. 흔히 말하는 북방 수운에 해당 하는 계해(癸亥)운부터 기대를 하지만 갑자(甲子) 대운에 큰 고난을 겪게 된다. 자수(子)를 가지고 있으니 더 크게 투자를 하게 되지만 원국에서 이미 자수는 죽어 있는 물이기 때문에 대운에서 자수운이 와도 또 죽는다. 한번 패자는 또 패자가 되는 논리와 같다. 만약 원국에 자수(子)가 없었다면 자수가 와도 초면이므로 주변을 살피며 조심하고 투자를 해도 작게 투자하므로 차라리 피해가 크지 않다.

하지만 원명에 자수(子)를 가지고 있기 때문에 착각을 해서 더 크게 투자하여 큰 피해를 보게 된다. 어설프게 글자가 자리 잡고 있는 것이 가장 큰 문제이다. 이렇듯 해수, 자수는 오행의 겉모습은 수이지만 수의 역할을 할 수 없다. 그러므로 수기가 필요한 조열한 사주에 무조건 북방 수운이 오면 발복한다는 말이 얼마나 뜬구름 잡는 말인가. 즉, 계절의 기운이 도와주러 왔지만 원국에 받을 글자가 없다는 논리이다.

조열한 지지를 해결할 수 있는 운은 신, 진, 축(申辰丑) 아니면 묘(卯)라도 오면 좋다. 자수(子) 대운에 신, 진, 축(申辰丑) 세운이 올 때는 좋은 환경이 된다.

3) 말년이 좋으니까 열심히 살아야죠

丁庚壬丁
丑子子丑 (乾)

丙丁戊己庚辛
午未申酉戌亥

역술가들이 현장에서 사주 상담을 할 때 내담자를 위로하는 말 중에 가장 많이 하는 말이 "지금은 힘들지만 말년은 좋네요."이다. 하지만 필자는 이 말이 가장 싫다. 동절생들이 지지 한랭할 때 뒤늦게 화(火)방운이 올 때

위로 차원에서 하는 말들이 대부분일 것이다.

자월(子)의 경금(庚)이다. 자월은 수다금침(水多金沈)이 우려되는 시기이다. 자월에는 임수(壬)를 온수로 만드는 정화(丁)가 용신이다. 정화가 2개씩이나 있지만 심지가 되는 목(木)이 없으므로 이상과 현실의 괴리감이 있다. 노력은 많이 하지만 지지 환경이 너무 한랭하고 편안치 않다. 용신 정화를 활성화시키는 목(木)운이 와야 한다. 보통은 지지 한랭하여 남방화운이 오면 발복한다고들 한다. 병오(丙午)대운을 살펴보면 한랭한 사주에 오화라는 불이 들어왔지만 들어오자마자 축토(丑)가 바로 꺼뜨린다. 여름 환경을 원국에서 우박 서리(子丑)를 내려서 모두 죽이는 꼴이 된다. 덥다고 그 계절을 다 없애려고 하는 형상이다. 원국에서 오화를 반겨 줄 목(寅)이 없어서 크게 발복하지 못한다. 세운에서 목운이 오게 되면 반짝 좋아진다. 원국이 대·세운을 살릴 때는 상을 받고 대·세운을 죽일 때는 시민이 왕과 신하에게 반기를 드는 것과 같으니 벌을 받는다. 가끔 대·세운에서 흉이 왔을 때 원국에서 그 흉(凶)을 제하게 되면 일은 이루지만 주변에 원구와 원성을 받으니 조심하여야 한다. 사계절 한서 왕래를 조용하게 받아들이면서 봄에는 꽃바람에 감사하면서 살고, 겨울같이 추울 때는 추워야 봄이 감사한 것을 느끼게 된다. 겨울이 춥다고 혹은 여름이 덥다고 반항하면 죽기밖에 더하겠는가.

이명은 추운 겨울을 지나서 말년에 화운을 기대하였지만 자축(子丑)을 완화시켜 주는 따뜻한 미토 운이 오히려 길운에 해당한다. 사주가 편고되어 초열하거나 한랭할 때는 생조 글자 없는 단순 왕지 자오묘유 운에는 특히 조심하여야 한다. 즉 초열할 때 자수, 한랭할 때 오화는 아주 흉한 운이 된다. 편고된 사주에는 왕지 글자보다 그 기운을 완화시켜 주는 토 운이 오히려 길운이 된다. 예를 들어 초열할 때는 진토, 한랭할 때는 미토가 된다. 위 명은 정미(丁未) 대운을 무난하게 보낸 후 오히려 병오(丙午) 대운에는 어렵게 된다.

정화(丁)의 뿌리가 되는 오화(午)를 좋다고 하여야 하지만 오화가 와도 원국에서 받아 줄 글자가 없어서 도리어 건강도 문제가 생기는 어려운 일이 생긴다. 병오(丙午) 대운에서 세운에 인목(寅)운이 오게 되면 좋다. 대·세운이 합세하여 원국을 따뜻하게 해 주는 것이다. 병오대운에 자축(子丑) 세운이 오면 생명까지도 위험하다. 올바른 사주 추명은 대·세운이 왔을 때 즉 계절을 원국에서 얼마나 수용할 수 있는가를 항상 살펴라.

역술가라는 직업이 참으로 딜레마이다. 난감하기도 하다. 내담자가 지금 너무 힘든데 노후에는 좋다 해야만 살아갈 용기라도 주어야 한다고 생각할 수는 있지만 너무 뜬구름 잡는 이야기를 하다 보면 바로 앞에서 기다리고 있는 운의 판단도 제대로 못하게 된다. 사주는 전후 3년 운을 정확하게 보는 것을 중요하게 생각한다. 특히 미래의 돌아올 3년이다. 간혹 역술가 본인들이 자기 운은 못 본다고 말하는 사람들이 있다. 본인 운도 못 보면서 남의 운을 어떻게 봐 줄까 의문이다. 그런 역술가가 있다면 본인 사주부터 정확하게 파악하고 타인의 사주를 봐 주어야 할 것이다.

4) 사주팔자 난로와 냉장고

戊 甲 丙 乙
辰 申 戌 酉 (坤)

　　　壬 辛 庚 己 戊 丁
　　　辰 卯 寅 丑 子 亥

　술월(戌)의 갑목(甲)이다. 가을 나무는 태어나자마자 열매를 가지고 있기 때문에 먹을 것을 가지고 태어났다고 표현한다. 가을 나무가 일등 용신 태양이 바로 옆에 있으니 서산 넘어가기 전에 햇볕을 듬뿍 받을 수 있다. 병화(丙)가 좋은 글자이면 병화에 흉이 되는 계수(癸), 신금(辛)은 흉이 된다. 흉신을 막아주는 무토(戊)는 좋은 글자이다. 토월이라고 무토(戊)를 흉신으로 보면 안 된다. 일간의 천적이 오면 도와주는 역할을 하므로 용신은 아니어도 약신이 된다.

　늦가을 생목이 대운에서 해자축(亥子丑) 겨울운을 먼저 만난다. 하지만 월지 모친 자리 술토(戊) 따뜻한 난로가 있어서 생목(生)이 부목(浮木)이 되는 것을 막아 준다. 술토(戊)의 도움으로 한겨울이 와도 난로가 있으니 아무런 걱정이 없다. 모친 덕분으로 무한한 지원을 받아서 공부하고 잘 먹고 산다. 한랭 동절 기운을 모친이 해결해 주므로 마마걸 특성이 나타난다. 겨울에는 따뜻한 코트를 입고 난로가 필요하다. 동절 대운에는 모친이 난로 역할이 된다. 하지만 춘절이 시작되는 경인대운(庚寅) 인묘진 춘절에는 난로나 코트가 필요하지는 않다. 봄이 오기 시작하니 코트는 벗고 난로도 치워야 하는 것이 자연의 이치이다. "저 아이가 엄마 말을 잘 듣더니 이제는 컸다고 엄마 말을 안 듣네."라는 말들을 하기도 한다. 모친에게 느끼는 감정도 대운에 따라 조금씩 바뀌게 된다. 간혹 사람이 바뀌냐고 묻는 경우가 있다. 본성은 가지고 있지만 운에 따라서 상대방이 느끼는 감정은 변화하는 것이 사실이다.

사주 상담 시 자주 받는 질문 중 하나가 '제 사주는 어떤 오행(五行)이 용신(用神)인가요?' 하는 질문이다. 그런 경우는 분명히 토(土) 오행이 용신이 될 때 받는 질문이다. 이유는 토가 용신이면 토운(土)이 오면 무조건 좋아야 하는데 토가 와도 안 좋을 때가 있기 때문이다. 그것은 역학의 기본 원리인 오행의 음양 원리를 알지 못해서 생기는 폐단이다.

흔히 갑(甲)일간이 사주에 토(土)가 많다고 재다신약 팔자라고 가난한 거지 팔자라는 말들을 하는데 그것은 오행의 기운을 살피지 않고 겉모습만 보는 단식 판단이 된다. 좀 더 숙지하여 내면의 기운을 살피도록 충분히 반복 노력하여야 한다.

토(土)는 천간의 무기토(戊己) 지지에 진술축미(辰戌丑未) 총 6개의 성분이 각각 틀린 토이기 때문에 겉모습은 토(土)로 표현되지만 무토(戊)는 산토, 기토(己)는 전원지토. 진토(辰)는 물창고로서 하절의 뜨거운 불(火)기운을 설하여 주는 습토(濕土), 술토(戌)는 조열 홍로토(紅爐土)이므로 냉랭한 차가운 동절의 수 기운을 모두 해결해 주는 난로토, 축토(丑)는 모든 것을 얼게 하고 불을 꺼 주는 얼음토, 미토(未)는 차가운 수 기운을 다스려 주는 조열토로서 축토(丑)가 흉신일 때 축토(丑)를 다스려 주는 토. 이렇듯 6개의 토가 성분과 용도가 다 다르다.

이것을 한 가지 오행으로 토(土) 오행이 좋다고 표현한다면 얼마나 잘못된 추명법인가. 그래서 사주에 진술축미(辰戌丑未) 토가 다 있는 사주는 굉장히 잘 먹고 잘 산다. 대운 환경 즉 자연 사계절의 변화에서 어떠한 환경이 와도 흐르는 사계절을 대응하는 무기를 가지고 있는 것이나 다름이 없다. 더울 때는 불을 꺼 주고 시원한 냉장고 역할을 해 주는 진토(辰)나 축토(丑)가 대표 선수가 되어서 더운 여름에 타서 죽는 걸 막아 주고, 동빙의 겨울이 오면 난로 역할을 하는 술토(戌)나 미토(未)가 대표 선수가 되어 따뜻하게 해 주기 때문이다. 집 안에 냉장고, 난로가 있어서 편안하다는 의미이다. 이것을 운용신(運用神)이라 표현하고, 용신 무일정 지법(用神無一定之法)이라는 말과도 상통한다.

원명에 필요한 용신은 정해져 있지만 대운 계절에 따라 그 용신을 항상 쓰는 것은 아니다. 겨울 사주가 냉장고에 해당하는 축진토(丑辰)가 중중하거나 또는 하절 사주가 난로에 해당하는 미술(未戌)토 중중할 때는 운의 기복이 많을 것이다.

5) 고목에 봉춘이 될까요

庚甲己庚
午午丑午 (乾)
　　　　甲癸壬辛庚
　　　　午巳辰卯寅

축월(丑)의 갑목(甲)이다. 섣달 축월은 한랭이 극왕하여 만물이 동빙(凍水)되어 모든 물생이 정지된 시기이다. 하지만 이양(二陽)이 시생하므로 땅에서는 따뜻한 기운이 서서히 올라오고 있는 계절이다.

본래 갑목을 추명할 때는 생, 사목(生死木)의 구분을 따지며 지지에서 인묘진해(寅卯辰亥)의 뿌리가 없으면 사목(死木)으로 본다. 물론 겨울나무이지만 인묘진해(寅卯辰亥)의 뿌리가 한 자라도 있으면 봄을 기다리는 생목(生木)으로 본다. 생사목(生死木) 구분의 필요성은 대운, 계절, 환경에 어떠한 역할을 하는지 보기 위함이다. 원명은 사목으로 동토 한겨울에 라이터 불(午)만 3개 가지고 있는 모습이다.

진술축미월에는 목을 선용하나 본인이 목이므로 목을 먼저 선용하지 않고 화(火)를 선용한다. 시지에 오화(午)가 선용신이다. 그러나 그 화(午)는 심지 없는 미약한 불로서 약한 불에 해당한다. 같은 간지(干支)의 개수가 많다고 기(氣)가 좋은 것은 아니다. 기술한바 자오묘유(子午卯酉) 왕지는 생조 글자가 없으면 힘이 없다. 이사주를 불이 많아서 금수운(水)이 좋다고 보는 사람이 있으면 좀 더 학문에 정진하여야만 한다. 축월이라는 계절을 라이터 불(午) 몇 개로 이길 수 있겠는가? 혹시 인목(寅)이 있었으면 대단한 사주명이 되었을 것이다.

일반적으로 대운의 적용은 천간지지를 5년 5년씩 나누어 적용한다던지 지지(地支) 기운이 강하다고 3년, 7년으로 보라는 말들이 있지만 필자의 견해는 대운은 천간지지로 모두 같이 봐야 하며 운의 길흉은 세운에서 일어난다. 예를 들어 경금(庚)이 흉인 사주에 경인(庚寅)대운에 경금년이 안 좋다고 5년 지났다고 경(庚)이 없어지는 것은 아니다. 5년 지나서 경금 세운이 오게 되면 그 영향이 나타나기 때문이다. 대운 환경이 봄기운이면 그 계절은 대체적으로 봄기운 속에 있다는 논리와 같다.

위 명에서 대운 환경을 살펴보면 경인(庚寅) 대운에는 경금(庚)은 기외하고라도 인목(寅)이 들어오니 축월(丑)에 드디어 인목에 진정한 심지가 들어와서 편안하고 좋다. 사목이지만 인월(寅)은 땅속에서 나무가 아직 올라오지는 않았고 준비하는 시기라 죽은 나무인지 살아 있는 나무인지 알 수가 없다. 신묘(辛卯) 대운에서는 신금(辛)은 좋지 않은 글자이지만 갑목의 뿌리인 묘목(卯)이 왔으니 좋아야 하지만 계절의 묘목(卯)은 습목이라 용신 오화(午)를 꺼뜨린다. 더욱 중요한 것은 바깥세상(大運)은 꽃피고 새 우는 봄의 환경인데 나는 고목(枯木)이라 꽃이 피지 않는다. 세상은 봄인데 나는 싹이 안 나는 사목이라 슬프고 힘들다. 아무런 의욕도 없고 용기가 나지 않는다. 심지어 죽고 싶다는 생각까지 하게 된다. 사주명은 이렇듯 계절의 기운 환경을 절대 벗어날 수 없다.

원명은 뿌리 없는 고목이 스스로 땔감의 역할을 자처하는 형상이지만 대운 계절에서는 땔감의 역할이 아니라 꽃피는 봄의 환경이므로 본인이 할 일이 없어지는 모습이다. 이렇듯 생, 사목의 구분의 필요성은 대운 환경에서 쓰임이 있는 존재인지 살펴보는 것이 핵심이다. 본명처럼 한랭한 사주가 춘하 남방으로 가고 있다고 대운이 좋다고 하면 안 된다. 일간의 기운을 살피지 않고 단순하게 조열하고 덥다고 금수 서북운(金水 西北運)이 와야 좋다고 말한다든지 한랭한 사주라고 목화 동남운(木火 東南運)이 와야 좋다고 추명을 하는 것은 위험천만한 일이다. 또한 사주 추명 시 무조건적인 비식재관인(십신)론이나 복잡한 신살론으로 상담자가 알아들을 수 없는 어려운 용어 남발로 혼란을 주면 큰 우를 범하게 됨을 잊지 말아야 한다.

3.
배우자

    사주팔자가 비록 8글자로 이루어져 있지만 팔자에는 배우자 궁, 자식 궁, 부모 궁, 조상 궁 등을 유추할 수 있다. 일반적인 사주풀이에서는 남명은 재(財)를 부인으로 보고 여명은 관(官)을 남편으로 보지만 자연론 풀이 방법에 있어서는 남명에서는 용신을 자식으로 보아서 그 자식을 생해 주는 오행(五行)을 배우자로 본다. 여명은 용신이 배우자가 된다. 또한 그 오행의 변화는 배우자 궁 즉, 일지(日支)의 형태와 좌우 글자에 미치는 영향을 살펴야 올바른 배우자의 모습을 유추할 수 있다.

배우자의 사전적인 의미는 혼인으로 결합된 남녀의 일방을 상대방에 대하여 부르는 말이다. 친족이지만 촌수는 무촌(無寸)이다. 배우자의 신분은 혼인에 의하여 취득되고 혼인의 해소에 의하여 상실한다. 따라서 혼인 신고가 되어 있지 않으면 내연 관계로 되어 있지만 사주 명리학상의 배우자의 개념은 조금 다르다. 사주에서 말하는 배우자의 개념은 포괄적인 개념이 있다. 배우자 궁을 보고 부부, 남자친구, 인연, 이상형, 인연의 형태 이성에 관한 총체적인 모습을 유추하기도 한다. 급변하는 현대사회에서는 배우자 궁의 중요성은 말할 나위가 없을 것이다. 시대에 따른 가치관의 변화에 맞추어서 배우자 궁을 읽어 주어야 한다. 배우자 궁의 분석은 종래에 안착하는 배우자의 모습과 일치 할 수 있다. 또한 배우자에 대한 생각은 계절의 변화에 따라 바뀐다. 혹자들은 같은 배우자가 운(運)에 따라 느끼는 감정이 어떻게 바뀔 수 있냐 반문하지만 그럴 수 있다.

1) 좋은 부인도 나쁘게 될까

"제 이상형을 만났습니다. 이 사람 아니면 안 될 것 같습니다."라고 말하며 결혼한 사람이 있다. 그런데 어느 날 "요새는 배우자 얼굴도 보기 싫습니다. 제가 변한 걸까요? 제 와이프가 이상한 사람이 된 것일까요?"라고 묻는다.

그 물음에 대한 답은 간단한 이치이다. 땅이 봄 여름 가을 겨울 형태가 틀린 모습으로 변화하는 것을 이해하면 된다. 여름에 물이 소중하다고 겨울에도 물이 소중할까? 물론 사주(四柱)에서 기본적인 배우자 글자의 길흉(吉凶)은 당연히 존재하지만 그 글자는 대운이라는 계절의 환경에 따라 변화한다는 것이다. 여름에는 물의 쓰임이 지중하여 여기저기 찾는 곳이 많지만 가을 겨울이 되면 물을 썩 반기지 않는 이치와 같다. 사시 사계절의 변화에 따라 인간도 영향을 받는다고 보면 된다.

己 戊 戊 戊
未 辰 午 午 (乾)
　　　　癸 壬 辛 庚 己
　　　　亥 戌 酉 申 未

　오월의 지리산, 설악산이다. 오월은 만물이 성장하고 무성하여 발양하고 번창을 누리는 때이다. 여름 계절상 수(水)가 긴요한 시기이다. 여름의 산이 개화 방창하여 보기는 좋으나 땅에서 불이 난 형태로 물이 시급히 필요하지만 어느 곳에도 없고 일점 수기는 배우자 궁 일지(日支) 진토(辰土)에서 가지고 있다. 진토는 불난 산에 물기를 머금은 비습토로 덮는 형상이다. 진토는 수고(水庫)로서 하절 무토(戊) 불이 중중하지만 아내 자리에서 화를 설기시키는 작용을 한다. 불이 나면 젖은 흙으로 덮는 이치이며 산(戊)의 불씨를 꺼 주는 글자가 진토(辰)이다. 배우자 자리에 물창고(辰)가 있는 형상이다. 혹자는 신강 사주에 또 토(土)가 왜 좋으냐고 말할 수도 있지만 단순 오행의 토의 모습보다도 그 속에 내재되어 있는 글자의 기운을 읽어야 한다. 또 이 사주를 보면서 백호살(白虎殺)을 먼저 논한다면 신살의 적용은 차후에 하여야 한다. 살(殺) 적용은 사주의 모든 기운이 우선시되고 부가적으로 적용해야 한다.

천간의 무기토(戊己), 지지의 진술축미(辰戌丑未) 6개의 토가 있지만 그 토들은 각각의 특성이 모두 다르다는 것을 알아야 한다. 진토는 물을 충분히 가지고 있는 비습토로 물생의 최적의 조건을 가지고 있다. 일지 배우자 자리가 좋은 글자이므로 경신(庚申) 대운 2번째 대운에 일찍이 결혼하여 임술대운(壬戌)에 진술 충으로 인하여 배우자의 변화가 생긴 사주이다.

술토(戌)는 진토(辰)와 반대 성향을 가지고 있는 토이다. 진토가 윤습한 황토이므로 모든 것을 살리는 기운이 있는 반면 술토는 불씨를 가지고 있는 조열토(燥熱)로서 모든 것을 제하는 성분이 있다. 물론 한겨울의 왕한 물을 다스려 주는 것이 술토인 것은 맞지만 물생(物生)에 필요한 토는 진토(辰)이다.

진토가 좋지만 술토(戌)가 들어오면서 진토와 충(冲) 작용을 일으키므로 배우자와 다툼이 끊이지 않게 된다. 세운에서 다시 술년(戌)이 오면 그 작용은 더욱 심하게 된다. 10년 대운은 생각보다 긴 세월이므로 문제가 발생할 소지를 안고 있다. 다행히도 원국에서 진술충(辰戌冲)이 안 되어서 술대운에서 술세운만 조심하면 운을 극복할 수 있다. 기토(己)의 축미충(丑未冲)이 좋은 현상이지만 무토는 진술충(辰戌冲)이 되면 거대한 산이 모두 무너지는 것으로 가지고 있는 모든 것을 잃기도 한다.

이렇듯 사주 원국에서 좋은 형태로 자리하고 있어도 운에서 흔들어 놓을 때는 불가항력적이다.

임술(壬戌) 대운이 부부 관계의 위기라는 것을 알 수 있다면 좀 더 조심하고 조짐이 생길 때는 주말 부부라도 해서 피하는 노력을 해 보는 것이 운명의 개척이 아닐까 한다. (술, 해, 묘년 戌亥卯 조심)

2) 장모님 잘 좀 봐주세요

"제 남편은 정직하고 착한 사람입니다. 강직하긴 하여도 제 친정 엄마에게 참 잘하는데 왜 엄마는 제 남편을 싫어하고 못마땅해할까요. 친정에 갈 때마다 신경 쓰이고 고민이 많습니다. 혹시 제 사주팔자에서도 엄마와 남편과의 관계를 알 수 있나요? 남편이랑 엄마가 사이가 항상 신경 쓰입니다." 예전에는 고부 간의 갈등이 주된 고민이었지만 현대사회에서는 여성의 권위가 높아지면서 장서 간의 갈등도 만만치 않다.

戊 甲 己 壬

申 寅 酉 戌 (坤)

甲 乙 丙 丁 戊

辰 巳 午 未 申

가을 결실목으로 풍요로운 가을날 열매가 있는 과실목이다. 가을의 갑목(甲)은 단단하고 의젓한 모습이며 완전한 열매를 익히기 위해서 따뜻한 병정화(丙丁)가 긴요하다. 병화가 필요하며 배우자 궁 인중(寅)의 병화가 내장되어 있어서 일지에 인중 병화가 선용이다. 신유술월은 금기가 중중하므로 술중(戌) 정화(丁)도 때로는 금신(金)을 완화시키기에 필요하다. 남편 덕이 있으며 그 남편은 나와 상당히 닮은 모습이다.

신, 유금(申, 酉) 때문에 정, 편관(正, 偏官)이 있어서 남편이 둘이고 간여지동이어서 남편 덕이 없다고 하면 사주풀이에 오류가 따른다. 사주에서 모친 궁에 해당하는 월지의 글자(酉)와 배우자 궁에 해당하는 일지(寅)의 관계가 배우자와 모친의 관계로 볼 수 있다.

모친 자리(酉)에서 배우자 궁의 인목(寅)을 낫(酉)으로 긁고 있는 형상이다. 남편감만 데려오면 모친의 반대가 심하여 온갖 트집을 잡기 일쑤이다. 표면적으로 드러내 놓고 반대를 하고 싫어하는 것도 아니다. 낫으로 긁듯이 은근히 반대하고 싫어한다. 유금 글자의 특성은 낫, 송곳, 작은 칼, 서리, 구름으로 유추한다. 유금의 물상적인 요인이 인목(寅)에 도움이 되는 것이 없다. 시지의 신금(申) 형님이 치면 옆에서 동조하여 낫(酉)으로 더 긁어서 괴롭힌다. 내 배우자를 내 자식 자리인 시지(申)와 모친 자리인 월지(酉)에서 괴롭히는 모습이다. 그 배우자는 나의 뿌리이므로 나도 동시에 괴로운 것은 자명한 일이다.

배우자 자리 인목(寅)이 양쪽 금신에 의해 피상되어 있으므로 모친(酉)이 내 남편에 대하여 호의적이지 않은 것이다. 하지만 원명의 흐르는 대운 계절이 남방 화운으로 흉신 신유금(申, 酉) 제해 주는 환경이 되면 상황은 달라진다. 배우자 인목(寅)은 가을의 나무이기 때문에 다 자란 결실목 개념이 되므로 생각보다 견고하고 여물다. 물론 일간 갑(甲)의 뿌리가 인목이므로 운에 따라 교통사고, 등허리 아래로 골절상 등이 있어도 대운이 도와주는 환경이기 때문에 잘 넘어갈 수는 있다.

사주 전체 구성상 부친 자리에서 갑기합으로 묶어 버려서 목이 자라기 어려운 형상이다. 사주 구성에 따라 약간의 차이는 있지만 본래 사주에서 천간 합(天干合)은 기능 상실로 본다. 물론 합도 길, 흉(吉凶) 관계는 있지만 기본적으로 합을 좋게 보지는 않는다. 특히 갑기합(甲己合)은 갑목의 기능이 상실하여 운의 부침이 상당하다. 갑년(甲)이 오거나 기년(己)이 오면 나무가 넘어져서 일어나지 못하는 것을 상상하면 된다. 특히나 생목(生) 경우는 무능한 갑목이 된다. 갑기합이 되어서 기토 탁임을 막았지만 합이 되어서 갑의 기능이 상실되었다. 합 되었다고 부친과 사이가 좋다고 하면 안 된다.

사주(四柱)에서 시간은 외부 활동, 직장 관계, 기혼자는 자식 자리를 의미한다. 이 사주의 경우는 자식은 하나만 낳으라는 조언이 필요하다. 작은 자식을 낳고 남편이 힘들어지는 경우이다. 장서 간의 갈등이 생겨도 원명의 주인공은 남편을 의지하고 좋아하지만 천륜으로 맺어진 부모를 버릴 수는 없는 것을 어쩌랴 지혜롭게 대처해야 하지만 갑기합(甲己合) 된 나무가 주관이 약한 것이 문제이다. 신, 유금이 더욱 커지는 사유축신(巳, 酉, 丑, 申年)을 각별히 조심하여야 한다.

3) 약한 배우자를 만나는군요

"결혼 전에는 건강하고 활력 넘치는 사람인 줄 알았는데 몸이 약해서 걱정입니다. 제 사주가 약한 남편 만나는 사주인가요?" 답은 "그렇다"이다. 물론 남편 사주를 보아야 더욱 정확하지만 이미 본인들의 사주에서 어떠한 배우자를 만나는지 볼 수 있는 것이다.

丙 壬 壬 癸
午 子 戌 卯 (坤)

丁丙乙甲癸
卯寅丑子亥

술월(戌)의 임수(壬)는 가을철의 강이나 호수 같은 모습이다. 가을 물은 계절적으로 그의 활동이 이미 소용이 없어져서 너무 왕양하게 되면 꺼리게 된다.

물의 본분은 나무를 양육하거나 하절에는 아낌없이 주는 것이다. 임수에 맞는 큰 나무 갑목이 없으므로 묘목(卯)이라는 작은 꽃나무라도 기르고 있다. 묘목 꽃나무를 기르는 연유로 성정이 내성적이고 예민하며 까다롭다. 왕한 가을 물로 나무와 화를 좋아한다. 본디 가을 물은 토(土)가 나와서 물을 제방을 해 주어야 하는데 술월은 토왕절이라 또 토(土)를 쓰지는 않는다. 강휘상령이라 하여 태양이 호수를 비추고 있는 모습이라 겉보기는 괜찮아 보인다.

술월령(戌)의 주의할 점은 술월은 계절적으로 한로 상감에 해당하지만 술토(戌) 글자 특징은 조열토라 수 기운을 완전히 제하는 글자이다. 조열토는 물만 만나면 흔적도 없이 흡수하는 것을 연상해 보면 이해가 빠를 것이다. 강, 약을 가리지 않고 물을 전부 죽이는 글자이므로 물이 필요한 사주에 술토는 거의 흉한 글자가 된다. 대운에서 겨울운 해자축(亥子丑) 수 왕절운을 지날 때 술토의 역할이 크지만 조열 사주에서는 흉 글자로 작용한다.

이명은 천간 병화(丙), 묘목(卯), 임수(壬), 약하지만 자수(子)가 좋은 글자이다. 보통 여명에서 관을 남자로 보지만 자연 명리학에서는 용신을 남편으로 본다. 천간 병화 선용 지지 묘목 차용이다. 본인이 물이지만 술토의 텁텁한 땅을 제해 주기 위하여 지지(地支) 자수(子)도 필요하다. 여명으로 화부수자가 된다. 화를 배우자 궁에 대입하니 극 관계가 된다. 배우자 궁이 자수(子)라 객관적으로는 좋은 배우자인 듯하지만 기대만큼 힘 발휘가 어렵다. 모친 술토(戌)가 극(剋)을 하고 오화(午)와 자오(子午)충을 한다. 단시적으로 자수(子)가 오화(午)를 수극화(水剋火) 하는 것처럼 보이지만 월지에서 술토(戌)가 자수를 극을 하기 때문에 자수(子)가 맥을 못 춘다. 배우자 오행 화와 극을 하는 것도 나쁘지만 좌우 글자와의 상호작용을 살펴야 한다. 자수(子) 배우자는 명이 길면 나갈 것이요, 명이 짧으면 저 자리에서 흔적도 없이 사라질 운명의 글자이다.

특히나 원명의 주인공이 유년에 지나온 해자축(亥子丑) 겨울운을 모친 자리 술토(戌)가 해결해 주니 모친 덕분에 편안한 삶을 살았다. 하지만 병인(丙寅) 대운에 들어서 화기운이 왕양해지면서 미미한 배우자 자수가 없어지는데 일조를 할 수도 있는 것이다. 사주 8글자는 모두 당주의 글자라 대운과 세운에서 나의 8글자 중 한 글자라도 대응할 수 있는 글자가 있으면 어떠한 운에서도 견딘다고 본다.

자, 오, 묘, 유(子午卯酉) 글자는 왕지에 해당하나 혼자서는 힘을 쓸 수 없는 글자이므로 반드시 옆에 생조 글자가 있어야 한다. 위의 명에 자수를 생조해 주는 신, 유(申酉), 하다못해 진토가 있었으면 진토(辰) 안으로 숨을 수도 있을 것이다. (인오술미(寅午戌未)년 배우자 건강 조심)

4) 바람은 피워도 배우자를 버리지 않는다

간혹 남녀 관계에서 사랑하는 사람이 유부남일 수가 있다. 1년 후에는 본부인과 이혼한 후 미래를 약속했다고 하는 경우가 있다. 이 말이 사실일까?" 답은… '속지 말고 정신 차려라'이다.

甲 庚 乙 戊
申 寅 卯 午 (乾)

庚 己 戊 丁 丙
申 未 午 巳 辰

묘월(卯)의 경금(庚)이다. 강중강이라 단단한 것 중에는 최고로서 그 성이 한랭하고 정화(丁)를 사랑한다. 묘월 경금은 시절에 반하여 출생하였다. 경금의 특성상 남자답고 의리 있고 강직하여 여성들에게 인기가 많다. 계절상 목왕절(木旺節)의 경금(庚)은 나무를 다 베면서 나왔기 때문에 기본적으로 부모와 인연이 약한 경우가 많다.

묘월은 이제 막 싹이 나는 시기로 어린이가 초등학교에 갓 입학한 형태라 어리고 여린 성정이 있어서 경금 본연의 특성과는 다른 면이 있다. 묘월은 인월에 이어 시작의 기운이 진행된 상태이지만 아직 어린 형태라 좀 더 자라야 된다는 의미로 화(火)와 토(土)를 쓴다. 화는 춘절이므로 병화(丙)를 필요로 한다. 만약 춘절 어린 경금에 정화(丁)가 나오면 어린 금(庚)보고 일찍 기물이 되라고 강요하는 것이므로 소싯적부터 고생을 많이 하게 되어서 소년 소녀 가장들이 많다.

원명은 병화(丙)와 무토(戊)가 용신이 된다. 병무(丙戊)가 배우자 인목(寅)에 암장되어 있으므로 아내에 의지하여 사는 명이다. 본래 용신이란 본인의 정신 수족과 같은 것이므로 정신과 수족을 스스로 도려내는 사람은 없다. 경금의 가장 좋은 글자 인목(寅)이 배우자 자리에 정확히 앉아 있기 때문에 절대 배우자를 버리지 않는다. 물론 이명의 주인공은 여자에 관한 글자가 많기 때문에 애정사는 많이 일어나지만 배우자를 버리지는 않는다. 혹 대·세운에서 사신유년(巳申酉)이 왔을 때, 즉 금(金)의 기운이 강해져서 인목(寅)이 금으로부터 상해를 당하게 되면 배우자 궁의 변동으로 힘들 수는 있지만 경금 스스로는 인목을 버리지는 않는다.

보통 사주에서 배우자 자리의 변동 여부는 대·세운에서 배우자 궁을 충(沖)하거나 합(合)할 때 일어나며 합하여도 사주 원명에 좋은 영향이면 이혼하지는 않는다. 배우자 궁의 합(合)은 미혼일 때는 결혼하는 운이지만 기혼일 때 배우자 궁의 합운은 부부 문제가 발생한다. 이미 배우자가 있는데 다른 곳에서 또 들어온다는 의미이다.

토자화처(土子火妻)라 배우자가 되는 화를 생하는 목의 기운이 지천이어서 주변에 여자가 많다. 당주가 봄에 어린 나무들을 살리기 위하여 을경합(乙庚合)을 하고 있으니 활동성은 없지만 주변 나무들을 함부로 치는 나쁜 짓은 안 한다고 볼 수 있다. 배우자 자리 즉 일지를 중심으로 같은 오행(五行)이 음양(陰陽)으로 나뉘어 있으면 남녀 공히 배우자 궁이 편치 않다. 인목(寅)의 정처와 묘목(卯)의 처를 둘 수 있는 것이다. 인목은 결실이 있는 갑목의 형태이고 묘목은 봄의 개나리 진달래꽃과 같은 모습이라 경금 입장에서는 묘목은 예쁘기는 하여도 재물이 되기는 어렵다. 바람둥이 경금이 양손에 떡을 들고 계산하는 모습이다. 정처가 인목으로 결실목의 형태로 있기 때문에 바람은 펴도 아내를 버리지 않는다. 몸체는 즉 겉모습은 금의 모습이지만 그 안에 내재되어 있는 용신(用)은 생각과 정신 꿈 이상

돈을 상징하므로 그것을 버리는 사람은 없다.

남자에 있어서 용신은 자식에 해당하므로 토를 용으로 했을 때는 토를 낳아 주는 사람은 화이므로 토자 화처(土子火妻)라 표현하고 해당 오행이 육친 궁과의 변화를 살펴 당주에 도움이 되는 글자인지를 보아야 한다.

5) 남의 것을 탐하는 사람

좋아하는 사람이 생겼지만 그 사람이 유부남인 경우가 있다. 사람을 만나도 왜 임자 있는 사람을 좋아하게 되는 걸까. 개방적인 현대사회에서는 어찌 보면 처녀, 총각이 만나서 결혼하는 것도 복되고 축복받은 일일 것이다.

丁 壬 戊 癸

未 申 午 酉 (坤)

癸 壬 辛 庚 己

亥 戌 酉 申 未

여름에 강물, 호수, 물(壬)이다. 사오미월은 만물이 성장하고 무성한 때이므로 물이 소중하고 귀하다. 주변에서 찾는 사람 많고 인기가 만반이다. 여름 물이 사방으로 흐르면서 논에 물도 주고 사람들도 이롭게 해야 하는데 해야 할 일을 안 하고 합(合)을 하고 있다. 미모는 좋은데 30분만 대화해 보면 사람이 밉다. 하절 소중한 여름 물이 합을 하고 있는 것은 본분을 다하지 않고 연애만 하는 형상으로 이때의 정임합(丁壬合)은 못 된 합이다.

원명은 오월(午) 초열 기운 때문에 또 다른 물이 필요한데 나보다 못한 계수(癸)에게 의지하려고 보니 부친이 합을 하고 있으므로 부친이 쓰지 못하게 하고 있다. 어쩔 수 없이 일지(日支) 신중(申) 임수(壬)를 써야 한다. 신금(申) 자체를 쓰는 것이 아니고 신중에 들어 있는 나와 똑같은 임수(壬)를 쓰기 때문에 이런 경우 남의 것을 갖는다는 의미가 된다. 즉 용신을 쓰지만 다른 글자 안에 들어 있는 것을 쓸 때 특히 비겁을 용신으로 쓸 때 그런 현상이 드러난다. 그 속에 숨어 있는 것을 쓴다고 다 그런 것은 아니다. 배우자 자리에 나와 똑같은 것을 꺼내서 쓰기 때문에 그런 현상이 일어난다.

원명과 같은 구조의 명은 사람을 만나게 되면 상대방의 상황을 살펴야 한다. 일지 신금(申)은 물 파이프, 물샘과도 같은 의미가 있어서 나를 생해 주고 초열 기운을 다스려 주는 글자인 것은 확실하므로 당주의 배우자에 대한 생각은 배우자의 글자가 도움이 된다고 생각한다. 그러므로 남자를 사귀면 도움도 되고 마음이 편안하다고 느끼지만 그 사람은 임자 있는 사람일 가능성이 많다는 것을 유념해야 한다.

천간의 합은 계절에 따라 길합인지 흉합인지를 반드시 살펴야 한다. 예로 임수의 겨울 해자축 정임합(丁壬合)은 좋은 합이다. 겨울에는 물의 쓰임이 많지 않을 때이므로 묶어 두지 않으면 방류하게 되어 사람들에게 피해를 주기 때문이다. 온수의 개념도 있다. 겨울 임수는 무(戊)토로 제방하여 주거나 정임합으로 묶어서 가두어야 된다는 의미이다. 같은 오행이지만 기토(己)는 왕한 물을 제방하지 못하고 오히려 토에 바닷물이 들어오기 때문에 기토(己)도 못 쓰고 임수(壬)도 탁수(濁水)가 되는 현상으로 서로 좋지 않다. 겨울 임수는 반드시 무토, 정화(戊丁) 지지에서는 술토, 진토(戌辰)가 필요하다.

정임합(丁壬合)을 단순히 음란지합으로 판단하면 오류가 있다. 여름철 합은 음란지합(丁壬合)으로 말해도 무방하다. 반드시 계절의 합을 잘 살펴야 한다. 전술하였지만 천간합이 된 사주는 ① 무능력 ② 계절의 길과 흉을 따져서 사람 품성을 살핀다. 즉 임수가 겨울에 정임합을 하면 남에게 피해를 주지 않고 착한 사람이지만 봄이 오면 물이 묶여서 일을 못하게 되어 무능하게 되는 것이다. 흔히 말하는 "사람은 좋은데 능력이 없어"에 딱 맞는 표현이다. 하절의 정임합은 물이 필요한 시기에 딴짓하고 있으니 주변으로부터 욕을 먹는다. 무능력은 기본이고 성품도 안 좋다.

6) 재혼

혼인을 인류지대사라고 칭하는 것은 사람이 할 수 있는 일 중에 가장 큰 일이라는 의미이다. 그러한 대사를 두 번 하고 싶은 사람은 없을 것이다. 유교를 숭상했던 조선 시대에는 흔한 일은 아니고 아직까지 보수적인 집안에서는 죽어도 이혼만은 안 된다고 강요하지만 급변하는 현대사회에서는 통용되지 않는다. 그리고 실제로 재혼 팔자 중에서도 그전보다 더 나

은 삶을 사는 사람들도 많으니 한 번뿐인 인생을 괴롭게 살 필요는 없다. 하지만 사주팔자 8글자가 다시 만들어지지 않는 이상 배우자 궁이 새로운 글자가 들어올 수는 없기 때문에 재혼 시기도 운의 흐름에 주목하여야 한다.

甲己甲乙
戌亥申卯 (坤)

　　　　庚己戊丁丙乙
　　　　寅丑子亥戌酉

　신월(申)의 전답 농지 토이다. 신월이 되면 화곡이 결실을 맞는 시기가 되어 금수(金水)는 흉이 되는 시기이다. 또한 신월은 신자진(申子辰)의 우려가 있어 그때는 무토나 술토로 제방을 쌓아 땅이 풀어짐을 막아야 한다.

신월(申)이 되기 시작하면 땅에서 온갖 농작물들을 캐내기 시작한다. 그런 연유로 좋은 재물을 탈취당하여 땅이 텅텅 빈 느낌을 가지고 있기 때문에 신월의 기토들은 마음이 바쁘고 신경질적인 반응을 가끔 보이기도 한다.

기토는 본디 갑병(甲丙)을 필요로 하며 금왕절(金旺)이라 금신 강령의 기토(己)는 가을 전답토로서 많이 약해진 모습이다. 곡식이 여물어 가는 계절에 경금(庚)은 바위 암석으로 본다. 본래 기토 일간이 천간에 경금이 투출하게 되면 옥토에 바윗덩어리가 박힌 형상으로 가슴이 답답하고 울화증이 가끔 있다. 신월 기토가 집안에 여문 가을 나무에 가지까지 무성하니 집안 환경이 부유하다. 신월(申)에 갑을(甲乙)이 같이 있는 경우는 다 자란 나무에 열매까지 있는 모습으로 본다.

신월(申)이므로 갑목이 용신이 된다. 여자 명에서는 용신이 남편이 되므로 목부 금자(木夫金子)이다.

보편적인 재혼 사주명은 배우자 오행이 음양(陰陽)으로 2개 일 때, 토(土)월 토(土)일지일 때, 배우자 궁이 사(巳)일지나 해(亥)일지일 때 재혼의 가능성이 많다. 토(土)월 토(土)일지는 터전이 2개이므로 남편이 2명이거나 모친이 2명일 가능성이 많다. 여자에게 있어서 남편이 터전이라는 말이 납득이 안 갈 수도 있지만 조선 시대 때에 그러했다 한다. 배우자 오행이 음양으로 나뉘었다는 것은 형태가 틀린 사람이 2명이라는 것이다. 사화(巳)와 해수(亥)는 육양(六陽) 육음(六陰)의 변수의 글자들이라 배우자가 사(巳)일지나 해(亥)일지일 때는 주변 글자에 따라 안착이 되지 않는 경우가 있다. 3가지 경우에서 2가지만 일치하여도 재혼 가능성이 높다.

위 명은 배우자에 해당되는 글자가 천간에 3개로 나타나 있으므로 갑이 2개, 을이 1개이다. 첫 번째 남편은 을목(乙)의 형태로 두 번째 남편은 갑(甲)의 형태로 볼 수 있다. 기토 일간 입장에서 볼 때는 갑술토가 뿌리를 내리는 같은 오행이라 나중에 만나는 남편과 해로하는 명이라 볼 수 있다.

배우자 글자에 해당하는 목이 음양으로 나뉘어 있고, 목이 배우자 글자 해수(亥)에 뿌리를 두고 있으며, 해수(亥)는 신금(申)의 글자의 기운을 설기시켜 목의 기운을 더 상승시키므로 재혼이기는 하지만 그 배우자는 능력이 있다고 볼 수 있다. 재혼 사주라고 배우자 덕이 없다고 단순히 연결 지을 수 없으며 오히려 재혼해서 잘사는 사람도 많기 때문이다.

4.
자식

　일반적인 사주 명리학에서는 남명에서는 관살(官)이 자식이고 여명에서는 식상(食傷)이 자식이지만 자연법 사주를 추명할 때는 남자는 용신이 자식이 된다. 여자는 용신이 남편이 되고 용신(用神)을 극(剋)하는 것이 자식이 된다. 예를 들어 목(木) 용신을 쓰는 남명은 목자수처(木子水妻)가 되어 목이 자식이 되고 그를 생(生)해 주는 수(水)가 아내가 된다. 같은 예로 여명에서는 목 용신을 쓸 때 목부금자(木夫金子)가 되어 목(木)이 남편이 되고 금(金)이 자식이 된다. 자식이 잘되고 안되는 것은 자식의 사주를 살펴보아야 정확하지만 자식 오행을 시주에 대입하여 상극 관계를 살펴서 덕의 유무를 살피기도 한다. 그러므로 부모 사주에서 자식 덕의 유무와 자식 자리가 운로에서 어떠한 영향을 받느냐 하는 것은 사주 글자를 통해서 예측할 수 있다.

　사주팔자 8글자 중 태어난 시간(時柱)은 외부 활동 생활 무대 직업 관계를 나타내며 이와 더불어 기혼자는 자식 궁을 시주(時柱)의 모습을 보고 추명하기도 한다. 시간을 아들, 시지를 딸로 보며 시간을 큰아이, 시지를 작은 아이로 보기도 한다. 시간 글자와 용신을 비교하여서 일간에 미치는 영향 및 운의 향방에 따라 자식의 길흉을 유추해 낸다.

옛날에는 자식의 수가 많으면 자식 복덕이 있다고 하였으나, 자식 수가 많은 옛날보다는 현대가 오히려 더 자식이 삶에 미치는 영향이 크다고 볼 수 있다. 대가족에서 핵가족으로 넘어오면서 자식의 존재는 더욱 중요해졌다고 해도 과언이 아니다. 현대에는 자식을 안 낳거나 한두 명의 자식만 낳기 때문에 자식에 대한 관심도는 한층 더 높아지게 된다. 하나 아니면 둘이 되는 환경 속에서 자식은 부부 관계를 이어 주는 큰 끈이 되기도 한다. 자식 때문에 울기도 웃기도 하는 진풍경이 벌어진다. 심지어 자식이 성년이 된 후에도 부모의 삶에 절대적인 영향을 미치고 있다.

시간에 좋은 글자가 있거나 용신(用神)에 해당하는 글자가 있으면 "자식 낳으면 좋다."라고 말해 주기도 하고 시주에 흉 글자가 있으면 "무자식이 상팔자입니다."라고 말해 주기도 한다. 또한 효도하는 자식을 낳는 것도 팔자에 있다. 그 자식 자체는 사회적으로 성공하지만 나에게 효도하는 자식은 아니기도 하다. 사회적인 성공은 약하지만 부모님께 극진히 잘한다. 자식 낳고 살림이 늘어나는 사람도 있고, 자식이 있었지만 운에 따라 자식을 잃게 되는 경우도 있다. 그 자식의 잘나고 못남은 그 자식 사주를 살펴야 하지만 본인 사주에서 자식 자리를 추명해 보면서 다가올, 혹은 지나온 시간을 살펴보자.

1) 귀한 자식 낳는 명

"젊어서 사주를 보면 귀한 아들을 낳는다고 하는데 그 말이 사실일까요?" "정말로 그런 사주가 정해져 있나요?" 다음은 귀한 아들을 낳아서 잘 양육할 수 있는 사주명조이다. 흔히 말하는 자식에 해당하는 관이 일점 없는데 어떻게 귀한 아들을 낳을 수 있을까?

庚 丙 戊 丙

寅 辰 戌 申 (乾)

甲癸壬辛庚己

辰卯寅丑子亥

술월(戌)의 병화(丙)이다. 신유술(申酉戌)의 병화는 화기가 점쇠하여 갑목 (甲)으로 생조하여야만 화곡을 결실하는 의미가 있다. 병정화(丙丁) 사주를 볼 때는 항상 월지와 시간을 연결시켜서 보면 이해가 빠르다. 계절로 술 월은 추절이라 하루 중 저녁 시간을 말한다. 해 넘어가는 시기의 약한 병 화이지만 지지에 뿌리 인목(寅)이 있어서 힘을 얻었다. 진술축미(辰戌丑未) 토왕절은 목을 선용으로 하고 술월의 텁텁한 땅을 완화시켜 줄 수가 있으 면 더욱 좋다.

시지의 인목(寅)이 선용이다. 남명에서 관을 자식으로 보고 있지만 자연 명리의 관점에서는 남명은 용신이 자식이 된다. 자식 자리에 용신(寅)이 자리해 있으므로 똑똑하고 귀한 아들이고 부모의 자랑이 되는 자식이 된 다. 시주에서 천간 글자는 큰아들, 시지는 작은 아들딸로 보기도 한다. 시 주의 글자는 팔자 중 가장 자유로운 글자이므로 시주에 좋은 글자가 있을 때는 일반적으로 직장 관계가 좋고 기혼자는 자식 자리를 좋게 추명한다. 보통들 남명에서 자식이라고 칭하는 관(官)이 없는 무관 사주이다. 그러면 자식도 없고 본인도 사회적인 명예도 약하다고 추명하지만 현실에서는 다르다. 본명은 본인도 관을 높게 쓰는 관조직에 있으며 그 자녀도 좋은 명조이다. 단순히 십신(十神)으로 사주를 보는 것은 위험한 발생이다. 당연히 그 자녀의 성공 여부는 자녀의 사주를 추명하는 것이 가장 정확하다는 것은 말할 나위가 없지만 귀한 자식을 낳는 사주 명은 시주(時柱)에 좋은 글자가 있고 그 글자의 대·세운의 향방에서 피상 되거나 극제 당하지 말아야 한다.

아무리 좋은 사주라도 단점은 가지고 있다. 원명의 시지(時地)인목(寅)은 좋으면서도 운이 올 때는 제일 먼저 영향이 나타난다는 문제점이 있다. 대·세운이 들어올 때는 시간부터 서서히 들어오니 제일 먼저 변화 작용이 일어나는 것이 인목(寅)이다. 특히 지지에서는 인목(寅)의 입고를 조심하여야 한다. 고장 운의 작용은 병원에 입원해서 갇히거나 감옥에 갇히거나 노년의 고장은 관에 갇힌다는 의미도 된다. 미토(未)는 목(木)의 고장인지라 운에서 미토운이 올 때는 자식의 건강이나 안위에 신경을 써야 한다. 또 다른 간지(干支)도 마찬가지로 진술축미 고장(庫藏) 운이 올 때는 원국에서 해당 궁이 입고(入庫) 되는 것을 보고 예방하고 살펴야 한다. 고장 운은 천간의 고장뿐 아니라 지지의 고장도 동일하게 본다.(未土-甲, 寅 모두 고장) 그래서 시간 용신자가 사회적인 성공의 인자가 좋은 반면 운이 올 때는 자식의 문제와 일신의 안위 등 특별한 주의를 요하는 것이다.

만일 시지에 자식 오행의 고장(辰戌丑未) 글자가 있다면 자식에 대한 고뇌가 있다. 대·세운에서 올 때도 같은 현상이다. 이명은 을미(乙未)세운에 인목이 미토(未)의 고장으로 들어가고 시간의 경금(庚)이 을목(乙)과 합을 하여 본인의 일신뿐만 아니라 자식의 건강에도 걱정이 많았던 시기였다.

간혹 역술가들이 남명에서 관을 높게 쓰게 되면 자식이 발복이 안 된다고 하는 경우가 있다. 하지만 가족은 공동체일 뿐이지 한 개의 사주로 가족이 모두 사는 것은 아니다. 이미 몸에서 떨어져 나온 개별의 운(運)과 명(命)을 가지고 있으며 각각의 운대로 사는 것이다. 절대 누구 때문이 없다. 모두 내 사주팔자에서 기인한 결과물이라 보는 것이 가장 현명할 것이다. 내 사주에 그런 글자가 있기 때문에 운명을 피할 수는 있어도 아주 바꿀 수는 없다는 것이다.

2) 자식 낳고 힘든 사주

원래도 몸이 약했는데 아기를 낳고 몸이 더욱 약해지는 경우가 있다. 팔자에서도 자식이 생기면서 건강이 안 좋아지는 경우이다.

癸 丁 甲 癸
卯 丑 子 亥 (坤)

　　　　己戊丁丙乙
　　　　巳辰卯寅丑

전술한 바와 같이 병정화(丙丁)는 월지(사계절)와 하루 시간을 연결시켜 보아야 한다. 자월(子)은 하루 중 한밤중을 상징한다. 정화가 한밤중의 모닥불, 횃불, 하늘의 별이 되니 계절에 얼마나 소중하고 귀한 존재로 태어났는가. 해자축월의 정화(丁)는 병화(丙)보다 더 긴요하게 쓰인다. 이 시기에는 혹 옆에 병화(丙)가 있어도 화의 제왕 병화를 이긴 정화(丁)의 형상이므로 지혜롭고 소명을 다하는 모습이 남다르다. 간단하게 말하면 한밤중(겨울)에는 태양(丙)보다 지상의 켜는 따뜻한 불(丁)이 더 필요하고 대낮(하절)에는 불의 계절에 또 불(丁)을 들고 태어나면 소외받고 천대받는다는 뜻이다. 그러므로 계절을 파악하여 병정화(丙丁) 일간의 유용한 쓰임을 판단하여야 한다.

자월은 물이 중중한 바 토(土)로 물부터 막아야 하는데 오행상으로는 축토(丑)가 있지만 축토(丑)는 축축한 동토(凍土)로서 물을 막는다는 개념보다 얼려 버리기 때문에 따뜻한 토의 역할은 할 수가 없다. 따뜻한 토가 없기 때문에 갑목(甲)으로 목생화(木生火) 심지라도 써야 하지만 천간의 갑목(甲)은 눈비(癸)에 젖은 나무라 목생화(木生火)가 잘 안된다. 젖은 나무는 불에 넣으면 눈물만 나는 격이다. 특히나 자식 자리에 해당하는 시간의 계수(癸)는 정화(丁)의 제일 천적에 해당한다. 시주에 천적이 있으니 자식으로 인한 고충이 있다. 토부 목자(土夫木子)라 자식오행인 목(木)의 형태가 여러 개 있으므로 자식이 없는 것은 아니지만, 자식궁인 시주가 일간과 계절에 흉(凶) 글자이기 때문에 자식 낳고 힘든 일이 생기는 것이다. 다만 시지에 묘목은 한겨울의 섶목에 해당하여 목생화가 가능하고 축토와 묘목(卯) 사이 공협 인목(寅)이 목생화(木生火)을 해 주니 자식을 낳으려면 작은 자식까지 낳는 것이 좋을 것이라고 조언해 주기도 하지만 시주의 글자의 작용으로 있는 자식만 잘 기르는 것이 답이다.

간혹 자식 자리에 해당하는 시주가 일간을 힘들게 하고, 자식에 해당하는 오행이 없거나 피상 되었을 때는 자식에 대한 생각이 아주 없는 경우가 많다. 원명의 주인공은 자식 오행(五行) 목(木)이 위치는 틀리지만 건재하여서 자식은 있으나 시주(時柱)가 힘들기 때문에 자식 낳은 후에 몸이 약해지는 것이다.

부가적으로 원명은 대·세운에서 무토(戊)가 오면 계수(癸)를 모두 해결해 주니 좋다. 그러나 자식은 천륜이라 상담자의 상황에 맞추어 신중한 조언이 필요하다. 현재 수태하고 있거나 이미 낳은 상태라면 자식 자리에 대하여 왈가불가할 필요는 없다. 겨울 눈보라, 비바람(癸)에 맞고 있는 상태라 자식 낳고 힘들어지는 것을 예측할 수 있으며 원명에서 시주에 좋은 글자가 위치해 있어도 대·세운에서 시주 글자를 극해하거나 합해서 없애게 되면 자식으로 인한 슬픔까지도 발생하므로 간지(干支)의 운의 향방을 잘 살펴야 한다.

계수가 흉 글자이기 때문에 거주 공간은 물가보다는 야트막한 산(戊)이 보이는 곳이 좋다. 토부목자(土夫木子)라 자식이 생기는 운으로 흐르지만 자식 자리에 흉(凶) 글자가 위치해 있기 때문에 자식 낳고 몸이 안 좋아질 수 있는 것이다.

3) 자식의 건강

癸 丁 庚 甲

丑 酉 午 寅 (乾)

　　　乙甲癸壬辛

　　　亥戌酉申未

　오월 정화(丁) 한낮에 불의 계절에 또 불을 들고 태어났으니 무더운 여름에 누가 불을 반가워하겠는가? 계절에 이역되어서 태어났다. 본래 한낮에는 태양(丙)이 강렬한데 그 옆에 별(丁)은 눈에 보일 리 만무이다. 계절에 환영받지 못하지만 정화(丁)에 가장 좋은 필요한 글자(庚, 甲)를 모두 가지고 있다. 심지가 되는 갑인목(甲寅)과 정화의 본분에 해당하는 경금(庚)이 있다. 불은 심지가 많을수록 좋으며 특히나 오월의 약한 불이 심지가 있어야 그 존재 가치를 나타낼 수 있다. 필요한 글자가 연월주에 있으므로 집안 환경이 좋다.

　하지만 외부 활동에 해당하는 시주에서 비(癸)가 내리고 있으니 밖에 나가기 싫어하고 부친 일을 열심히 도와주고 있다. 수극화(水克火)당하는 것을 피해서 화극금(火克金)을 참으로 열심히 하는 모습이다. 이유는 경금(庚)이 계수(癸)의 엄마이므로 화극금(火克金)을 열심히 하면 계수가 정화(丁)를 치는 게 주춤하게 된다. 모두 살 방도는 있는 것이다.

　경금(庚)이 제일 용신이 되어 건명으로 금자토처(金子土妻)가 된다. 시간에 축토는 경금 고장 자리이므로 자식 고장 자리를 가지고 있다. 축토(丑)는 용신 고장도 되지만 일간 정화(丁)의 고장도 된다. 일반적인 풀이법으로는 신강 사주에 편관 계수(癸)를 길신으로 보고 식신 축토(丑)가 좋다고 본다면 잘못된 판단이다. 무조건적인 십신풀이에만 의존하지 말고 사주의 기운을 읽도록 노력해야 한다. 오월 정화가 심지 있고 할 일이 있지만 시지(時支)가 용신(庚) 고장(丑) 글자이고, 시간의 계수(癸)가 흉 작용이므로 자식 자리에 대한 것은 신중한 판단을 요한다. 특별한 사유 없이 부부가 난임이 지속된다면 그럴 만한 어떤 뜻이 있지 않을까?

운명을 미리 참고하였다면 이런 경우는 자식을 낳지 않는 것이 답일 수 있다. 자식 자리 시지(時支)에 고장 글자가 있으면 그 자식으로 인하여 애환이 따른다. 그런 이유로 자식이 생기지 않을 수도 있지만 유년의 흐름에 따라 건강하지 못한 자식 때문에 마음고생을 많이 할 수도 있다. 해당 육친에 고장 자리가 있을 때나 대·세운에서 고장 글자가 올 때는 반드시 현상이 나타나므로 세심히 살펴야 한다. (丑土 : 庚申 丁午 己丑未. 고장 입고되는 간지)

고장(庫藏)의 형상은 세상사에서 작용이 크기 때문에 수차례 반복 숙지하여야 한다. 사주 원명에 고장 글자가 있는지와 해당 궁이 대·세운에서 입고될 때 육친의 변화를 살펴서 알려 주어야 한다. 고장의 현상은 갇힌다는 의미로 사주 원명에서는 해당 육친의 고충이 있으며 특히 원명에서 고장 글자가 있고 대·세운에서 반복되면 더욱 뚜렷하게 나타난다. 고장 기운의 현상은 몸과 정신이 병들어 병원에 갇힌다. 형(刑)작용까지 같이 발생하면 감옥에 갇힌다. 노년에 고장 운이 오면 관 속에 들어간다. 반드시 기억하여 고장 운 때 대, 세, 월운까지 면밀히 따져서 주의 당부하여야 한다.

4) 자식 낳으면 좋은 사주

가끔 자식 낳고 집안에 웃음꽃이 피고 사업이 잘된다고 하는 사람들이 있다. 우리 복덩이라고 예뻐서 어쩔 줄을 모른다. 아이가 복이 많아서 또는 자식 복이 있어서라고 한다.

자녀 사주에 복이 많은 것은 아이 사주를 봐야 정확히 알겠지만, 부모 자리에서 자식 자리인 시주(時柱)에 좋은 글자가 있으면 자식으로 인한 기쁨이 있는 것은 확실하다. 또한 시주의 좋은 글자가 대·세운에서 잘 수용되고 있으면 말할 나위가 없다.

丙 壬 戊 庚
午 辰 寅 子 (坤)
　　　　癸甲乙丙丁
　　　　亥子丑寅卯

여명으로 인월(寅)의 임수(壬)이다. 임수는 본래 체가 한하고 하향적인 기운이 있어 병갑(丙甲)을 필요로 한다. 인월은 한기미진 목왕절이므로 병화(丙)를 소중히 쓴다. 봄기운이 시작되는 입춘 절기 계절의 환영받는 봄의 단수로서 호수 물, 강물이다. 봄은 시작을 알리며 생동감 있고 명랑하다.

인월(寅)은 준비의 시간으로 아직 물이 많이 필요한 상태는 아니며 기다리고 있는 모습이다. 인월은 어떠한 일간 막론하고 병화(丙)와 진(辰) 토를 소중히 쓴다. 임수일간은 목(木)을 기르는 것이 본분이지만 목왕절(木旺節)이라 목을 먼저 선용하지는 않는다. 시간(時干)에 병화(丙) 선용으로 시주 자식 자리에 용신을 가지고 있다. 시주는 자식 자리인 동시에 외부 활동 직장 관계도 통용이 된다. 임수(壬) 입장에서 병화(丙)를 보니 제방이 잘된 호수 물에 태양이 비추는 형상으로 강휘 상영(江暉相映)을 뜻한다. 자식으로 인하여 명예가 있고 그 자식은 나의 얼굴을 비추어 밝고 좋은 일이 생기니 귀한 자식으로 자랑이 된다. 자식 낳으면서 여러 가지 좋은 일이 많이 생긴다.

자식 자체의 사주가 중요하지만 자식 자리 병화(丙)가 임수(壬)를 바라보는 관점을 추명해 볼 수도 있다. 후일에 나에게 효도를 할지는 차후에 좀 더 따져 봐야 하지만 결과적으로 자식 자리에 용신(用神) 글자가 있으므로 좋은 것은 확실하다. 팔자(八字)는 모두 본인의 글자이지만 현실에서 실제로 자식이 생기면서 글자의 영향이 더욱 크게 나타나게 된다.

후일의 이야기지만 보통 자식이 사회적인 지위와 명성을 얻어서 외부적으로는 좋아 보이지만 정작 일 년에 한두 번도 자식 얼굴을 보기 어려운 경우도 있고, 비록 작은 과일 가게를 운영하지만 가장 좋은 과일은 부모님께 드리는 심성 착한 효자 아들이 차라리 낫다고 생각할 수도 있다. 그래도 부모 마음은 나한테 소홀히 해도 저만 잘되면 된다고 흔히들 말한다. 생각은 본인들의 몫이다.

사주 명리학은 사람들의 마음까지도 읽어 내는 학문이라고 한다. 겉에 보이는 모습은 물론이고 본인이 느끼는 감정과 생각을 읽어 낼 수 있다. 마음은 차후하고라도 위의 명조는 시주에 좋은 글자가 있기 때문에 자식 낳으면서 살림도 부유해지고 명예로운 일도 생기는 명조이다.

5) 자식 갖기 어려운 명

己 甲 癸 庚
巳 午 未 戌 (坤)

　　　　戊己庚辛壬
　　　　寅卯辰巳午

미월(未)의 갑목(甲)이다. 미월은 12계절 중 천시가 가장 초열한 계절이다. 4양 2음으로 음이 밀고 들어오는 계절로 음(陰)의 기운에 양(陽)이 자리를 쉽게 내주지 않기 때문에 3양 3음의 균형을 이루기 전까지 양(陽)이 최후 발악하는 모습이다.

여름 갑목의 겉모습은 신록, 아름드리 진초록의 가지를 뻗고 있는 보기 좋은 나무로서 사람들에게 더위를 피할 수 있는 그늘을 제공하지만 천지에 수기가 필요하여 물이 없으면 말라 버린다. 늦여름의 갑목(甲)이 한 줄기 빗줄기라도 반갑지만 땅에 닿기 전 고갈되어 버리는 형상이다. 천간에 계수, 경금(癸, 庚)이 좋으나 계수(癸)는 근지가 없어 매사 생각과 이상만큼 현실에서 이루어지는 것이 없어 괴리감이 발생한다.

남, 여 공히 지지(地支)가 편고되어 있어 지나치게 조열하거나, 습한 경우는 물생(物生)이 어렵다. 수부 토자(水夫 土子)가 되어 자식에 해당하는 오행 토(土)가 있으나 지나치게 조열 토들이 싸우고 있는 형상이다. 자식오행(土)의 유무와 지지에서 물생이 가능하여 중화(中和)가 되어 있는지 살핀다. 설사 조열한 지지 환경이어도 대·세운에서 물생(物生)이 가능한 환경이 오게 되면 임신의 가능성은 있지만 운이 좋아서 갖게 되더라도 유산하기 쉽다.

기토(己)가 용신 계수(癸)를 극하고 있지만 다행히도 갑기합(甲己合)을 하고 있어서 기토가 용신 계수(癸)를 치는 영향이 약한 것은 용신을 보호하려고 내가 희생한다고 볼 수 있다. 을목(乙) 운이 오면 합이 풀리면서 기토(己)가 계수(癸)를 치기 때문에 그나마 근지 없는 미약한 용신 계수(癸)가 극을 당하게 되면 하늘의 여름비(癸)를 막아 버리는 현상이 된다. 지지에서는 조열 기운이 더욱 심화되어서 극을 당하면 건강까지도 위험하게 된다.

이명에 혹, 신진축(申辰丑) 중 일자라도 있었으면 지지 환경이 조금이나마 완화가 될 수 있다. 또한 갑목(甲)을 볼 때는 생사목(生死木)을 구분하는데 이 명은 사목으로서 운로가 남동 방향으로 흐르는 것도 불리하다. 본인은 꽃이 피지 않는 고목인데 계절은 꽃 피고 새(鳥) 우는 밝은 세상으로 고목에 봉춘을 못하니 본인이 낙심천만이다.

세상 이치가 신기하고 오묘해서 이렇듯 자식 갖기 어려운 명은 오히려 더욱 자식을 갈구한다. 의료 기술은 물론이고 무속에 의지하기도 한다. 간신히 생기면 유산되어 슬픔을 겪고 또 시도하기를 반복한다. 경진(庚辰) 대운에서는 습토 진토(辰)가 들어와서 조열토를 완화시켜 주니 가능성이 있을 수는 있는데 만혼으로 그 시기 끝 무렵에 혼인을 하게 되어 좋은 시기는 놓치게 되니 안타까울 뿐이다.

참고로 천간합(天干合)이 풀리는 글자의 영향을 알고 있으면 도움이 될 것이다. 갑기합(甲己合)은 을목(乙)이 합을 풀고, 병신합(丙辛合)은 정화(丁)가, 무계합(戊癸合)은 기토(己), 을경합(乙庚合)은 정화(丁), 병화(丙), 정임합(丁壬合)은 무토(戊)가 천간합을 푸는 열쇠가 된다. 합이 풀리면 각각의 천간의 글자들이 제 본분과 역할을 인지하고 새로운 일을 해 보고 싶어 하는 경향이 있다.

6) 외방 자식을 둔다

부친의 부고 시 느닷없이 일면식도 모르는 형제가 나타나는 경우가 있다. 부친의 사주에서도 내가 모르는 다른 형제의 유무를 알 수 있을까? 가능한 일이다. 남명에서 용신이 상반될 때 가능하다. 천간에서는 물(水)을 요하는데 지지에서는 화(火)를 요할 경우이다. 그러므로 용신은 반드시 희신이 생해 주는 것이라고 단순하게 생각한다면 발상의 전환이 필요하다. 희신이 꼭 용신을 생하는 것만은 아니다.

丙庚甲甲

子子戌辰 (乾)

庚己戊丁丙乙

辰卯寅丑子亥

　술월(戌)의 경금(庚)이다. 경금은 강중강으로 단단한 것 중 최고이다. 제련되지 않은 완금, 바위, 암석, 도끼, 달(月)로도 표현한다. 성이 냉하고 차서 열(丁)을 좋아한다. 신유술(申酉戌) 추절은 금왕절(金旺)이라 금기가 가권하여 왕기가 있으므로 병정화(丙丁)로 단련시켜 기물이 되거나 임수(壬) 맑은 물에 세척해 주어 빛나는 금이 되어야 맑고 청고하다.

　경금을 임수(壬)로 씻는다는 의미는 단단한 금을 용광로 불(丁)에 넣어서 녹인 후 망치로 두드려서 형태를 만들어 맑은 물(壬)에 넣으면 단단하게 굳어져서 쓸모 있는 기물이 된다는 이치를 설명하기도 한다. 그래서 경금(庚)일간은 화(火)와 수(水)를 쓰므로 용신이 상반된 경우가 있다.

　술월의 경금으로 가을 금이라 천간에서는 병화(丙)를 쓰고 갑목(甲)도 먹을 재목으로 좋으며, 지지에서는 술월령(戌)의 텁텁한 조열토를 완화시키기 위하여 자수(子)도 쓰기 때문에 상반된 용신 즉 수(水)와 화(火)를 쓴다. 즉 용신이 두 개가 된다. 남명에서 용신은 자식에 해당된다. 젊은 시절 인연을 맺었던 연인에게서 낳은 자식이 있을 수 있다. 경금 일간이 용신을 화(火)와 수(水)로 상반되게 쓰기 때문에 나타나는 현상이다. 정해진 용신은 화와 수이지만 그 외에 갑목도 좋은 글자이다. 사주에서 필요로 하는 글자가 많을 때는 부르는 곳도 많고 먹을 것도 많아서 재물도 유여하다.

　용신이 상반될 경우는 외방 자식을 두기도 하고 또는 두 가지 업종에 종사하기도 하며 생각이 상반되기 때문에 신중하고 자칫 우유부단한 모습도 나타난다.

　위 명조의 품성은 경금(庚)의 강인한 남자다움을 나타내고 있지만 따뜻한 병화(丙)를 원하는 마음도 있으므로 겉으로 보이는 모습과는 다르게 따뜻한 마음의 소유자인 것이 그런 연고이다. 용신이 상반되지만 두 글자를 모두 필요로 할 때 각각 터전이 다른 자식을 갖기도 한다.

　신유술월 경금을 추명 시 병정화(丙丁)나 임수(壬)가 없을 때는 금(庚)의 역할을 제대로 하기 어려워 폭도가 되거나 세상을 배척하는 삶을 살기 쉽다. 병정화로 쓸모 있는 기물이 되던지, 임수 맑은 물에 설기되면서 그 기운이 온순하게 되어 맑은 금이 된다는 이치와도 상통하는 것이다.

　춘절 경금이 화(火)를 필요로 할 때는 병화(丙)를 필요로 하고 추동의 경금은 정화(丁)를 필요로 하며, 수(水)를 필요로 할 때는 임수(壬)를 일등으로 하며 가급적 계수(癸)는 잘 쓰지 않는다. 계수는 우로수로서 경금을 녹슬게 만들어 체면 손상이 된다. 하지만 하절 초열의 천시일 때는 계수도 어쩔 수 없이 쓴다. 경금이 녹이 나서 체면 손상이 되더라도 화염에 녹아서 없어지는 것보다는 낫기 때문이다. 화(火)와 수(水)는 천간, 지지, 지장간, 공협 글자 어디에라도 일자(一字)만 있으면 된다.

7) 사주팔자에 자식이 있지만 자식이 없다

"사주 보는 것을 좋아해서 많이 보았지만 자식 없다는 말은 들어 본 적이 없는데 현재는 자식이 없습니다. 분명히 아들이 하나 있다고 했었는데 사주를 잘못 본 것일까요?" 사주상에서 자식에 관한 오행(五行)이 있어도 운로의 흐름이 살아나지 않는 운으로 가면 자식이 생기지 않을 수 있다.

戊 癸 丁 甲
午 酉 丑 子 (乾)

　　　壬辛庚己戊
　　　午巳辰卯寅

섣달 축월(丑)의 계수(癸)이다. 계수는 하늘에서 내리는 비, 우로수, 시냇물, 안개 등으로 표현한다. 조용히 내리는 우로수로 말이 없으며 성정이 여리다. 춘하(春夏)의 계수는 만물을 생하고 양육의 미덕이 있으나 추동(秋冬)의 계수는 숙살의 기운이 있어 만물을 죽이는 기운이 있다. 특히 추동(秋冬)의 계수는 제어하는 기운이 없을 때는 신의가 없고 적극성이 부족하여 대인 관계가 모호하다.

위 명은 겨울 계수로 시주(時柱)에 숙살의 기운을 막아 주는 무토(戊)가 있어 겨울 왕한 비를 스스로 제어하니 좋은 이미지로 다가간다. 겨울비가 제멋대로 내리게 되면 자연 모든 동식물을 숙살하는 냉한 기운으로 동빙의 빙설이 될 뻔했으나 본인이 스스로 "나는 비가 아니요." 하는 모습이다. 이렇듯 사주에서의 합도 선한 합이 있다. 비록 겨울비이지만 사람들에게 피해 안 주려고 노력하는 무계합(戊癸)을 하고 있기 때문에 인물이 좋고 사람들이 좋아한다.

하지만 운(運)이라는 것은 말 그대로 흘러가고 굴러간다는 의미가 있어서 봄여름이 오게 되면 계수의 본분인 나무를 양육하고 만물을 시원하게 해야 하는데 합을 하여 움직이지 않는 모습이 된다. 본인이 활동성이 저하되고 일을 안 하는 무능력한 모습이 되는 것은 피할 수 없다. 이렇듯 사주는 보이는 면만을 보게 되면 이면의 깊은 뜻을 살필 수 없게 되어 겉모습만 보게 된다. 손등은 물론이고 뒤집어서 손바닥까지 볼 수 있어야, 사주를 풀이하는 데 오류를 줄일 것이다.

축월 계수(癸)가 연간의 갑목(甲)이 용신이다. 신약한데 왜 식신을 용신으로 쓰냐고 묻는다면 신약, 신강에서 빨리 벗어나라고 조언하고 싶다. 사주의 신강 신약은 계절의 기운으로 보아야 하고 용신의 쓰임으로 보아야 한다. 남명으로 목자수처(木子水妻)가 되고 그 갑목의 운로가 편치 않다. 대운경, 신금(庚辛)이 목(木)을 극해서 자식이 생기기 쉽지 않다. 혹시 세운에서 경신금(庚辛)을 억제하는 기운 병정화(丙丁) 세운이 오면 기대를 해 보아야 한다. 천간에서 자식오행에 해당하는 목(甲)이 살 수 없는 환경이 20년 대운이므로 자식이 생기기 쉽지 않은 운의 흐름이다. 이렇듯 사주에서 자식에 관한 글자가 있다고 하여도 혼인 시기와 맞물려 그 자식에 해당하는 글자가 살기 어려운 운으로 가면 자식이 생기기 쉽지 않다고 본다.

계절에 따른 천간합을 좀 더 설명하자면 동절(해자축) 임수(壬)일간(甲壬丁O)이 합을 하고 있는 경우에도, 원명에서는 겨울 물이 온수가 되어서 좋지만 대·세운 춘하절이 되면 농번기에 임수의 본분인 갑목(甲)을 기르지 않고 정화와 합(丁壬合)을 하여 욕을 먹는 사람이 된다. 옆에 갑목이 없을 경우에는 욕을 덜 먹는다. 그 이유는 할 일이 없으니 합을 하고 놀고 있어도 본분이 없으면 사람들의 관심 밖의 인물이다.

실제 오랜 지인 하나가 참 괜찮은 사람이라고 느껴졌는데 시간이 갈수록 할 일은 안 하고 있어서 싫어지는 경우가 있었다. 시간과 계절의 흐름을 읽어 낼 수 있으면 왜 그런지 답을 알게 될 것이다. 특히나 동절 임, 계수(壬癸)생들이 합(合)을 하고 있는 경우에 많이 나타는 형상이다. 사주를 가만히 들여다보면 많은 경우의 수가 있어 사주 하나로 두 시간 이상을 말해도 아직 할 말이 남아 있는 경우가 있다.

세상의 모든 부모들은 본인들의 사회적인 성공 여부와 상관없이 자식 때문에 울고 웃고 아마도 인생의 반을 그 자식이 좌우한다는 것을 다 알고 있다. 하지만 사주 명리학상으로 자식이 생긴다는 것은 여러 가지 상황이 맞아야 한다는 것을 알게 되니 자식은 로또 이상이라 보아도 좋을 것이다. 자식 오행이 있어야 하고 자식 자리인 시주가 좋아야 하고 자식 오행이 대·세운 운로에서 피상당하면 안 되며 수용할 수 있는 편안한 운으로 흘러야 자식이 생길 수 있는 것이다. 한 명의 자식 탄생은 얼마나 많은 하늘의 뜻이 숨어 있다는 것을 알게 된다면 자식은 큰 축복이 아닐 수 없다.

사주 공부하면서 가장 좋아하게 된 말이 있다. "모사재인 성사재천(謀事在人 成事在天)."(제갈공명) 일을 꾸미는 것은 사람이지만, 그 일을 이루게 하는 것은 하늘이라는 말이다. 인생사 모든 일이 하늘이 허락해야만 이루어지는 것이라는 것을 잘 알고 있지만 특히, 자식은 하늘에서 도와주어야 낳을 수 있다는 말이 절실히 다가온다.

5.
부모님

　십신으로 사주를 추명하게 되면 재(財)가 부친이 되고 정편인(正偏印)을 어머니로 판단하지만 자연법으로 보면 사주팔자 중 월주(月柱)가 부모님 궁(宮)에 해당하며 월간은 부친 월지는 모친 자리에 해당한다.

　월주(月柱)가 원명에서 극(剋) 당하고 있거나 불미하게 영향을 끼치고 운세에 따라 일찍이 피상 되었거나 글자가 합(合) 당하여 없어졌으면 조실부모하기도 한다. 월주 자체는 좋은데 나한테 미치는 영향이 불미한 경우는 부모 자체는 사회적으로 명성은 있지만 내가 느끼는 생각과 남이 나의 부모를 바라볼 때와 많이 다르다. 월주(月柱)가 일주에 미치는 영향으로 부모의 덕의 유무를 살피고 일간이 월간을 볼 때는 내 자신이 부모를 바라볼 때의 마음을 볼 수 있으며 월간이 일간을 볼 때는 부모의 자식에 대한 마음도 볼 수 있다. 특히 모친 자리인 월지(月支)는 사주 전체의 기운을 관장하기 때문에 특별히 살펴야 한다.

　부모의 사전적 의미는 어머니, 아버지 두 분을 일컫는다는 것을 모르는 사람은 없다. 사주 명리학에서 부모 궁의 문제는 부모가 나에게 미치는 영향을 알아보는 것이므로 생물학적 부모 및 단순한 법적인 부분까지 알아보는 것이다.

부모는 태어날 때부터 자립하기 전까지 의탁할 뿐만 아니라 일생 영향을 미치는 경우도 있다. 유, 청소년 시기에는 혼자의 힘으로 살아갈 능력이 없기에 누군가의 보호가 필요하다. 부모의 양육을 받으면서 살아가는 법을 배우고 자립할 준비를 하며 장성해서는 앞으로 살아갈 기틀이 되는 물적, 정신적 자원의 토대를 만들어 주기도 한다.

현대의 핵가족 시대에는 부모의 능력에 따라 인생의 출발점부터 달라진다는 것을 부인할 수 없다. 본서의 취지는 미리 운명을 연구하여 피흉취길하고자 하는 열망으로 쓰인 것이고 모든 운명은 개선될 수 있다고 믿지만 부모 자리만큼은 운명의 개척이 쉽지 않음을 인정할 수밖에 없다. 그래서 운명 개척과 부모 문제에 있어서는 조금 다른 견해로 출발하고 싶다. 누구나 능력 있고 건강한 좋은 부모를 갖고 싶은 열망은 인간의 본성이다. 부모의 덕으로 앞에서 출발하는 사람과 뒤에서 출발하는 사람은 큰 차이가 있다. 하지만 좀 더 뒤에서 출발한다고 결승점에 늦게 도착하는 것은 아니다. 빨리 출발하는 사람은 반드시 중간에 걸음이 지체되는 요인이 발생될 수 있고 비록 출발이 늦었어도 누군가 중간에 멋진 차를 태워 줄 수도 있기 때문에 인생은 아무도 모르는 일이다. 출발은 모두 다르지만 천명(天命)의 종착역에 도착하는 것은 누구나 똑같다. 부모님 자리가 나쁘다고 원망하기 전에 남보다 출발선이 조금 뒤니까 좀 더 열심히 뛰어야겠다는 생각으로 산다면 분명히 중간에 누군가 좋은 차를 태워 준다는 것을 명심하면 된다.

1) 좋은 부모님을 만났군요

"저는 부모님이 항상 친구 같아서 모든 일을 상의 드리고 특히 어머니와 관계가 돈독합니다. 주변에서 마마보이 아니냐고 합니다. 제가 마마보이 일까요? 사주팔자(四柱八字)에서 그런 것도 알 수 있을까요?" 8글자(八字)의 변화 작용을 살피면 왜 그런지 알 수 있다. 사주팔자에서 대·세운에 겨울 운을 지나고 있는데 따뜻한 난로 역할을 하는 자리가 모친 자리가 된다면 그 시기에는 그럴 수 있다. 시기적으로 모친과의 관계가 돈독한 것이다. 또한 모친과의 사이가 소원해지는 것도 같은 맥락이다. 계절은 변화하기 때문에 여름이 오게 되면 더운 여름에는 더 이상 난로가 필요하지 않은 자연 이치와 같은 것이다.

壬 庚 壬 戊

午 申 戌 辰 (乾)

丁丙乙甲癸

卯寅丑子亥

술월(戌)의 경금(庚)이다. 토왕절 경금이 술월의 텁텁한 땅을 윤습하게 만드는 역할을 하는 천간 임수(壬)를 선용(先用)으로 쓰므로 맑고 깨끗하다. 좌우 임수 중 시지에 임수(壬)를 먼저 쓰는 시간 용신명이다. 시간 용신자는 직장 관계 편안하고 좋은 방향으로 흐른다. 용신 임수(壬)의 근지가 배우자 자리에 있어 도움이 되고 능력이 있는 좋은 배우자를 만난다. 흔히들 말하는 간여지동은 배우자 복이 없다고 하면 안 된다. 주변 글자와의 상관관계 조화를 살펴서 판단하여야 한다. 물론 간여 지동(干與支同)이 되면 배우자 글자가 일간 글자와 같아서 배우자 할 일을 본인이 하는 경향은 있지만 그 글자가 사주 전체에 미치는 영향이 먼저 중요하다. 간여지동 상관없이 일지가 주변 글자에 도움을 주고 있으면 좋은 배우자를 만난다고 볼 수 있다.

일반적으로 나를 생해 주는 정편인(正偏印)을 모친으로 보고 내가 극하는 재(財)를 부친으로 보지만 자연법에서는 월주(月柱)를 부모 궁으로 본다. 특히 월지는 태자리. 원류인 모친 자리이며, 월간은 부친 자리로 보고 사회적인 면에 있어서 월간을 상사로 보기도 한다.

본명은 무토(戊土)가 용신 임수를 제하는 형상인데 부친 자리에서 대신 막아 주고 있는 모습이다. 임수(壬) 부친 입장에서도 가을철 임수를 무토가 제방의 역할을 하므로 부친 또한 공적인 일을 하고 있다. 음간(陰)의 칠살(七殺)은 칠살이라는 용어가 맞지만 양간(陽)의 칠살은 완성의 의미도 내포하고 있다.

모친 자리인 월지 술토(戌)는 난로와도 같은 존재이다. 한겨울에 난로보다 좋은 것은 없을 것이다. 대운 환경 초년에 해자축(亥子丑) 동절기를 지날 때 술토(戌) 모친이 수다(水多)에 금침을 막아 주는 역할을 한다. 부모의 원조와 격려로 편안하고 안락한 생활을 하게 되어 좋은 기틀을 마련하게 되는 명조이다.

사주원국에서 기본 용신은 정해져 있지만 유년의 움직임에 따라 흉신(凶)이 용신이 될 수도 있는 것이다.

대·세운에서 겨울운을 만나면 술토(戌)가 해결해 주고 여름운을 만나면 시원한 진토(辰)가 해결해 주니 어떠한 운이 와도 방어할 수 있는 능력자인 것이다. 사주 원명 자체 내에서는 술토는 좋은 영향은 아니지만 운에 따라 좋은 역할을 하고 있다. 팔자는 모두 나의 글자이기 때문에 대·세운이 변화할 때 어떤 글자가 나가서 방어해 주냐에 따라 삶의 형태도 바뀌기 때문에 사주 원국의 정확한 분석이 중요하다. 음양이 서로 대립하여 싸우는 것 같지만 그 속에서 의존하는 것이다. 오늘의 적이 내일에는 동지가 되는 이치와 같다.

술토 자체는 십리 밖의 물도 전부 흡수하는 조열토의 성분으로 원국 자체에서 흉(凶)에 해당하지만 해자축(亥子丑) 수운에서는 술토(戌) 즉 부모님의 정신적, 경제적인 도움으로 국내외 학업은 물론 편안하게 잘 살고 있는 명조이다.

음양의 칠살 관계를 살펴보면 신금(辛)이 을목(乙)을 금극목(金克木) 하는 것은 완전히 죽이는 것이 맞지만 경금(庚)이 갑목(甲)을 극하는 것은 다 자란 나무를 쪼개어 재목으로 쓴다는 의미가 크다. 기토(己)를 을목(乙)이 목극토 하는 것은 땅의 흙을 을목 바람이 흩어 버리는 것도 같아서 흙이 다 파토되지만 무토(戊土)에 갑목(甲)이 목극토 하는 것은 큰 산에는 큰 나무가 있어야만 바람도 막아 주고 나무도 뿌리를 내릴 수 있으므로 땅도 튼튼해져서 서로 상생(相生) 관계가 된다고 볼 수 있다. 양생양극 관계의 이치를 살펴야 한다. 여기서 동서양철학의 작은 차이가 있다. 서양은 선과 악의 구도가 이분법으로 영원히 나쁜 놈과 영원히 좋은 놈이 정해져 있는 구조이다. 악마는 끝까지 악마이고 예수님은 끝까지 예수님이다. 동양의 음양(陰陽)은 그 속에서 상호 대립하면서도 상호 의존하는 구도이다. 영원히 좋은 놈도 영원히 나쁜 놈도 없다. 동서양 철학에 대한 견해는 너무나 방대하고 어려워 좀 더 알고 싶다면 좋은 자료를 참고하여 공부하길 바란다.

2) 부친의 건강을 조심하세요

건강하시던 부모님이 갑자기 건강이 악화되는 경우가 있다. 사주상의 부친 자리는 월간 글자의 변화로 볼 수 있다. 물론 부모님의 사주를 보는 것이 첫 번째이고, 두 번째는 본인 사주의 대·세운과 부모 자리의 변화를 보는 것이 중요하다.

壬 乙 丙 辛

午 酉 申 酉 (坤)

辛庚己戊丁

丑子亥戌酉

　신월(申)의 을목(乙)이다. 을목은 새을에서 본뜬 형상으로 꽃, 초엽, 넝쿨, 바람, 새 소식, 자유 등 여러 가지 표현하는 바가 있지만 꽃과 바람으로 가장 많이 표현된다. 화초 지물이므로 여리고 연약하여 사계절 막론하고 금수(金水) 한랭(寒冷)한 기운을 보면 쓰러진다. 사계절 공히 병화(丙)를 사랑하고 단 겨울에는 정화(丁)로서 온실 속 화초의 신분으로 신월은 가을 꽃으로 들국화, 코스모스로 표현된다.

　을목(乙)의 일등 용신(用神) 병화(丙)가 부친 자리에 있으나 병신합(丙辛合)으로 그 기능이 쇠잔하다. 병신합은 흉(凶)한 합(合)으로 을목의 희신인 병화가 구름으로 들어갔다는 표현을 한다. 을목(乙)에는 신금(辛)이 천적이므로 이를 막아 주었다고 볼 수 도 있지만 좋은 병화(丙)가 없어졌다는 표현이 적절하다. 좋은 글자(丙)가 있지만 그것의 혜택이 약하다고 본다.

　사주에서 합은 무조건 기능 상실, 특히 일간합은 모든 면에서 활동성이 저하되는 것이 기본이다. 또한 을목은 밝은 태양이 비추어 주어야 인물이 밝고 예쁜데 합(合)을 하고 있으니 우울하고 밝지가 않다. 본인이 가지고 있는 것을 뺏긴 형태가 되어 사람이 까다롭고 신경질적인 면이 있으며, 합(合)이 되었어도 병화를 선용 하여 부친이 흉을 잡아 주었으므로 뛰어난 능력가는 아니어도 꾸준히 조력해 주시는 좋은 분이었다.

합의 현상은 원명에 합을 하고 있을 때 대·세운에서 같은 글자가 오면 더 크게 작용이 나타난다. 위 명은 병화를 잡고 있는 신금(辛)이 나타나는 신축(辛丑) 대운 신(辛)세운에 부친의 건강에 이상이 생기게 된다. 평소에 건강관리를 잘하시고 밝게 지내셨지만 건강 악화로 힘들게 되었다. 이렇듯 원국에서 용신에 해당하는 좋은 글자가 합을 하고 있는 경우에 운로에서 똑같은 글자가 중복해 들어올 때 현실에서 그 현상이 크게 나타나기도 한다.

큰 줄기의 십년 대운이 들어올 때는 대운이 원국에 미치는 영향을 먼저 파악하지만, 결정적인 영향은 세운에서 발현된다. 그러므로 대운(大運)이 바뀌면 무턱대고 큰 좋은 운이 들어온다고 추명할 것이 아니라 대운 간지가 원국의 어떤 궁에 영향을 미치는 상황인지를 살필 수 있으면 그 대운 환경에서 큰 줄기의 운의 흐름을 읽을 수 있다. 궁의 변화를 살펴서 직접 발현되는 세운을 보고 사주 원명에서 해당 육친의 궁(宮)이 합을 하고 있으면 같은 글자가 운에서 올 때 조심하여야 한다. 원국에서 합한 신금(辛), 대운에서 나타나는 신금(辛), 세운에서 나타난 신금(辛) 그야말로 트리플로 합을 하니 병화(丙)가 온전할 수 있겠는가! 태어날 때부터 운명이 기다리고 있기 때문에 인간의 힘으로 어쩔 수 없는 부분도 있지만 연로하신 부모님께는 전화 연락이라도 자주 드리고 건강하시게 지낼 수 있도록 도와 드려야 할 것이다.

3) 부모 덕

"부모님이 태어나게 해 주신 것 외는 지원을 받은 적이 거의 없어서 학업과 일을 병행해서 학교도 다른 사람보다 늦게 졸업했습니다. 지금은 부모님께 생활비까지 드리고 있는데…" 생물학적으로 세상에 나오게 해 주심에 감사해서 부모님께 효도하면 나중에 복 받는다고 하는데…. 이런 것도 사주에 나올까.

庚 丙 癸 癸
寅 辰 亥 丑 (坤)
　　　　戊丁丙乙甲
　　　　辰卯寅丑子

해월(亥)의 병화(丙)는 하루 중 한밤중에 얼굴이 드러나지 않는 약한 병화를 의미한다. 병화는 양 중의 양으로서 양을 대표하는 태양화를 뜻한다. 만물을 생육하는 미덕이 있어서 자존심이 강하며 자신이 가장 높은 곳에 떠 있다고 생각하여 간혹 큰소리치는 경향이 있다. 하지만 위 명의 병화는 한겨울의 병화로 조용하고 내성적인 성향을 가지고 있다. 병화의 특성과 속성은 춘하추동 사계절의 변화에 따라 그 형태의 차이가 있다.

춘하(春夏)의 병화(丙)는 하루 중 아침과 낮의 병화로 표현되어 생기발랄하고 발산하는 성정이 있지만 추동(秋冬)의 병화는 저녁과 밤의 병화로 표현되어 온순하고 수동적이며 매사에 소극적이고 생각이 많다. 이렇듯 같은 일간이라도 계절에 따라 속성이 모두 다르다. 일반적인 사주풀이 방법으로 병화일간을 추명하게 되면 오류가 생기게 된다.

사주에서 연, 월주(年月柱)는 본인의 선천 환경을 보게 된다. 겨울 약한 병화가 최대의 흉신 계수(癸)가 부모, 조부모 자리에 위치해 있다. 해월의 계수(癸)는 눈보라, 비바람에 해당한다. 동절인 것도 힘든데 집안에서 비까지 내리고 있으니 춥고 배고픈 환경이 된다. 여명이지만 자수성가 사주명으로 본인의 노력으로 극복하는 명조이다. 계수를 피하려고 경금(庚)을 열심히 화극금(火克金)하니 그 노력이 가상하지 않은가. 특히나 경금(庚)은 계수의 원류가 되기 때문에 경금을 제련할수록 비는 약하게 된다. 태양이 비를 피하여 살기 위해서 열심히 노력하는 모습이다. 시지(時支)에 뿌리가 되는 인목(寅)이 있어 외부 활동, 직장 관계가 좋다.

화극금(火克金) 열심히 일하여 계수(癸)에게 갖다 바치는 형상이다. 병화 일간에게는 계수(癸), 신금(辛), 기토(己)는 가장 흉(凶) 글자이다. 계수(癸)는 비, 신금(辛)은 구름, 기토(己)는 병화를 땅에 떨어뜨려 체면 손상을 일으킨다.

단순히 십신만으로 계수를 정관(正官), 신금을 정재(正財)로 이렇게 표현하는 사람은 간지의 기운과 자연의 이치를 좀 더 성찰하도록 노력하여야 한다. 어떤 경우에도 계, 신, 기(癸, 辛, 己)는 병화(丙)일간에 도움이 되지 않는다. 다만 그 흉 글자를 극제해 주는 무토(戊), 정화(丁), 을목(乙)이 같이 있다면 흉(凶)을 제한 사람이 되니 남다르게 비상하고 똑똑한 사람으로 사주의 격이 높아짐은 말할 나위 없다.

이렇듯 연월간(年月干)의 간지가 일간에 미치는 영향을 계절의 기운에 비추어 흉한 글자가 있으면 부모 때문에 힘든 환경이 된다. 또한 연월간이 흉 글자가 있으면 일찍 독립하기도 한다. 흉을 피해서 밖으로 나가는 것이다. 그나마 시간이 좋으니 외부에서 좋은 일이 있는 것은 다행이다. 연월간과 시간이 흉 글자가 있으면 고립무원의 삶을 사는 것은 자명한 일이다. 원명의 주인공은 비록 집안 환경은 동빙 한랭하여 춥고 배고픈 환경이지만 일지, 시지(日時)가 좋기 때문에 직장 관계, 외부 활동이 좋으며 결혼 후 특히 자식 낳고 발복할 수 있는 명이다.

4) 부모 선망

" 조실부모하였지만 열심히 살았더니 하늘에서 복을 주시네요. 부모님을 일찍 여의고 어릴 때부터 많은 고생을 하였지만 지금은 살 만합니다. "

壬 癸 丙 壬

子 未 午 子 (乾)

辛庚己戊丁

亥戌酉申未

　오월(午)의 계수(癸)이다. 하늘에서 내리는 단비에 해당한다. 하절에는 물처럼 좋은 것이 없다. 화절에는 화토(火土)가 초열하고 목(木)이 고갈되어 계수(癸)의 근지인 경신금(庚辛)이 절대적이다. 양수인 임수(壬)는 퍼다 쓰는 수고로움이 있는 반면 계수(癸)는 하늘에서 저절로 내리는 우로수에 해당하여 동식물, 만물을 해갈해 준다는 생각을 하여 계수 본인이 스스로 모든 일을 해결할 수 있다는 생각을 한다. 그래서 계수(癸)는 약해도 자존감이 높은 경우가 많다. 가뭄이 지속될 때는 하늘에서 비(癸)가 내려 줘야 자윤 된다. 양동이 물(壬)을 아무리 퍼 날라도 갈라진 땅이 습토가 되기는 힘들다.

　본래 임수(壬)는 계수(癸)를 싫어하지만 여름 임수는 우로수 계수도 쓰는 이치이다. 음양의 또 다른 의미로 양은 형님이 되고 음은 아우가 되는 이치이다. 양이 음의 힘을 빌려야 할 때는 치사하지만 도움을 청한다는 표현을 한다. 아우 계수(癸)는 물이 부족하면 임수(壬) 형님에게 도움을 청하여 보다 나은 환경이 생기고 좋은 일이 있지만, 여름 임수가 초열하여 계수의 도움을 받게 되면 맑은 호수 물에 비가 내려서 흙탕물이 되어도 화염에 말라붙은 저수지 물을 채워야 하기 때문에 어쩔 수 없는 것이다. 계수의 성정은 조용히 내리는 비이기 때문에 내성적이고 소극적이지만 계수가 왕양

할 때는 숙살의 기가 있어 차고 냉한 성정도 동시에 가지고 있다.

병화(丙)가 계수(癸)를 보는 경우에는 흉한 작용이 되어 병화의 얼굴이 없지만 계수는 병화를 보면 비 개인 뒤 해가 뜨는 현상으로 좋은 일이 생긴다.

위 명은 오월의 계수가 부르는 곳 많고 인기가 만반이다. 천간의 좋은 병화(丙)가 떴지만 오월이기 때문에 병화를 먼저 용하지 않는다. 여름의 단비이기 때문에 나도 먹고 남도 주어야 하므로 시간의 임수(壬)에 도움을 청한다. 하지만 임, 계수(壬癸)의 뿌리 자수(子)는 너무 미미하므로 자수를 생해 주는 신금, 진토운(申辰)이 와야 근지가 살아날 듯하다. 계절에 쓰임 있는 존재로 태어난 것도 중요하지만 그 쓰임을 이룰 수 있는 근지가 튼튼해야 운에서 한 번이라도 상승하는 기류를 잡을 수 있는 것이다.

10세 이전에 정미 대운(丁未) 기미 세운(己未)에 용신 임수를 합거시키고 초열한 오미(午未) 운과 합세하여 계수(癸)를 증발시키게 되어서 초반 정미 대운에 일찍이 조실부모한다. 그 이후에는 임수 자수를 생조하는 금수(金水) 운에 점차 자수성가하여 소부를 이루는 명이다. 계절의 변화가 대·세운에서 오는 이치에 따라 치명적인 운이 어떠한 시기에 먼저 오느냐에 따라 힘든 일을 먼저 맞게 되고 육친의 변화가 일어나는가를 보는 것이 중요하다. 쉽게 설명하자면 조열한 사주로 생하였는데 또다시 대·세운 환경에서 여름이 지속되는 환경이 들어온 것이다.

정미(丁未) 대운은 천간의 용신 임수(壬)를 합하는 것뿐만 아니라 그나마 약한 용신 근지 자수(子)까지 제해 버리는 인생 최대의 흉운인 것이다. 어릴 적 부모님을 일찍이 잃는 슬픔을 겪게 된다. 누구한테나 흉운은 일어나지만 시기에 따라 흉의 작용은 조금씩 다르게 일어난다.

이렇듯 월주의 변화를 보고 부모의 동태를 살피는 것도 중요하지만 가장 중요한 곳은 본인 사주에서 용신의 합거 되는 경우, 또는 용신의 충극의 현상이 나타나면 특별히 한 가지 흉이 나타나는 것이 아니라 흉한 일이 연속적으로 나타날 수 있다. 결론은 본인이 편안한 계절에 쓰임이 있으면 주변 상황도 좋아지고 그렇지 않고 힘든 환경이 되면 주변 상황도 힘들어진다는 것이다. 나의 운의 흐름이 가장 중요하다는 의미가 된다.

5) 어머니 안녕하신가요

모든 부모님들은 자식에게 아낌없이 주고 사랑해 주신다. 부모님 중에서도 유독 모친에게 많이 의지하는 명들이 있다. 그런 모친의 건강이 안좋으면 걱정이 많게 된다. 사주상 모친 궁은 월지의 형태를 보고 추명한다. 월지는 총 8자의 사령관이자 사주 원류 본원이 되는 자리이므로 월지의 기운을 보고 사주 전체의 국세를 판단하기도 한다.

己 辛 戊 庚
丑 酉 寅 申 (坤)

        癸 甲 乙 丙 丁
        酉 戌 亥 子 丑

인월(寅)의 신금(辛)이다. 신금(辛)은 보석, 주옥, 낫, 송곳, 하늘에서는 구름으로, 체성이 견고하고 냉한 것이 그 재질이 첨예하고 매끄럽다. 부드럽고 섬세한 성정을 갖고 있는 반면 까다롭고 예민하여 손해를 보는 경우가 있다. 인월의 신금은 일간과 상반되는 목왕절(木旺)에 태어난 연유로 소외된 환경일 경우가 많다. 인묘진(寅卯辰) 춘절 목왕절에는 어떠한 일간이라도 어리고 여리기 때문에 좀 더 키운다는 의미로 병화(丙)와 진토(辰)를 선용한다. 병화(丙)는 양육의 개념, 진토(辰)는 왕한 목을 수용한다는 개념으로 이해하면 된다.

인월의 작은 금(金)이 시간의 기토(己) 선용, 월지 인중(寅)의 병화(丙)를 차용으로 삼는다. 모친 자리에 해당하는 월지 인월(寅)의 목은 어리고 여린 목으로 보는데 좌우 유금(酉), 신금(申), 에 피상되어서 약해졌다. 즉 도끼, 낫, 송곳에 피상당하는 모습이다. 특히 신금의 뿌리가 되는 유금에 극당하고 있으므로 해당궁의 육친인 모친의 건강이 약하다.

일간 신금(辛)은 인목(寅)을 죽이면서 나왔다는 표현도 가능하다. 유금이 신의 뿌리인 까닭이다. 특히 대·세운에서 금신이 강해지는 사화(巳), 유금(酉), 축토(丑), 세운에는 왕한 금 기운이 더 상승하여 인목(寅)을 약하게 하기 때문이다. 금신(申酉)이 인목(寅)을 치면서 내장되어 있는 병화도 상해를 입힌다. 지장간끼리 병신합(丙辛슴)이 일어나는 현상과 같다. 교통사고가 나면 그 안에 있는 것도 망가져서 못 쓰게 되는 이치로 모친의 안위뿐만 아니라 인중의 병화를 쓰기 때문에 본인도 좋은 일이 없다. 인목(寅)이 피상당하는 것은 치명적이라 볼 수 있다.

교통사고, 골절상, 허리에 관한 질병들도 조심하여야 한다. 지지에서 목이 금신에 의해 피상 당했을 때 나타나는 질병이다. 인목을 피상시키는 것은 유금(酉)으로 본인과 똑같은 글자(辛)인 까닭에 본인 행동으로 인하여 일어나는 일이 될 수도 있고, 일지 유금(酉)이 배우자 자리이므로 결혼 후에 배우자와 모친의 관계가 중요하다. 이렇듯 좋은 글자가 지지에서 피상을 당하고 있는 경우, 통근하고 있는 글자와 해당궁의 위치를 살펴야 한다. 특히 일간에 뿌리가 될 때는 본인의 행동이 중요하다. 주변을 돌아보고, 본인 중심적인 생각에서 탈피하고 역지사지의 마음을 가져야 내 차용신 인목(寅)을 보호할 수 있다.

이렇듯 사주팔자 원명에서 해당 궁의 육친이 좌우 글자에 피상 되어 있다면 적어도 해당 간지가 대·세운에서 올 때 변화하는 작용을 살펴야 한다. 예로 원명에서 유금(酉)과 신금(申)이 인목(寅)에 해를 가하고 있을 때는 적어도 12년 12달 중 사유축(巳酉丑) 신(申)이 나타날 때이며 12년 중 4년 또는 12달 중 4달은 살피고 조심하여야 한다는 의미이다. 원국에서 흉을 제하지 못한 사주 즉 사주에서 해결을 보지 못한 명은, 병은 있지만 약이 없다는 것을 의미한다. 그만큼 대·세운의 영향을 많이 받으면서 운의 파동이 있으며, 모친 월지가 사주 전체에 미치는 길흉의 판단과 좌우 글자에 따라 어떠한 형태인가를 살펴서 모친의 건강과 본인의 건강도 같이 유추해 볼 수 있다.

6) 부모님 유산 잘 지키세요

　현대사회를 지배하는 행복의 요건이 여러 가지 있으나 그중에서 재물이 차지하는 비율은 80프로 이상이 된다고 생각한다. '돈 많다고 행복하냐, 돈이 전부가 아니다'라는 말들도 하지만 돈 없는 사람들한테 돈이 제일 중요할 수 있다. 어떤 관점에서 바라보느냐에 따른 재물의 기준은 다르다. 재물은 부모로부터 받은 유산의 형태도 있고 본인이 자수성가해서 부를 이룬 경우도 있다. 부모로부터 유산이 있다는 것은 살아가는 데에 있어서 출발점이 다르다고 볼 수 있다. 아울러 부모에게 유산을 많이 받아 잘 지켜 내는 자식이 있는 반면 그 유산을 지키지 못하는 자식도 있다. 사주팔자에서 연월주에 용신(用神)이 있고 용신이 시간까지 자리 잡고 있으면 부모에게 받은 유산을 끝까지 잘 지켜 낼 수 있는 명이다.

戊 己 甲 戊

辰 巳 子 午 (乾)

己 戊 丁 丙 乙

巳 辰 卯 寅 丑

　자월(子)의 기토는 농토로서 전원 지토이다. 기토는 무토(戊)산이 조금
씩 부서지고 작은 흙이 되어 만들어진 형상이며 지구상의 동식물이 딛고
서는 세상의 모든 터전이 되는 땅을 의미한다. 모든 만물에게 열려 있는
이유로 포용, 자비의 덕을 갖추었으며 모든 사람에게 사랑 받길 원한다.
기토 자신들도 기름진 땅이 되어서 좋은 씨앗을 자양하고 싶은 내적 갈등
으로 예민하고 까다롭다. 또한 모든 씨앗을 포용하지만 땅과 화합이 안
되는 씨앗은 생육하지 않는 냉정함도 동시에 가지고 있다.

　동절 농지토로 시주에 무토가 선용이 된다. 자월의 중증한 물을 막는 것
이 급선무이다. 수(水)를 극제 하지 못하면 전답 농지토가 풀어지기 때문
이다. 전답토가 산토인 무토(戊)의 도움을 받아 물을 제하는 길한 환경이
다. 연간 조상 자리 무토가 시간 무토까지 안착된 모습이다. 무토가 미래
자리인 시주(時柱)까지 피상 되지 않고 좋은 모습으로 있는 것이다.

　남명에서 용신은 자식, 돈, 일 등을 나타내므로 조부 자리의 무토(戊)가
시간(時干)까지로 온 것으로 조상대부터 큰 부자이고 그 부를 본인이 잘 지
키고 있는 명조이다. 용신 왕양하고 그 뿌리 좋으며 대운이 기토(己)와 무
토를 환영하는 인묘진(寅卯辰)은 양육 활성하는 운으로 흘러가서 일생 부

를 이루고 주변에서 인기가 좋은 명이다. 반드시 일간과 용신의 사계절 (대·세운)의 기운을 살펴야 한다.

천간의 토 오행에 대하여 차이점을 살펴보면 무토(戊)인 산토는 범람하는 임수(壬)를 능히 방제하여 다스리고 쓸모 있게 만들지만 기토는 임수(壬)를 보면 전답토에 바닷물이 들어와 약해지는 모습으로 기토, 임수 모두에게 불리한 상황이 된다. 또한 무토(戊)는 지지의 진술충(辰戌沖)이 되면 모든 것이 무너지는 형상이지만 기토의 축미충(丑未沖)은 전답 농지토가 경작되고 발양되는 의미를 나타내므로 좋은 일이 생긴다.

기토는 양육의 일간이라 갑병(甲丙)을 소중히 쓰고 임수, 경금(壬, 庚)은 모두 기외하지만 임수, 경금을 잡아 주는 정화(丁)가 있으면 흉한 경금 임수(壬, 庚)를 해결하여 남다른 지혜가 있다.

단순히 십신으로만 사주를 추명하여 토극수(土克水)하는 수를 재(財)가 된다거나 식상이 없어서 재의 근지가 없다고 판단하면 사주풀이에 오류가 생긴다. 이 명조는 기토(己)의 최대 기신인 경금, 임수(壬, 庚)가 투간이 안 되어 좋은 명이다. 겨울에 경금 임수는 우박 눈서리에 해당하는 냉한 글자이다. 만약 경임(壬, 庚)이 투간 되었다면 용신 무토(戊)는 기토(己)를 지키기 위하여 무던히도 고군분투 하였을 것이다.

이렇듯 사주를 살필 때 계절의 기운은 살피지 않고 단순히 오행의 개수만 따지고 특정 오행의 유무로 판단한다면 수박 겉핥기식 사주 공부가 된다. 또한 사주 추명 시 재관인비식(財官印比食)의 십신만 따져서 단식 판단만 하는 단계는 넘어서야 한다.

　재관인비식(十星)에 함몰된 공부를 하게 되면 구구단식 사주풀이 방법
이 된다. 어디 세상이 구구단만 외워서 되던가? 사주에 재(財)가 없어서
돈, 여자가 없고, 관(官)이 없어서 벼슬과 남자가 약하다고 하지만 현실에
서는 재(財) 없어도 돈 많은 사주, 무관(無官)하여도 높은 벼슬을 가지고 있
는 사주도 많다. 실제 경자년, 신축년(庚子, 辛丑運)에 가장 많은 질문을 받
았던 것 중에 하나는 을목(乙)일간들의 공무원 시험 합격 여부였다. 흔히
역술가들이 단순히 관운(官運)이 들어왔다고 합격한다고 들어서 기대를
많이 하였는데 현실에서는 불합격되었다고 사주 명리학이 엉터리 아니냐
는 질문이었다.
　을목(乙)은 어떠한 경우라도 금신(金)을 보면 불길하다. 가장 예쁜 꽃을
베는 형상이니 아주 흉한 모습이다. 단 원국에서 금신을 제하는 병화, 정
화(丙丁)가 있다면 상황이 조금은 달라질 수 있지만 왕(세운)을 극(克)하거
나 합(合)할 때는 원하는 바를 이루기 어렵다. 기신을 제하는 글자를 가지
고 있다면 구설수가 따르면서 이룰 수 있지만 왕을 헤쳤기 때문에 좋은
일이 없다. 답은 "죽지는 않겠지만 좋은 일이 없다."이다.

6.
재물

일반적인 사주풀이 방법에 있어서는 재물을 십신으로 정, 편재(正偏財)를 나누어 구분하는데 물상 자연법 풀이 방법에서는 용신(用神)이 돈도 되고 명예도 된다. 용신 운이 왔을 때 재산도 부유해지고 명예도 얻는다. 왕(旺)인 세운은 용신이 오는 것이 가장 좋으며, 세운이 용신에 미치는 영향을 살펴야 한다. 간혹 갑, 을목(甲, 乙)은 모든 일간의 재산으로 보기도 한다.

현대사회에서의 재물은 돈이나 금은보석 그 밖의 값나가는 모든 물건, 금전, 유가증권, 기타 재산적 가치가 있는 물건과 동산·부동산 등 모든 재산을 통틀어 말한다. 사주 명리학은 유교에 밀접한 학문이므로 남자에게 재는 여자와 재물이 된다. 관점마다 차이는 있지만 현대사회에서는 대체적으로 현물적인 돈, 부동산에 중점을 둔다.

일반적으로는 일간이 극하는 재(正, 偏財)를 재물로 추명하지만 자연 명리학에서는 남명의 경우에는 용신을 재물로 보고 자식, 일, 명예, 건강으로 본다. 그래서 사주에서 용신은 절대적인 존재가 된다. 재, 관이 용신이 될 수도 있고 흉신이 될 수도 있다. 명확한 것은 용신 운이 와야 승진도

하고 재물도 유여하고 건강해진다. 무조건 관운이 왔다고 승진하거나 명예를 얻는 것이 아니다. 물론 관에 해당하는 간지가 사주에서 길신이면 관의 바람직한 현상이 나타나기도 하지만 용신과 대·세운 환경의 상관관계를 잘 살펴야 한다. 용신은 계절에 따라 대운에 따라 쓰임이 다르고 변화하는 듯해도 사주에서 정해진 용신은 정해져 있다. 간혹 행운용신, 계절용신이라는 표현이 있는데 이때는 용신이라는 표현보다는 대·세운이 왔을 때 사주 원명의 8글자 중 한 글자가 해당 운들을 대적해 줄 때 쓰는 표현이 된다. 그러므로 원명에서 흉이라고 여겨졌던 글자가 대·세운에서는 길 작용을 하는 경우이다. 그래서 팔자는 모두 나의 글자들이며 싫다고 안 볼 수도 버릴 수도 없다. 예를 들면 사주명이 술월 생이어서 술토가 사주에 좋은 영향은 아니라고 판단되어도 대·세운에서 겨울운을 지나고 있으면 술의 도움으로 잘 먹고 잘사는 것이다. 이렇듯 계절에 따라 운도 굴러가고 인간도 그것에 맞게 살아간다. 반드시 사주 원명은 정해진 용신이 있으며 정용신이 도태되면 재물, 직업 등이 묶이고 발복이 쉽지 않다.

자연 명리학에서 용신은 재물과 직결되므로 용신 잡는 방법에 대하여 반복 숙지가 필요하다. 용신은 일간의 특성과 계절의 흐름 및 주변 글자와의 상호작용으로 잡는다. 일반적으로 신강 신약을 가름하여 신강하면 재, 관을 용하고 신약하면 비인을 용하는 경우는 소발에 쥐 잡는 격으로 어쩌다 맞을 수는 있어도 정확할 수는 없다. 우연의 일치로 사주에 관이 용신인 경우, 그 관이 와서 승진했다고 역시 관이 와야 한다고 말하기도 한다. 또 재운이 왔는데 승진하게 되면 재가 관을 생하기 때문에 승진하였다고 할 것이다. 그러면 식상이 용신일 때 식상 운에 승진하게 되면 무엇이라 말할 것인가! 근거도 없이 본인 생각만으로 하는 것은 진정한 학문이 아니며 사술에 불과하다. 무릇 학문이라면 반드시 이론을 뒷받침할 근거와 이치에 맞는 논리가 있어야 한다.

현상하는 모든 물체는 겉에 보이는 모습이 있다면 그 속에 내재되어 있는 기운이 있다. 그 기운이 사주 명리학에서는 용신이다. 일간이 보이는 겉모습(體)이라면 용신은 일생 살아가는 기틀이 되는 정신 생각과도 같은 것이다. 그 정신이 뚜렷하게 나타나야 재물도 생기고 승진, 결혼도 할 수 있다. 재물은 대·세운에 따라 변화하는 것은 분명하지만 원국에서 재물의 크기는 어느 정도 갖추어져야 재물을 논할 수 있다고 본다.

1) 부자 사주

간혹 '큰 부자는 하늘이 내린다'는 말이 있다 이 말은 하늘이 가만히 있는데도 부자로 만들어 준다는 의미는 아니다. 큰 부자는 하늘이 내린다는 말은 '하늘은 스스로 노력하는 사람을 돕는다'는 말과 상통한다고 볼 수 있다. 이 말은 나의 노력이 우선이요 하늘의 도움은 그 다음이라 본다. 또한 조금 슬프지만 역시 사주 원명에서 가지고 있는 재물에 관한 기운과 대·세운(大, 歲運)의 영향이 가장 크다고 본다.

庚 丁 甲 戊

戊 未 子 辰 (乾)

　　　己 戊 丁 丙 乙

　　　巳 辰 卯 寅 丑

　자월(子)의 정화(丁)이다. 한겨울의 따뜻한 불이다. 정화일간은 단순한 듯하지만 그 추명이 까다로운 관계로 질문이 가장 많은 일간 중 하나이다. 정화는 음화(陰)로서 횃불, 모닥불, 등촉화, 하늘에서는 별(星)로도 상징된다. 활화이니 왕하면 열화가 된다. 정화는 한낮(巳午未月)에 태양화로 인하여 실기되어 그 존재감이 미미하다. 양화인 병화(丙)가 자취를 감춘 한밤(亥子丑月)에 생한 정화는 그 쓰임이 지중하다.

　정화일간의 가장 중요한 부분을 차지하는 용어가 갑경정(甲庚丁)이다. 갑경(甲庚)이 정용신이며 삼자의 관계는 벽갑인정(劈甲引丁)이라 한다. 갑정경(甲丁庚)에 관한 논리는 다음과 같은 상황을 이해하여야 한다. 정화(丁)가 갑목(甲)만 보았을 때는 자르지 않은 통나무를 불에 넣는 형상으로 미련퉁이가 되어서 통나무로 인하여 눈물만 난다. 정화와 갑목의 관계는 갑목이 뿌리가 없을 때는 흉에 해당된다. 정화가 경금을 보았을 때는 심지 없이 화극금(火克金) 일거리가 많아지기 때문에 힘이 부족하면 욕심만 부리게 되는 형상이 된다. 정화가 계절에 힘이 있는 모습인지! 경금을 본인 것으로 만들 수 있는지! 주변에 정화를 극해하는(癸水) 글자가 있는지를 살펴야 한다. 또한 큰 틀에서 동절에 유익한 존재인지 하절에 불을 내는 존재인지를 살펴서 추명하여야 한다. 또한 정화는 밤의 불빛이니 어두

운 곳을 밝혀 주는 역할을 하고 경금(庚)처럼 난폭한 자를 제어하여 쓸모
있게 하니 수도자의 역할이 있다.

자월의 정화는 그 쓰임이 지중하고 정화가 빛나는 계절에 생했으니 소
중하고 귀한 명이다. 본래 갑경이 정화의 정용신이지만 자월은 수왕절(水
旺節)이라 불이 꺼지지 않도록 천막의 역할을 하는 무토(戊)가 선용이다.
무토가 연간에 있으니 조상대부터 재산이 있는 모습이고 뿌리가 되는 글
자들도 지지에서 제대로 통근하고 있다. 갑도 심지가 되고 경금도 할 일
이 된다. 지지에서는 자수를 제해 주는 미토(未) 술토(戌)도 좋은 글자이다.
단순히 자월 정화가 신약하여 그 기운을 빼는 식상에 해당하는 토(戊)를
흉으로 보면 곤란하다. 10천간 공히 해자축 동절은 토(戊)를 선용으로 한
다. 혹시 정화에 경금이 정재이고, 신금(辛) 편재가 큰 재산인데, 라고 의
문을 제기한 사람은 십신이론에서 조금씩 벗어나는 연습이 필요하다. 재
물은 용신 위주로 보아야 한다. 연간의 재산을 가지고 본인이 당당하게
할 일을 하면서 열심히 사는 부자 사주이다. 어떤 사주도 인생사의 고충
은 있지만 재물 면에 있어서는 용신(用神) 건왕하고 원국에서 일간에게 필
요한 글자 모두 있으니 자랑할 만한 부자의 명조이다.

이 사주를 보면서 먼저 미술(未戌) 형(刑)부터 보인다거나 정미(丁未)가 음
인살(陰刃)이어서 배우자 덕이 없다고 보인다면 좀 더 학업에 정진하시라!

형살을 자주 도용하지는 않지만 의미는 살펴보아야 바른 적용을 할 수
있다. 축술미(丑戌未) 삼형(三刑)은 차가운 토와 뜨거운 토가 다투는 상황이

라 정화의 고장 운인 축(丑) 세운에 미토, 술토가 함께 방어하면서 소소한 관재 송사가 생기는 해년이 될 수는 있지만, 미술토(未戌)가 있어서 흉한 축토(丑)를 제어 할 수 있다. 형을 적용해도 왜 일어나는지를 살펴야 한다. 자월의 토가 용신이라 그 처궁이 화토로 위치해 있으니 처의 덕이 있지만, 술, 미토가 음양으로 양분되어 있는 경우로 운에 따라 배우자를 두 명으로 볼 수 있다는 것은 참고해야 한다. 단순히 경금(庚) 정재(正財)를 여자로 보고 정처 한 명이라 보면 오류가 있다. 사주 풀이의 묘미는 보이지 않는 곳을 보는 재미가 있다.

2) 부자 사주가 맞나요?

사주에서 재물의 국(局)을 이루고 있는데 부자가 안 되는 이유가 뭐냐고 질문하는 경우가 있다. 또한 젊은 세대들은 "저는 나중에 부자로 살 수 있을까요? 돈이 들어오면 나가고 쌓일 틈이 없이 지출이 심한데 가난하게 사는 팔자인가요?"가 가장 많이 하는 질문 중 하나이다. 돈이 최고라는 말은 동서고금을 막론하고 세상이 종말이 올 때까지 변하지 않는 진리일 것이다. 마치 속물처럼 여겨질 수 있으나 인간의 생존을 위한 욕구 중 가장 중요한 것은 식욕과 물욕이며 그것을 해결하는 것이 재물이라는 것은 두말할 나위가 없다.

사주에서 재물의 추명은 지나온 대운 과정도 중요하지만 결과로 나타나는 50대 대운에서의 형태를 살펴보는 것도 중요하다. 2, 30십 대 재물이 설령 많다 하여도 그것은 변수가 많이 생기는 초반의 기운이므로 좀 더 기다려 봐야 한다.

乙 丁 丁 辛

巳 巳 酉 丑 (坤)

　　壬辛庚己戊

　　寅丑子亥戌

　유월(酉月)의 정화(丁) 일간이다. 가을 정화는 태양보다 쓰임 있는 불이다. 유금은 태양의 사궁(死宮)으로 태양이 쓰러지고 지상의 불을 켜는 계절이므로 똑똑한 만큼 잘난 척도 심하여 주변에서 배척되는 경우가 있으니 조심하여야 한다. 자존감이 뛰어나므로 지기 싫어하고 두드러져야 한다는 강박관념으로 앞서서 나서기를 좋아하며 누구든 꼭 이겨야 한다는 생각을 한다. 가을 불이므로 갈초에 해당하는 을목(乙)을 선용으로 하고 부친 자리 정화도 좋은 글자이다.

　을목이 용신이지만 을의 천적 신금이 같이 있으므로 운로에서 을목, 신금 운이 들어올 때는 운의 흐름을 살피고 일의 시작에 신중을 기하여야 한다. 좋은 줄 알지만 종래에는 신금(辛)으로 인하여 일의 불성이 많다. 사주에서 재물은 용신 기준으로 봐야 하며 이미 용신이 피상 상태로 있다면 재물의 기복이 심하게 된다. 일지에는 용신 을목의 뿌리가 무상하며 지지 환경이 금으로 되어 있으므로 어떤 곳에서도 의지할 수 없는 형태이다. 재물을 금으로 추명하여 금이 투간 되어 있고 지지에 금국(金局)을 이루고 있다고 큰 부자 명으로 보면 사주풀이에 오류가 생긴다. 신축(辛丑) 대운에 재물이 완전히 사상누각이 되어 버린다.

신축 대운에 편재 큰돈이 들어온다는 말만 믿고 투자를 했다가 어려움을 겪게 된다. 축(丑) 세운이 도래했을 때 축토는 정화 자신의 고장에 해당됨과 동시에 지지에 금 기운이 더욱 발동하여 흉한 금신(金神)이 중중하게 되어서 어렵게 된다. 축토의 고장(丑土 : 庚申 丁午 己丑未) 천간에서 쓰든지 지지(地支)에서 용신으로 쓰던 고장(庫藏)운이 오면 주의 깊게 살펴야 할 것이다.

일반적인 사주 추명으로 보면 이 사주 명은 지지에 사유축(巳酉丑) 삼합을 이루어 금국을 이루고 신금(辛)이 투간 해서 격이 형성되어 큰 부자가 된다고 말하면 사주풀이에 오류가 생긴다. 재물은커녕 불(丁火)을 신금(辛) 완성된 보석 주옥에 갖다 대니 쓸데없는 짓을 하고 있는 모습이다. 정화(丁)가 경금(庚)을 보면 정당한 일이 되고 재물이 되지만 신금은 이미 만들어진 보석 주옥이라 정화가 신금을 보면 한심한 일을 하고 있는 것이다. 땔감도 미약한 힘없는 정화가 경금은 못 녹이고 더 이상 녹일 필요 없는 보석 주옥을 불로 지지고 있으므로 주변에서 욕만 먹는다. 하지 말아야 할 일을 하고 있다는 의미이다.

사주에서 삼합(三合)을 깔고 있으면 그 기운을 살피지 않고 대단한 사주로 추명 하지만 삼합을 가지고 있는 사주가 좋은 경우는 흔치 않다. 삼합은 3개의 글자들이 서로의 이해관계에 따라 극하기도 하고 생하기도 하는 것이므로 계절의 기운을 살펴야 하며 일간에 도움이 되는 합인지 용신을 크게 하는 합인지를 보아야 한다.

지지의 삼합은 일간이 양간이면 양으로 되고 일간이 음간이면 음오행으로 된다. 예를 들어서 정화(丁) 일간이 사유축(巳酉丑) 금국을 이루면 신금(辛)이 되고 병화 일간이 사유축(巳酉丑) 금국을 이루면 경금(庚)의 기운이 된다. 또 다른 예로 을목(乙)일간이 지지에 해묘미(亥卯未)가 되면 을목이 되고 갑목(甲)이 해묘미(亥卯未)가 되면 갑목이 된다. 여타 다른 삼합도 동일하다.

정화(丁)가 땔감을 필요한 시기에 지지에 해묘미(亥卯未) 삼합이 되어 있거나 수를 용신으로 쓰는 하절생이 지지에 신자진(申子辰) 수국을 이루고 있으면 거부 사주가 맞다. 또한 수가 흉신이 되는 동절생이 지지에 신자진 삼합을 이루고 있으면 거지 팔자라 봐도 좋다. 이렇듯 삼합도 계절의 쓰임과 순서를 정확히 파악하여야 한다. 현장에서 삼합의 사주는 거의 편고되어 있거나 계절에 이역되어서 운의 기복이 심한 경우가 많다.

3) 젊어 고생은 사서도 한다

혼히 고생을 많이 하는 사람들에게 "젊어 고생은 사서도 한다."라고 한다. 고생을 사서 할 필요는 없지만 위로 차원에서 처음에는 재물의 기운이 약하고 힘든 시절이지만 나중에는 부자가 될 수 있는 운세가 펼쳐지는 사주명(四柱命)에 해당하는 말이다. 처음에 가난한 세월이 있어도 나중에 옛말하며 부자로 살고 싶은 것은 모든 사람들의 열망이다.

丁 戊 癸 壬

巳 子 丑 申 (坤)

丁戊己庚辛壬

未申酉戌亥子

축월(丑)의 무토(戊)이다. 무토는 양토(陽土)로서 물상으로는 지리산, 설악산과 같은 후중한 산토에 해당한다. 무토는 야광인 정화(丁)가 빛난 뒤에 나타나는 어두운 그림자, 산으로서 중후한 덕이 있어 베푸는 성정이 있다. 하지만 깊은 산일수록 도적과 맹수가 있으니 생존을 위하여 투쟁의 본성을 가지고 있다.

무자(戊)는 한자 자체가 창과(戈)에서 파생된 연고로 성벽, 창, 포섭, 방어의 기질이 있고 신용을 중요시하고 과묵하지만 산속의 동식물을 지키려는 기질이 있어서 인색한 면이 있기도 하다. 또한 큰 산이 움직이지 않기 때문에 명(命)의 구성이 나쁘면 가끔 수동적인 면을 보이기도 한다.

한겨울의 무토가 눈, 비, 바람(壬, 癸)을 막아야 하는 중압감에 고달프다. 겨울의 임, 계수(壬癸)는 눈, 비보라로 표현되고 경신금(庚辛)은 우박, 서리로 표현한다. 무토 일간은 재물의 유무를 막론하고 천간에 임, 계수(壬, 癸)가 같이 투간 하게 되면 항상 돈 걱정을 한다. 무토 일간의 본분은 나무를 생육하는 것과 물을 막는 것이기 때문에 임, 계수가 같이 투간 되면 계수에 합된 상태에서 임수를 제어하기 어렵기 때문에 돈 걱정을 많이 한다. 급한 마음을 버리고 편안한 마음을 갖도록 노력하여야 한다. 눈보라, 설산(雪山)에 일점 화기(火)가 시간에 있으니 한줄기 빛과도 같다. 시간 정화(丁) 용신 사중(巳)에 무토(戊)도 좋은 글자이다. 정화의 원심이 되는 목(木)이 없어서 아쉽다.

사주에서 연월은 집안 환경 태어난 원류로 보고 초년 운세로 보기도 한다. 연월의 임, 계수는 한겨울의 눈보라, 서리에 해당하므로 어려운 집안에서 추운 계절에 출생하였다는 것을 알 수 있다. 동절 축월도 추운데 연월간의 임, 계수(壬癸)가 엎친 데 덮친 환경이다. 사주 8글자는 모두 축토의 영향을 받는다. 섣달 얼어붙은 동토 축토가 사령관이 되는 것이다.

사주에서 8글자 간지는 모두 의미하는 바가 있다. 단순히 한 개의 글자만을 보고 판단하게 되면 제대로 된 사주 추명이 어렵다. 흔히 갑목, 무토, 경금(甲, 戊, 庚)에 축미(丑未)가 천을 귀인(天乙貴人)이라고 보는 것은 잘못된 것이다. 천을 귀인을 적용할 때는 그 귀인에 해당하는 축미가 사주 기운상 어떤 영향을 미치느냐 하는 것을 먼저 살피고, 그 다음 좋은 영향을 끼치면 그때 천을 귀인이라고 한마디하라!

원명에서처럼 축토에서 파생된 계수가 이 사주에 미치는 영향을 생각한다면 양육의 일간인 무토가 동빙의 한랭한 얼음토(丑土)가 좋을 리가 있겠는가! 특히 그 축토는 계수를 달고 온 토라 얼음 땅에 비 내리는 형상이다. 월지 축토도 추운데 자축으로 얼어 버려서 천을귀인은커녕 춥고 배고픈 어린 시절이다.

일찍이 어려운 집안에서 태어나 조실부모하면서 어렵게 고생하면서 살다가 무신(戊申) 대운부터 서서히 좋아지고 정미(丁未) 대운에 발복하게 되는 명이다. 시간에 용신이 있기 때문에 성실히 일하고 화를 선용으로 하므로 전기 전자 관련 직종에 종사하다가 부동산으로 잘살게 된다. 시간이 좋아서 집 안보다는 외부 활동이 좋다. 사주팔자는 8글자에 불과하지만 그 속에서 읽어 내는 것은 무한하다. 연, 월을 조상, 부모 자리로도 보지만 초년 청년의 환경으로 보기도 한다.

이렇듯 사주팔자를 보고 연월에 도움이 안 되는 흉 글자가 있으면 초년 고생이 있고 연, 월간 간지(干支)가 아무리 흉해도 일시가 좋으면 자수성가 명이다. 일주(日柱)만 좋고 주변 글자가 도움이 안 되는 상황이면 열심히 일해서 주변을 도와야 하는 것이고 주변 글자에 도움을 받을 수 없으니 주변 사람들이 원명의 주인공에게 도움을 청하는 경우가 많다. 일주만 좋으면 삶이 그만큼 고달픈 경우가 많다. 반대로 일주는 안 좋은데 다른 기둥들이 좋으면 본인은 별 볼 일 없어도 주변 환경이 좋은 모습이므로 주변으로부터 도움을 받는 것이다. 옆에서 아무리 도와줘도 그것을 자신의 것으로 만들 수 있느냐는 대·세운에서 판가름 난다. 이렇듯 일주만으로도 사주를 보기도 하지만 항상 주변 글자와의 조화를 살펴서 추명하여야 한다.

4) 부자 사주 가난한 사주

사람들을 만나다 보면 자랑하기 좋아하고 잘난 척하면서 항상 좋은 곳에 가서 고급 음식만 먹는다는 사람이 있다. 또 부유한 집안에서 출생하여 어려움 없이 유년, 청년 시절을 보냈으며 본인은 복이 많아서 본가도 부자고 부잣집으로 장가갔다고 자랑삼아 말하는 사람도 있다. 하지만 세월이 흐른 뒤 그 말이 얼마나 오만하고 허무한 말이었는지를 깨닫게 된다. 사주에서도 한때 부자였으나 그 재산을 지키기 어려운 사람들이 있다. 대다수 현재 잘나가는 사람들은 본인의 삶이 항상 그럴 것이라고 생각하니 안타까울 뿐이다. 오랫동안 사주를 추명한 결과 영원한 부자도 영원히 가난한 사주도 없다는 것이 필자의 결론이다.

己 庚 甲 壬
卯 子 辰 寅 (乾)

　　　己 戊 丁 丙 乙
　　　酉 申 未 午 巳

진월(辰)의 경금(庚)이다. 진월은 청명으로 들어가는 일 년 중 가장 좋은 계절로 예부터 아가는 진월(辰)에 낳아야 똑똑하고 건강한 아이를 낳는다고 말할 정도로 진토(辰)라는 터전을 소중히 여겼다. 물론 대·세운 관계도 살펴야 하지만 큰 틀에서 초년의 재물 운은 연월시(年月)의 형태를 보고 말년의 재물의 형태는 일시(日時)를 본다. 또한 어떠한 송사로 인해 유산 분쟁이 생겼을 경우에도 연월에 용신(用神) 글자가 있으면 유산을 받을 수 있다. 전술했지만 용신이 일시(日時)에 있으면 자수성가 명으로 본다. 간혹 연월에 공협(拱夾)으로 용신 오행이 숨어 있으면 뜻하지 않은 부동산, 토지 유산을 받는 경우도 있다.

진술축미(辰戌丑未)는 토왕절이라 토(土)가 후중하므로 목(木)부터 선용한다. 토가 많아지면 매금되어 얼굴이 드러나지 않는 멍청이 금(金)이라 표현하며 토에 금이 묻혀서 형상이다. 반드시 소토(疎土)하여 토기를 약화시켜야 매금되지 않는다. 진월(辰)의 경금(庚)이 부친 자리 갑목(甲)이 선용이다. 경금이 갑목을 단순히 편재로만 보게 되면 단식 판단이 된다. 경금을 제련할 화 기운이 약해서 무식하게 무딘 도끼로 봄 나무를 치는 포악한 경금(庚)의 모습이다. 경금(庚)의 특성은 폼 나는 일을 좋아하고 큰소리치면서 집에 돈 많은 티를 내고 다닌다. 하지만 외부 활동을 나타내는 시간 글자 기토(己)는 먼지에 해당하므로 주변에 도와주는 척하면서 먼지 묻히는 인사들이 있다. 본래 경금(庚)에 기토(己)는 정인이라는 의미보다 깨끗한 쇠금에 먼지를 묻혀서 부끄럽게 한다는 표현이 적절하다.

진월 경금(庚)이라 의리가 있고 선한 성정이 있으므로 시간의 글자에 속아서 모든 사람들이 본인을 존경하고 도와준다고 착각하게 된다. 하지만 시간의 글자는 외부에서 만나는 환경이므로 시주의 글자 기묘(己卯)는 경금에게 도움을 주는 글자가 아니다. 일반적으로는 기토(己)가 정인에 해당하여 좋은 영향이라고 보면 안 된다. 경금에 기토가 있으면, 세척된 맑고 깨끗한 금을 먼지 묻혀 부끄럽게 만든다. 묘목(卯)은 재물인 듯 보이나 경금의 기능을 저하시켜 꼼짝 못 하게 하는 의미를 가지고 있다.

또한 기토는 경금 최대의 용신 갑목(甲. 갑인(甲寅)이 아니고 갑진(甲辰)인 갑목이니 얼마나 대단한 재산인가)을 호시탐탐 노리고 있다. 갑기합(甲己)되면 살아 있는 좋은 나무가 넘어지는 것으로 재산이 넘어지는 것과도 같은 것이다. 5대 기유운(己酉)에 해당하는 기축(己丑) 세운에 안 좋은 사람들과 엮여서 재산의 손실을 많이 보게 되어 어렵게 살게 된다.

달은 차면 기울고, 꽃은 피면 지고, 올라가면 내려와야 되는 것이 자연의 이치이다. 사계절의 흐름이 있듯이 여름이 지나면 반드시 가을, 겨울이 기다리고 있다는 것을 알 수 있다. 밝고 따뜻한 봄, 여름 뒤에는 춥고 배고픈 가을과 겨울운이 도래한다는 것을 미리 알게 된다면 현재 삶에서 좀 더 조심하고 겸손하게 행동하면서 살게 된다. 사계절 변화를 알고 풍요로울 때는 어려워질 때를 대비하는 자세로 살아야 할 것이다.

이렇듯 사주에서 용신이 투간 되었을 때 그 용신을 합하는 글자가 어디에라도 위치해 있으면 대·세운에서 용신을 합하는 똑같은 글자가 들어올 때 재산의 손실이 불가피하게 된다. 용신을 합시키거나 피상시키는 시기에는 재산을 탈취당하는 시기가 되니 그러한 운에는 투자나 사업 확장은 금물이다. 대·세운에서 반드시 그 현상이 일어나므로 좀 더 운명을 알고 조심했으면 하는 마음이다.

사계절의 기운은 한곳에 영원히 머물지 않는다. 더운 여름이 있으면 추운 겨울이 있다. 계절의 순환과 같이 인간의 삶도 항상 변화하고 움직인다. 인간의 평균 수명 80년 동안에 사계절의 기운이 인간에게 미치는 영향은 변화무쌍하기 때문에 영원한 부자도 영원히 가난한 사람도 없다. 이 점을 명심하며 항상 겸손하고 덕을 쌓으며 살라는 말을 하고 싶다.

5) 재물의 크기와 행복의 척도

"선생님! 저는 행복하질 않아요!" "이게 무슨 소리. 돈도 많고 직업도 좋아서 모든 사람들의 부러움의 대상인데 힘든 사람이 들으면 뭇매 맞을 소리를 하네." 하지만 돈 많다고 다 행복하냐는 소리도 사주에서 나타난다고 본다. 사주를 추명하다 보면 겉모습이나 차림새는 명품을 걸치고 부유한 티가 나지만 얼굴 표정은 우울한 경우를 볼 수 있다. 사주를 보아도 부(富)를 상당히 축적한 명으로 보이며 누가 봐도 부러운 직업을 가지고 있다. 그러나 본인의 얼굴은 울상의 모습이다. 이러한 것도 사주팔자에서 알 수 있을까?

丙乙戊乙

子未子卯 (乾)

　　　壬癸甲乙丙丁

　　　午未申酉戌亥

　자월(子) 을목(乙)이다. 을목은 유순하고 명랑 쾌활하여 주변에 인기가
많고 환영받는 존재이다. 을자(乙字)는 가위나 붓 바람 등의 기(氣)가 있어
서 원행 소식을 전하는 통신원, 전문직 종사자, 비행기 조종사, 스튜어디
스 등도 있다. 10천간 공히 자월(子)에는 무토(戊)를 소중히 쓰고 지지(地支)
에서는 겨울의 난로에 해당하는 미토(未) 술토(戌)도 긴요하다. 자월이기
때문에 병화(丙)는 힘이 미약하여 선용은 못되지만 시간(時干)의 병화(丙)는
직업 관련한 좋은 환경이 된다.

　물상적인 표현 방법과 현실에서 나타나는 현상이 차이가 날 때가 간혹
있다. 을목을 어여쁜 꽃으로 비유하지만 실상 자월(子)에는 꽃이 필 수 있
는 계절은 아니다. 하지만 동백 매화꽃이 겨울에 필 때는 귀하고 소중한
꽃이라 표현한다. 겨울에는 온실 속의 화초 외에는 실제로 꽃이 없기 때
문이다. 위 명은 한겨울의 기운을 제해 주는 글자가 부친 자리(戊), 배우자
자리 미토(未)가 있으며 겨울의 병화(丙)가 비록 힘은 미약하지만 모두 을
목(乙)에게 도움을 주는 좋은 글자가 된다.

　이렇듯 재물 유여하고 직업 좋은 사주도 표정은 우울하다. 본디 을목
의 속성과 본분은 병화(丙)라는 태양화를 가지고 대운에서 인묘진(寅卯辰)

으로 흘려야만 봄여름에 자신 있게 활짝 피는 꽃이 된다. 하지만 이 명은 대·세운이 겨울, 가을로 가고 있는 명이다. 주변은 모두 좋은데 문 열고 나가면 춥고 외로운 겨울, 가을 운으로 흐르니 얼굴의 상이 굳어질 수밖에 없다. 을목이 병화를 가지고 있는 명들은 미남, 미녀가 많다. 대운(환경, 세월)이 꽃을 밖에서 활짝 피울 수 없는 겨울을 지나서 가을의 환경이지만 따뜻한 난로와도 같은 미토(未)가 있으니 잘 먹고 잘산다. 그러나 마음은 우울하고 공허하단다. 보통은 돈 많으면 최고지 하지만 사람의 행복의 관점은 모두 다르기 때문에 단언할 수는 없다. 능력 있고 좋은 배우자를 만나서 계절에 필요한 난로와도 같은 사람을 만났으니 "부인에게 살갑게 잘하시고 감사하게 생각하세요."라는 조언과 함께 을목(乙)이 꽃피우게 되는 임오(壬午) 대운부터는 점차 밝은 표정을 찾게 될 것이라 보인다.

이렇듯 사람의 살아가는 형태는 각양각색이다. 사주에서 재물에 해당하는 글자는 운의 흐름에 유연하게 대처가 가능하여 일간 자체 운의 향방에 따라 먹고사는 것은 충분하게 보여 지지만 본인 즉 일간이 활동하는 운은 아니어서 우울한 것이다. 즉 주변에서 추운 겨울 가을을 대적할 수 있는 글자가 따뜻하게 해주는 것이다. 쉽게 설명하자면 대·세운에서 겨울 운에도 난로가 있기 때문에 집 안에서 편안한 환경이 되지만, 꽃이 필 수 없는 환경이기 때문에 표정이 어둡다는 것을 의미한다.

표정이 우울한 경우는 계절에 따른 차이도 있지만 사주에서 천간합(天干合)을 하고 있으면 표정들이 밝지 않다. 천간합이 되면 이미 본인이 묶여서 기능이 상실되었으므로 우울한 것은 자명하다. 설령 운에서 깨져서

쓰러져도 갑(甲)은 갑(甲)으로서의 역할이 있고 기토(己)는 기토로서 역할
이 각각 있기 때문이다. 갑으로 태어났는데 갑(甲)의 구실을 못하고 넘어
져 있으면, 웃음을 잃게 되니 매사가 기쁠 일이 있겠는가!

7.
직업

필자는 사주풀이를 할 때 십성(十星) 위주의 풀이를 적용하는 경우는 드물지만 직업 면에서는 간혹 활용하기도 한다. 단 해당 십신이 사주에서 좋은 영향을 미칠 때 직업과 연관시키기도 한다. 예를 들어 정, 편관(正偏官)이 용신으로 되어 있으면 관(官) 조직에 있다고 해도 맞다. 하지만 관(官)이 일간에 해(害)가 되는데도 불구하고 관(官)이 있다고 무조건 공무원 해라, 관 조직 일을 해라 말하는 것은 잘못된 것이다. 그것은 십신만 열심히 암기해서 눈에 띄는 대로 말한 것과 같다. 초등생들이 '1+1=2이다'만 아는 이치와 같다. 반드시 십신의 적용도 사주 전체에 미치는 영향을 살핀 후에 하여야 한다.

현대 사주 명리학에는 사술이 개입되면서 어둠의 학문이 되었지만 조선 시대에는 사주 명리학을 통하여 과거 시험을 보아 관리로 등용하기도 하였다. 또한 옛날에는 사주 명리학을 왕족, 양반 가문에서 점유물처럼 사주팔자로 작명을 한다거나 궁합을 보고 택일을 할 때 보아 왔던 귀한 학문이었다.

신분 계급의 정도에 따라 출신 성분이 출생과 동시에 직업을 좌우했던 고대로부터 근대에 이르기까지 직업은 극히 단순하였기 때문에 사주상으로도 복잡하게 직업을 추명할 필요가 없었을 것이다. 왕, 신하(문무관직), 평민(중인), 노비 크게 작게는 4단계로 나뉘는 단순구조였다. 생계에 바쁜 일반 평민이 사주팔자를 따질 겨를이 있었을까 하는 생각이 든다. 아마도 과거에 사주를 보면서 직업을 묻는 사람은 거의 없었을 것이다.

하지만 급변하는 현대사회에서 기술의 발전이 빨라짐과 동시에 직업의 생성, 소멸 속도와 그 주기도 점점 변화하면서 동시에 자신의 다양한 적성과 능력에 맞는 직업을 알기 위한 열망이 크다. 직업은 일정한 기간 동안 계속하여 종사해야 하며 생계 수단으로 재물과도 직결된다고 본다. 특히 불확실한 현대사회에서 누군가의 도움 없이 먹고 살려면 누구든 직업을 가져야 하며 직업에 관한 올바른 판단이 필요하게 된다.

현장에서 사주를 추명하다 보면 직업에 관한 사주 상담이 연령대별로 차이는 있으나 젊은 세대에 있어서는 80프로 정도는 직업에 대한 질문이 주를 이루고 있다.

1) 사업가인가? 직장인인가?

"저는 지금 회사원인데 너무 답답하고 제 성격상 직장 생활이
안 맞습니다. 사업을 해서 돈을 왕창 벌고 싶은데 사업을 하면
큰돈을 벌 수 있을까요?"

壬 癸 丙 丁

子 亥 午 酉 (乾)

　　辛 壬 癸 甲 乙

　　丑 寅 卯 辰 巳

　오월(午)의 계수(癸)이다. 초열 염염한 하절에 하늘에서 내리는 단비이다. 오월의 단비가 찾는 곳도 많고 부르는 곳도 많아서 시간의 임수(壬)에 의지하고 오월 최대의 흉신 정화(丁)도 잡아 준다. 시간이 임자(壬子) 수로 좋은 글자가 있으니 잘나가는 회사원이다. 수 용신을 쓰니 회계, 법 관련 일을 하고 있다. 비 내린 뒤 태양이 뜨는 형상으로 이름 있는 곳에서 근무한다. 전형적인 직장인 사주이다.

　본래 사업가의 사주는 태어난 계절도 중요하지만 일간이 마르지 않게 계속 생조해 줄 수 있는 글자가 있어야만 운에 따라 쓰러졌다가도 다시 일어나는 것을 반복할 수 있다. 인생에 있어서 쓰러지는 게 문제가 아니라 다시 일어나는 힘이 있어야 한다. 즉 쓰임 있는 계절에 생해서 일간의 근지가 있어야 신강 사주이며 원동력을 가질 수 있는 조건을 갖추었다 볼 수 있다.

　자연의 이치로 푸는 난강망 풀이 방법에서는 단순한 오행의 겉모습과 오행의 개수나 생극 제화로 신강 신약을 따지지 않는다. 원동력의 유무를 판단하기 위해서 이 사주의 신강 신약을 논해 보고자 한다. 오월(午) 계수(癸)가 계절에 강하게 태어났다. 하절 하늘에서 내리는 비는 쓰임이 있으니 강하다는 의미이다. 하지만 가장 중요한 일간의 구원군에 있어서는 뿌리가 되는 유금(酉), 자수(子), 해수(亥)는 겉모습의 오행으로만 보면 모두 계수(癸)의 근지로 보이지만 오월의 유금(酉)은 약한 금이 되고 해자(亥子)는 오행상으로는 수의 모습이지만 기운은 미미한 물이기 때문에 계수의 진정한 뿌리 역할을 못한다. 오행의 개수의 문제가 아니라 좌우 글자에 의한 변화 작용이 중요하다. 이 사주는 겉모습은 신강한 것처럼 보이나 신약 사주이다.

우선 조력해 주는 임수(壬)의 모습은 계절이 오월이기 때문에 경금(庚) 없는 임수(壬)는 힘이 미약하다. 유금(酉)은 불만 보면 두려워 어쩔 줄 모른다. 오화(午)에 유금은 흔적이 없다. 자수(子)가 비록 왕지에 왕수라 표현하지만 한 방울 물에 해당하고, 해수(亥) 역시 겉모습은 수(水)인 듯하지만 지장간 갑목(甲)에게 모두 설기당하여 불을 붙이는 돼지기름에 해당하므로 불의 심지 역할을 한다. 오화를 가지고 있는 명에 해(亥) 대운이 오면 사주가 더 조열해지는 이치와 같다. 같은 간지도 이렇듯 계절 즉 월령에 따라 힘의 크기와 표현 방법이 모두 다르다.

태어나기는 하절의 단비로 귀하게 생겼으나, 근지가 약해서 사업을 하는 것은 자유 선택이지만 한 번 쓰러지면 일어나기 힘든 명이다. 반드시 해당 월령 오행이 갖는 힘의 크기를 비교 설명할 수 있어야 한다. 지지에 자수(子)는 혼자서는 힘을 발휘하기 어려우니 땅에서 물이 또 있다고 착각할 수는 있다.

전술하였지만 왕지에 대하여 익히고 또 익혀야 할 것이다. 모든 왕지 글자 자, 오, 묘, 유(子午卯酉)는 그러한 특성이 있다. 자수(子)는 한 방울 물로 신(申)이 있어야 하며, 오화(午)는 미미한 라이터 불로 인목(寅)이, 묘목은 싹이 나려고 하는 새싹으로 해수(亥)가, 유금(酉)은 불만 보면 흔적이 없어지는 작은 금으로 축토(丑)가 있어야 힘 발휘를 할 수가 있다. 이 명은 겉모습은 계수(癸)의 근지가 있는 듯하지만 해자유(亥子酉)는 수의 역할을 하기 어려워 즉 근지가 아주 미미한 사주로서 사업가의 명이 아니다.

다만 유년 갑진(甲辰) 대운에 학교를 마치고 좋은 직장에 근무할 수 있다. 계수일간이라 물이 흘러가야 하므로 물 자체로 역마의 속성이 있어서 정적인 일보다 동적인 일을 하고 싶어 한다. 이렇듯 사업가 사주는 일간의 성격도 연관이 있지만 중요한 것은 사주 구성 자체에서 일간를 도와주는 글자의 뿌리가 있어야 지치지 않고 힘든 시절도 잘 버틸 수 있는 것이다.

일반적으로 비겁이나 인수가 많아서 신강 사주로 판단하는 것은 단식 판단이며 계절과 용신의 왕쇠를 살펴야 한다. 생조 글자가 없으면 귀가 얇고 주관이 약하여 이 사람, 저 사람 말에 휘둘리게 되어 위기 상황에서 올바른 판단이 잘 서지 않는다. 이런 사람이 사업을 하게 되면 욕심은 많고 줏대가 약하여 좋다는 것은 다 해 보지만 결실이 없어 보인다.

오월의 계수인 위 명이 만약 계절에 꼭 필요한 글자인 지지에 신진(申辰) 또는 축토(丑)라도 있었으면 한번 해 볼 만한 사업가 사주라고 본다.

2) 공공 기관

"현재 대기업에서 근무하고 있는데 언제 해고당할지 몰라서 불안합니다. 임금이 좀 적더라도 공무원이나 공공 기관으로 가고 싶습니다. 제 사주에 그런 곳에서 근무할 수 있다는 관(官)이라는 글자가 있을까요?"

7, 80년대 경제가 활황일 때는 공무원이나 공공 기관이 인기가 없었다. 경제가 과포화 상태가 되고 경제의 위기로 세상이 어려워 불안정한 고용 실정으로 안정된 직장을 선호하는 사회적인 현상이 일어났다. 심지어 어떤 역술가들은 사주가 좋으면 공무원, 선생님을 했을 것이라고 서슴없이 말하기도 한다. 세상이 그만큼 어려워졌다는 말일 것이다. 하지만 필자의 생각은, 살기 좋은 세상이 되려면 번뜩이는 아이디어와 기술 개발로 세상을 지배하는 똑똑한 사람들이 주류를 이루어야 한다고 생각한다. 또한 그것에 따른 법과 규범도 중요한 세상이므로 어떤 직업이 더 좋냐 하는 것은 단언하기 어렵다.

분명한 것은 공무원, 공공 기관도 틀에 박힌 업무만 하는 것이 아니고 아이디어와 기치가 좋은 사람들이 일을 잘한다. 재미있는 것은 사주학상으로 볼 때 공공 기관과 연계한 사주이냐, 아이디어로 먹고사는 사주이냐의 구분이 명확하기는 쉽지 않다. 예로 아이디어가 좋은데 공공 기관에 있는 사람은 그러한 업무를 하고 있다. 공공 기관도 법의 규제나 규범의 문제만 다루는 것이 아니고 현실에서 무한한 아이디어를 필수로 동반하는 사주여야 한다는 것이다.

사주에서 관의 유무에 상관없이 일간과 월지를 비교 분석하여 시간에서 선용을 쓰는 사람, 일간에 따라 차이는 있지만 시간의 글자가 식신(食神), 인수(印綬), 관(官) 등이 용신이면서 희신으로 있는 사람, 관이 희신으로 투간 된 사람이 공공 기관에 근무하고 있었다. 또한 관이 투간 되었어도 관(官)이 흉신(凶)이라면, 직업적인 것과 상관없이 관재 송사에 연루되기 쉽다.

丙甲甲丙
寅申辰寅 (乾)
　　己戊丁丙乙
　　酉申未午巳

진월(辰)의 갑목(甲)이다. 진월은 토(土)가 후중한 토왕절(土旺)이므로 목(木)으로 소토하여야 하며 병화(丙)로 발양하여야 가을에 결실을 기대할 수 있다. 갑목은 고집이 세고 굽히기 싫어하는 성정이 있다. 큰 나무일수록 스스로 굽어지지 않는다. 도끼(庚)로 치기 전에는 쓰러지지 않는 본성이 있지만 단단한 나무는 쉽게 꺾이는 현상이 있다. 그러한 연유로 갑목은 직업적인 폭이 넓지 않은 특성이 있어서 작은 회사에 들어가게 되면 직업의 전변이 심하다. 위로 곧은 성품 때문에 간혹 고집스럽고 융통성이 없다는 소리를 듣기도 한다. 또한 환경에 민감하여 주변에 잔소리를 싫어하기 때문에 본인만이 할 수 있는 라이선스를 필요로 하는 전문직, 연구직, 공무원, 교육자 등 독자적으로 할 수 있는 일을 하여야 직업을 오래 유지할 수가 있다.

위의 명은 시간에 병화 용신자로서 교육자 명에 해당한다. 시간에서 용신을 쓸 때는 공적인 일에 종사하는 사람이 많다. 또한 식신이나 인수가 있으면서 용신일 때는 더욱 확실하다. 일반적으로 정, 편관에 해당하는 금(庚辛)이 투간 되지 않아서 관운이 없다고 판단하면 오류가 따른다. 이 사주가 급이 높은 이유는 경신금(庚辛)이 없어서 좋은 사주인 것이다.

진월은 아직 어린 나무라 금신(金神)이 있으면 자라지 않은 나무에 도끼, 칼(庚辛)로 베는 형상으로 흉하다. 태양이 갑목을 비추고 있으니 외부 활동이 좋고 즐거운 일이 있다.

다만 주의할 점은 시간 용신자는 대·세운에서 글자가 들어올 때 시간부터 들어오는 까닭에 용신 글자에 해가 되는 대·세운 즉 병화(丙)에 흉신인 기토, 신금, 계수(己, 辛, 癸) 운이 올 때는 용신(用神)부터 맞기 때문에 흉(凶)한 일이 빠르게 나타는 경향이 있다. 해당 운에서는 특별히 조심하고 자중하여야 한다. 대·세운이 오면 시간 용신자는 좋은 운도 빠르게 나타나고 흉한 일도 빠르게 나타나는 경우가 많다. 진월(辰)의 갑목(甲)은 좋은 터전을 갖춘 나무이므로 잘난 척이 심하여 타인의 말을 듣지 않는 본성을 가지고 있다.

참으로 아이러니한 일이지만 이처럼 사주가 순일하고 용신이 선명한 사주들이 운의 흐름에 유연한 대처가 어려운 경우가 많다. 오히려 사주 구성이 음양으로 섞이면서 흉을 제한 사주 즉, 유병의 유약 사주들이 사계절을 해결하여 도리어 잘사는 경우가 더 많은 것 같다.

용신 병화에 계수(癸)가 오면 태양에 비가 내리는 현상이고, 신금(辛)이 오면 구름으로 들어가 버리는 현상, 기토(己)가 오면 태양이 땅에 떨어져 부끄러운 일이 생기는 모습이다. 특히 구성이 분명하여 시간에 용신이 있는 사주는 남들이 부러워할 만하지만 흉운이 왔을 때는 삶의 기복이 심하게 일어나게 된다.

壬庚壬戊
午子戌辰 (乾)
　　　丁丙乙甲癸
　　　卯寅丑子亥

술월(戌)의 경금(庚)이다. 경금은 토에서 나온 암석, 철광석, 제련되지 않은 쇳덩어리, 하늘에서는 달(月)로도 표현된다. 성정은 강인한 신념이 있어 의리가 있다. 순수하고 소박하고 때 묻지 않은 기운을 가지고 있으나 간혹 단순하여 표정 관리가 안 되어서 주변과의 마찰이 있기도 하다. 화(火)를 만나면 기물이 되고 수(水)를 만나면 금생수(金生水) 하는 바위 역할을 한다. 술월 텁텁한 토(土)의 기운을 자윤하고 소토하기 위하여 수(水)와 목(木)을 쓴다. 가을 경금이 원명에 갑목(甲)이 있으면 정화(丁)가 있어야 경금(庚)의 가치가 빛이 난다.

목이 투간 되지 않았으므로 양금(庚)의 생수 역할로 시간 임수(壬)가 선용이다. 시간 용신(用神) 쓰는 사람 그 용신이 식신 인수일 때 공적인 일을 하는 사람이 많다. 공공 기관에서 법, 재무, 기업, 무역, 수출 관련 업무에 종사하고 있다.

보통은 충(冲)이 많은 사주들을 평가 절하하는 경우가 있다. 충의 한자적 의미를 살펴보면 충(衝)은 '맞부딪히다', '찌르다'라는 의미가 있고, 사주 명리학에서 쓰는 충은 이 충(冲) 자를 쓰는데 '가운데 비다, 화합하다'라는 의미이다. 충(冲)하여 중화를 이룬다는 의미가 된다. 그래서 충을 무조건 나쁘게 생각하지 말고 충도 균형을 이루는 충인지 편중된 충인지 살펴야 한다. 사주에서 충(冲)을 하고 있다고 불안정한 사주로 보면 사주 풀이에 오류가 있다.

본명은 용신의 근지가 되는 글자가 지지에서 세력을 견제하고 있으므로 두뇌 총명하고 임기응변에 능하다. 좀 더 살펴보면 지지 4글자의 충, 극 관계가 묘하게 균형을 이루고 있다. 술토가 용신의 뿌리가 되는 자수(子)를 극하려고 하면 자수의 일가(一家)에 해당하는 진토(辰)가 술토(戌)를 충(冲)하기 때문에 술토가 힘이 약해지므로 자수를 극하지 못한다. 같은 이치로 술토(戌)가 자수(子)를 극하지 못하는 또 하나의 다른 이유도 술토의 같은 편인 오화(午)를 자수가 극하므로 서로서로 견제하고 균형을 이루기 때문이다. 지지에서 충(冲)하는 작용이 세력을 유지하고 있을 때는 격(格)이 높은 모양새로 본다. 서로 해(害)를 가하지 않고 화합(和合)하고 있기 때문이다.

그러나 대·세운에서 오술(午戌) 편을 드는 글자 인목(寅) 또는 자진(子辰) 편을 드는 글자 신금(申)이 올 때는 운의 변화가 생긴다. 한쪽 세력이 강해지면서 균형에 변화가 생기므로 운의 흐름을 파악하여야 한다. 예를 들어 대운에서 해자축(亥子丑) 겨울운 환경에서는 오술(午戌) 편인 인목(寅) 세운이 와도 불이 나지 않는다. 대운 환경이 한랭한 동절이기 때문에 따뜻해져도 불편할 것이 없다. 인묘진(寅卯辰) 동남방 대운에서는 인목(寅)이 오면서 사주가 조열해지기 때문에 운의 기복이 생기게 된다. 이렇듯 같은 인목(寅)이라도 대운의 환경에 따라 나타나는 현상이 제각기이다. 같은 세운이 불을 내도 중간에 완충 역할을 하는 대운이 겨울 운이면 타 죽을 일은 없다. 계절을 의미하는 대·세운이 원국에 미치는 기운이 중요하다.

그러므로 대운이 흉하다고 10년이 다 흉한 것은 아니다. 길도 흉도 6년 이상, 6년 이하는 없는 것이 자연의 이치이고 사계절의 변화이기 때문이다. 사주 원국과 대·세운(사계절)의 변화를 구분하지 않고 겨울의 인목운도 편재, 여름의 인목운도 편재라고 읽는다면 사주풀이에 오류가 생긴다.

3) 활인지명(活人之命)

"아이가 신학대학을 가려고 합니다. 종교가의 길로 가도 좋을까요?"

종교가란 한 가지 진리나 철학을 가지고 무형의 신이나 초자연적인 절대자에 대한 믿음을 통하여 인간 생활의 고뇌를 해결하고 삶의 궁극적인 의미를 추구하는 사람을 말한다. 신부님, 스님, 목사님, 역학자를 말하며 큰 의미에서 활인지명(活人之命)에 해당한다. 활인지명(活人之命)은 사람을 살리는 직업을 의미하며 형상에서 보이는 형이하학적인 것으로는 의사, 간호사 등이 대표적이다. 종교인, 구도자의 명은 형이상학의 정신적인 것에 해당한다. 포괄적인 의미로는 모두 활인지명에 해당하지만 여기에서 다루는 부분은 정신적인 활인지명에 해당한다.

癸 甲 丙 己
丑 午 子 卯 (乾)

　　　　辛 壬 癸 甲 乙
　　　　未 申 酉 戌 亥

　원명은 일반적인 공부보다는 종교학 책을 좋아하고 철학적인 부분에 관심이 많아 신학을 공부하여 사람들에게 도움을 주고 싶다고 고민하는 사주이다.

　자월(子)의 갑목(甲)이다. 입동(立冬) 나무가 시간의 겨울 비를 피해서 태양에 의지하고 있으나 겨울 태양은 힘이 없어 큰 도움이 안 된다. 지지 오화는 좌우 자축에 꺼져서 흔적도 없다.

　사주가 지나치게 습하고 냉하다. 일간 갑목(甲)과 병화(丙)의 기신들이 좌우에 있으므로 대·세운에서 기신 기토(己)나 계수(癸) 운이 오면 서로 부딪혀서 싸움이 일어나게 된다. 자월의 왕한 물을 막아 주는 무토가 필요하다. 기토는 물을 막는 역할이 아니고 오히려 갑목을 합하는 작용이므로 갑목은 기토를 쓸 수가 없다. 특히나 갑기합(甲己合)은 갑목을 쓰러지게 하므로 흉하다. 어쩌면 갑목이 경신금(庚辛)에 맞는 것보다 기토(己)와 합(合)하여 넘어지는 것을 더욱 무능하게 볼 수가 있다.

갑기합은 을목(乙) 운이 와야 합을 풀 수 있으며, 경금(庚)에 극(剋) 당하고 있어도 을목이 합하여 합살(合殺)시켜 갑목을 살려 준다. 그러므로 위기 상황에서 구해 주는 것은 나보다 못하다고 생각하는 작은 꽃나무(乙木)이다. 특히 갑목(甲)들은 항상 주변을 살피고 보잘 것 없다고 생각하는 사람들에게 더욱 따뜻하고 겸손한 자세로 행동하여야 한다. 뿌린 대로 거둔다는 이치를 마음에 새겨야 한다. 지지 축토가 천을 귀인이라는 단순 의미보다 왕한 물을 방류 못하도록 얼려 주는 역할은 하여도 갑목 에게는 도움이 안 된다. 계절의 기운과 글자의 자의(字意)를 항상 먼저 살펴야 한다.

겨울 나무가 의지할 곳이라고는 힘없는 태양(丙)이므로 용신 미약하고 지지가 지나치게 습하여 매사에 의욕이 없고 수동적이다. 의지가 약하고 대운도 가을 겨울로 춥고 습한 환경으로 흐른다. 갑목 자체는 생목(生木)으로 생했지만 운은 생목이 자라지 못하는 곳으로 흐르고 있다. 또 하나 주의점은 자월 갑목이 대체적으로 월지 자수가 수생목(水生木)하는 정인(正印)으로 추명을 하는 경우가 있는데 자수(子)는 겨울의 냉한 물이라 모친이 잘한다고 하는 것은 차가운 물을 겨울 갑목에게 뿌리는 모습이다. 겨울철 수험생에게 차가운 김밥을 싸 주는 이치와 같다. 빨리 먹고 시험 잘 보라고 하는 모습이다. 모친은 가만히 있는 것이 도와주는 것이다.

위 명조는 진정한 활인지명의 명은 아니다. 진정한 구도자들의 길을 가는 명조는 용신이 건왕하고 사명감이 있어야 한다. 구도자 흉내만 내는 사주는 용신이 미약하고 파극 되어 있어 정신력이 약한 사람으로 보인다. 이런 사람은 종교가의 길을 중간에 포기하기 쉽다.

흔히들 토기가 왕성하면 신앙심이 있고 천라지망이 있으면 종교로 귀의한다고도 한다. 그러나 본 필자가 현장에서 감명한 바 사주가 지극히 조열하거나 또는 습한 사주 즉 한쪽으로 편중되어서 생각이 많아지고 종교나 철학에 관심을 갖게 되지만 진정한 구도자가 되기는 어려워 보인다. 일시적으로 종교에 귀의했다가도 편중된 사주일 때는 파계하는 경우가 있다. 또한 사주 오행(五行)이 2가지로만 이루어진 경우도 정신적인 현상에 관심이 많았다. 세상의 이치는 오행의 유행지기를 원칙으로 하는데 본인이 2가지로만 살아가야 한다는 것의 쏠림 현상으로 보통의 삶으로는 평범하게 살지 못하는 섭리가 있다.

己 壬 癸 乙
酉 戌 未 巳 (坤)
　　　己戊丁丙乙甲
　　　丑子亥戌酉申

미월(未)의 임수(壬)로 찾는 곳도 많고 할 일도 많은 소중한 존재로 생했으나 무릇 물은 나도 먹고 남도 주어야 하는데 임수의 근지가 약하여 혼자 먹기도 바쁘다.

사주 추명 시 신강 신약의 기준을 따질 때 주변에 비견 겁재가 많은 것은 세력이 많은 것이다. 수만 많다고 신강의 요건을 갖추었다 볼 수 없다. 반드시 그 근지가 있어야 신강의 요건이 된다. 일간 옆의 비(癸)가 생조해 주어도 여름 땅에서 흡수되어 흔적이 없다. 임수 토왕절이라 을목을 선용한다. 배우자 일지 술토는 을목의 고장 글자라 배우자의 고난이 있으며 고장 글자가 해당 육친의 궁에 있을 때는 육친의 애환이 있다. 또한 지지 조열한 명은 성에 대한 갈구로 이성을 많이 찾는 경우가 있다. 오행에서 물은 성(性)을 의미하기 때문이다. 지지 환경의 조열이 심해지는 병술 대운은 결혼에 실패하고 비구니가 되어서 그 후에 속세로 돌아오게 된다.

아쉽게도 구도자의 길로 가고자 하는 사람들은 더러 있었으나 유명한 종교가의 명은 추명하기 어려웠다.

흔히 매체를 통해서 알려진 유명한 종교인이나 유명한 사람의 사주는 함부로 추명하지 않는 것이 필자의 제일 원칙이다. 본인들의 입을 통한 생년월일시도 아닐뿐더러 그 사람들이 본인의 사주풀이 상담을 요청하지 않았기 때문이다. 사주를 본다는 것은 겸손한 마음으로 본인의 운명에 대하여 알아보고자 하는 진지한 마음이 있어야 하고 사주 상담가도 진심으로 숙고하여 풀이해 주어야 하는 사명감이 있어야 한다. 역술인들이 함부로 추측하여 다른 사람들의 운명을 논하는 것은 바람직하지 않다는 게 필자의 생각이다.

4) 예체능으로 갈까요?

　예술가들은 어릴 때부터 남과는 다른 점이 조금씩 있다고 보인다. 어린 아이지만 멋 내기와 꾸미기를 좋아하고 사물을 보면 제법 그리기도 잘한다. 그림을 배운 적도 없는 어린아이가 밝고 어둠의 차이를 표현하며 똑같은 그림을 그려도 다각적인 시각으로 사물을 보는 것은 예술적인 재능에서 후천적 환경도 중요하지만 선천적인 재능이 많이 좌우된다고 생각된다.

```
壬 丙 乙 丙
辰 辰 未 子 (坤)
            庚 辛 壬 癸 甲
            寅 卯 辰 巳 午
```

　미월(未) 병화(丙) 일간을 하늘에 떠 있는 태양으로서 성정은 활발하고 적극적이며 활동성이 좋다. 태양이 하늘 높이 떠 있다 하여 간혹 허풍이 있거나 오만할 수 있으므로 겸손이 필요하다. 정화보다는 덜하지만 불의 특성상 불같은 성정이 일어났다가 금방 식어 버리며 뒤끝이 없다. 화려한 나머지 저축을 잘하지 않는 특성도 있다.

미월(未)이므로 월주 을목(乙)이 선용(先用), 시간의 임수가 차용이다. 사주에서 직업적인 면은 용신 글자가 많이 좌우한다. 을목은 새 을(乙) 자로서 새가 발자국을 남기는 의미가 있고 아름다운 꽃과 바람의 의미로 예술가, 패션 디자이너, 광고 기획 등에 두각을 나타내기도 한다. 을목 선용이고 뿌리가 되는 진토(辰)가 있어서 용신 뿌리가 튼튼하다. 또한 조열한 미월을 윤습하게 해 줄 수 있는 필요한 수기(水)가 시간에 있으므로 예술가적인 재능이 뛰어나서 미술에 두각을 나타낸다. 직업의 추명은 용신이 중요하고 일간이 시주를 바라보는 관점도 중요하다. 본명의 주인공은 상업 미술 관련 학과를 전공하게 된다.

어떠한 사주팔자든 장점과 단점이 반드시 있기 마련이다. 본명은 성격도 좋고 그림도 잘 그리고 아이디어도 좋으며 얼굴도 예쁘다. 하지만 미월(未)의 토왕(土旺)은 소토가 시급한데 월지 일지 시지 모두 토왕하여 을목 하나로는 다토(多土)를 해결하기에는 역부족이다. 마치 어린아이가 혼자 뛰어놀 놀이터가 너무 넓어서 여기저기 뛰어다니다가 힘이 빠지는 형상이다. 넓은 땅에 을목 장미 목단만 홀로 화려하게 피어 있는 모습이다. 자유롭게 다닐 재목이 약하기 때문에 게으른 본성이 있다. 터전이 여러 곳이기 때문에 한곳에 정착하지 못하고 항상 변화를 갈망한다. 만일 을목이 아니었고 갑목(甲)이 투간 되었으면 또 다른 직업군을 선택하였을 것이다. 을목을 쓰므로 자유분방하고 한곳에 머물러 있기를 싫어한다. 간지의 오행에서도 음양 관계를 이해하여 갑목의 특성과 을목의 특성을 구분 지을 수 있어야 한다. 사주팔자는 글자 하나 차이로 많은 것이 달라진다. 을목을 쓰니 부드럽고 친절하고 은근히 섬세하다. 병화답지 않게 소극적이고 내성적인 면도 가지고 있다.

위 명조의 대운을 살펴보면 두 번째 계사(癸巳) 대운에는 병화에 최대 흉인 계수(癸) 운이 도래하였고 사화는 태양이 땅에 떨어져 자존심 상하는 운이었다. 입시에서 기대를 많이 했으나 본인 기대에 미치질 못하는 곳으로 진학하게 된다.

사화는 하늘의 태양이 땅으로 내려가는 대운이므로 자존심이 손상은 되었어도 원국에서 계수가 있지는 않기 때문에 그 피해가 크지는 않다.

만약 이 명에서 원국에 계수를 가지고 있었으면 계사 대운에 학업을 이어 가기 어렵다고 본다. 세운의 흉운은 일 년이면 끝나지만 대운의 10년은 환경이다. 10년의 세월은 결코 짧지 않은 계절이다. 쉽게 풀이하자면 만약 원국에 계수가 있는 상태에서 대·세운에 계수운이 또 오게 되면 태양(丙)이 비(癸) 맞고 있는 와중에 문을 열고 밖에 나갔더니 비(癸)가 내리는 형상이다. 원명에 일간의 천적 글자가 있을 때는 대·세운에서 똑같은 글자가 들어올 때 특히 조심하여야 한다.

을목(乙)은 바람이라 재물의 증식은 부동산 토지에 투자하는 것이 좋으며 주식, 유동성 자산에 투자하면 흩어질 확률이 있다. 사주에서 갑, 을목은 모든 일간의 재산으로 보기도 하는데 갑목(甲)의 재산은 결실 목에 해당되므로 한번 쌓이게 되면 쉽게 흩어지지 않지만 을목(乙)은 열매가 없는 나무라 재산의 기복이 있을 수 있다. 일간병화와 같은 글자가 연간에 또 있으니 나는 높은 사람과 대좌하거나 높은 사람과 대등한 관계가 되기도 한다. 미월 병화가 신강이라 판단하여 또 다른 병화를 흉이라 보면 안된다. 병화의 본분은 갑, 을목(甲, 乙)을 기르는 데에 있기 때문에 교육적인 면과 연관이 있다. 자아실현을 위하여 학문의 길을 추구한다면 후일에 성과가 있는 명이다.

5) 판, 검사 될 수 있을까요?

대한민국에서는 집안에 법조계 사람이 있다면 부러움의 대상임에 틀림없다. 물론 법조인이 된다는 것은 본인의 노력이 절대적이지만 집안의 지원도 수반되어야 한다. 그래서 똑똑하고 공부 잘하는 아이가 있으면 집안을 빛내 줄 판검사가 된다면 얼마나 좋을까 하는 생각을 한 번쯤 가져 볼수 있을 것이다. 어느 봄날 오래전에 인연이 있었던 성공한 사업가로부터한 통의 전화가 걸려 왔다. "공부 잘하는 조카가 있는데 전폭 지원해서 집안에 판, 검사 하나 나오게 하고 싶습니다. 사주상으로 가능할까요?

壬 辛 甲 乙
辰 巳 申 酉 (乾)

　　　己 庚 辛 壬 癸
　　　卯 辰 巳 午 未

신월(申)의 신금(辛)이다. 신금(辛)은 경금(庚)인 양금에 불을 한번 받고 나온 음금(陰金)으로서 그 체성이 견고하고 재질이 매끄럽고 윤택하다. 다 만들어진 기물이라 완성금 보석, 주옥, 완전 기물, 낫 등으로 표현되며 천상에서는 구름으로도 표현된다. 보석은 스스로 값진 것이라 여겨서 자기를 흠할까 두려워하여 예민하고 마음속으로 불안감을 가지고 있다. 빛나고 값진 보석이라 인기가 있고 호기심의 대상이 되기도 한다. 오래 닦아서 빛이 나야 하므로 임수(壬)로 세척하여 빛나게 해야 값어치가 있는 금이 된다. 직업적으로 전문가가 많다.

원명에 필요한 글자 즉 용신(壬)이 정확하고 특히 용신이 시간에 있으며 대운에서 환영하는 운이면 원하는 것을 이룰 수 있다고 본다. 단적으로 말하면 특정 십신 글자의 유무에 상관없이 본인이 하고 싶은 것을 할 수 있다.

신월(申)의 신금(辛)이 정용신(正用神) 임수(壬)가 시간에 있고 그 뿌리 왕하며 임수(壬)를 환영하는 대운 환경이므로 충분히 법조계로 갈 수 있는 사주이다. 관(官)이 투관되지 않아서 관조직에 근무할 수 없다 하거나 신금에 임수가 상관(傷官)이어서 관을 누르고 있다고 하면 잘못된 추명법이다. 오행(五行) 중 수(水)에 관한 직업적 영역은 법, 회계, 금융, 무역, 외국, 수출 등과 연관 있는 분야다. 사주와 대·세운의 흐름으로 본인이 원하는 일을 할 수 있는 사주 명으로 보인다.

신월(申)의 갑을목(甲, 乙)이 부모 자리에 결실목(結實) 형태로 가지고 있으므로 집안이 부유하다. 갑목 입장에서 을을 보면 등라계갑(藤蘿繫甲)이라 불편하게 보지만 이 명조의 경우는 갑목(甲)이 열매가 있는 가지(乙木)까지 있는 풍성한 나무로 본다. 꼭 법조인 사주명이 단순한 글자의 집합이 있다고 그 길로 가는 것만은 아니다.

일반적으로는 인사신(寅巳申), 축술미(丑戌未) 삼형살이 있으면 권력기관에 있는 명으로 보는 경우가 있다. 삼형의 의미는 본인이 묶이거나 남을 묶는다는 의미가 있기 때문이다. 또한 백호(白虎)나 괴강(魁罡) 일주들이 검·경 권력기관에 종사하고 법을 다룬다고 보기도 한다. 삼형의 의미를 살펴보면 인사신 삼형의 의미도 목의 관점에서 길흉 판단이 필요하다. 원명에서 인목(寅)이 좋은 글자인데 사화(巳)나 신금(申)이 같이 있으면 좋은 목(木)을 치는 금(金)이 성해져서 권력기관은커녕 교통사고, 골절 사고 등으로 다리를 다치는 경우가 많다.

축술미(丑戌未) 삼형도 차가운 토와 뜨거운 토가 싸우는 형상으로 관재, 송사, 시비, 구설에 휘말린다. 단지 원국에서 미술토(未戌)들이 너무 중중하게 될 때 대·세운에서 축토(丑) 운이 도래하여 뜨거운 기운을 완화시키는 작용을 하는 면이 있을 수는 있으나 단순히 축술미 삼형이라고 권력기관에 종사한다는 것은 어불성설이다. 또한 단순히 일주만을 보고 판단하여 괴강살, 백호살 등이 있으면 우두머리가 되거나 호랑이를 잡는 살이라고 멋대로 적용하기도 한다. 특히 경진술(庚辰戌), 무진술(戊辰戌), 임진술(壬辰戌) 등이 있으면 권력기관에 종사한다고 하지만 잘못된 판단이다.

일반 명리학에서 다루어지고 있는 형, 충, 파, 해, 각종 신살 등등 셀 수도 없는 용어의 적용은 먼저 사주 전체의 유행하는 기를 살펴서 해당 용어가 원명에 미치는 영향을 먼저 파악한 연후에 논해야 함을 반드시 명심하여야 한다.

계절에 따라 자월(子)에는 토를 선용하므로 술토나 진토가 용신이 될 경우 경술(庚戌)과 경진(庚辰)은 좋은 영향이다. 하지만하절 경금이 경술(庚戌) 괴강이 되면 감옥에 갈 확률이 있는 것이다. 왜냐하면 하절 술토는 수를 제하는 흉신이므로 경술이 흉이 될 확률이 높기 때문이다. 살(殺)의 적용은 계절의 기운을 살피고 난 후 해야만 오류를 줄일 수 있다.

戊 丙 壬 壬
子 辰 子 申 (乾)

丁丙乙甲癸
巳辰卯寅丑

자월(子) 병화(丙)로 겨울에 얼굴이 드러나지 않는 힘없는 병화이다. 자월에 임수(壬)가 투간 되어서 수왕절에 수(水)가 왕한 형상이다. 일간에 따라 차이는 있지만 자월은 무조건 물부터 막아야 하므로 시간의 무토(戊)가 용신이다. 시간에 무토(戊)가 선용, 일지(日支) 진토(辰)가 뿌리를 두고 있다. 진토(辰)는 물의 창고로 왕수를 방류하지 못하도록 가두고 있다. 저수지(戊土) 물을 잘 담아서 그 물을 쓰임 있는 동남 화방운(東南火方)으로 흐르고 있다. 부귀를 겸한 법조인이 될 수 있는 사주에 해당된다. 병화의 할 일 갑, 을목(甲, 乙)이 없는 것이 아쉽지만 흐르는 유년에서 필요한 목을 가져다주니 얼마나 감사한 일인가. 그래서 사주에서 오행이 모두 없어도 걱정할 필요 없다. 대운이 아니면 세운에서 반드시 오게 되어 있다. 일반적으로 무재(無財) 사주여서 재생관(財生官)이 안 된다고 추명하면 오류가 있다. 항상 일간의 특성과 그 계절의 왕한 기운을 해결할 수 있는 용신(일간의 할 일, 일간이 추구하는 바)이 가장 중요하다.

혹, 편관이 국을 이루어 법조인이 됐나? 또한 편관격이어서 법조인인가? 여러 가지 의문을 가질 수 있으나 원명에서 편관 임수는 흉신이다. 무토가 막고 있긴 하여도 수가 너무 과다하다. 다만, 흉한 임수를 쓸모 있게 하는 계절 즉 물을 환영하는 대·세운이므로 좋은 사주명인 된 것이다.

사주 추명 시 가장 중요한 것은 일간과 용신의 대·세운과의 변화 작용을 살펴야 한다. 예를 들어 병화일간(丙)은 양육의 신이라 동남 방향으로 흘러야 본인 일간이 해야 할 일도 있고 외부에서 환영하는 운으로 가므로 일이 기쁘고 즐겁다. 혹 병화 일간이 역운인 해자축(亥子丑) 동절 방향으로 흐르게 되면 밤을 상징하는 겨울 운으로 흐르고 있으니 한밤중에 태양이 없는 것과도 같다. 태양을 반기지 않는 시간을 의미한다. 이때는 해자축을 제해 주는 인오술미(寅午戌未) 중 일자라도 있으면 겨울에 난로가 있는 격이므로 비록 태양 마음이 즐겁지 않더라도 잘 살고 있는 것이다.

사주 명리학(四柱命理學)은 시간의 학문이므로 일간을 비롯한 팔자 8글자가 어떤 시간을 지나고 있냐가 중요시된다. 모든 사람들은 본인의 얼굴을 드러내면서 역할을 다하고 즐겁게 인생을 사는 사람들도 있지만 비록 얼굴이 없어서 행복하지 않아도 그냥 사는 사람도 있다. 하지만 시간과 계절은 반드시 변화하고 굴러가는 것이 운(運)이다. 누구한테나 봄, 여름, 가을이 있다는 것을 안다면 꽃 피고 새 우는 춘하절(春夏)에는 낙엽 지고 쓸쓸해지는 추동(秋冬)의 스산함을 생각하면서 산다면 인생을 겸손하고 대비하는 자세로 살게 될 것이다.

같은 이치로 오랜만에 만난 지인이 얼굴이 밝아지는 모습을 보는 경우가 그러하다. 이렇듯 대·세운은 그 사람의 환경이다. 아무리 좋은 명(命)으로 태어나도 환경이 나를 도와주지 않으면 즐겁지 않다. 무기를 아무리 비축해도 밖에서 평화만 지속된다면 무기들은 녹이 슬어 쓸모없게 되는 이치와 같다. 사주는 이렇듯 기운을 살펴서 보이지 않는 면까지도 살펴야 한다.

단식으로 길(吉)이다, 흉(凶)이다 하고 사주를 추명하는 것은 모 아니면 도 또는 동전 던지기나 깃발 뽑기와 다를 것이 없다. 직장에서 승승장구 잘나가도 집안에서는 이혼 소송을 하고 있는 경우도 있다. 사주 상담은 가능한 해년에 발생 가능한 일을 나누어서 해 주어야 한다. 승승장구하니 길(吉)이라 말해야 하나! 이혼 소송을 하니 흉(凶)이라 해야 하나? 봄이지만 매서운 바람이 불고 겨울에도 따뜻한 기운이 느껴질 때가 있다. 이렇듯 사계절은 변화무쌍하기 때문에 우리 인생도 두부 자르듯이 반듯한 모양이 나오지 않는다는 것을 알아야 한다.

6) 의료인

庚 丁 丁 庚
戌 卯 亥 寅 (乾)

　　　　壬辛庚己戊
　　　　辰卯寅丑子

해월(亥)의 정화(丁)이다. 정화의 본분은 갑목을 심지 삼아서 경금(庚) 완금을 제련시키는 데 있다. 계절의 귀한 불로 태어나서 경금(庚)을 기물로 만드는 역할이고 정화의 심지가 되는 목의 기운이 지지에 있으니 힘이 있다. 일지 배우자 묘목은 겨울 묘목으로서 섶목 형태로 정화의 심지 역할을 할 수 있다. 배우자가 계속 땔감을 넣어 주는 격이다. 계절의 귀한 불로 생하여 대운 환경과 정용신을 감당할 수 있는 힘이 있는 좋은 사주명이다.

일설에는 술해(戌亥) 천문의 기운이 있으면 외적으로는 사람의 건강을 살피기도 하고 정신적인 면을 주도하여 역학 상담사를 하기도 한다고 되어 있다. 하지만 필자가 다년간 현장에서 추명한 경험상 본인들이 원하는 직업을 갖기 위해서는 시간 글자가 좋아야 하는 것과 용신의 흐름이 좋아야 하는 것은 기본적인 공통 사항이다. 간혹 사주 원명에서 묘술(卯戌)이 있고 묘목(卯)이나 술토(戌)가 좋은 의미로 되어 있으며, 원명에서 신유금이 용신이 되고 흐름이 좋으면 의료계에 많이 종사한다.

묘(卯)의 의미는 싹을 나게 하여 살린다는 의미로 약초를 의미할 수 있고 술토(戌)는 방어와 사(死)한다는 의미로 쓸 수 있다고 본다. 약에 해당하는 묘목과 창에 해당하는 술토를 같이 갖고 있다는 의미로 해석할 수 있다. 또한 신유금을 길신으로 쓸 때도 치과 의사나 간호사 명들이 있었다. 아마도 신유금이 칼이나 주사기 등과 연관이 있었을 듯하다. 중요한 것은 해당 글자들이 사주 원국에서 길 작용을 하여야 하는 것은 말할 것도 없다. 사주 원국의 분석부터 하고 해당 글자 묘, 술, 신, 유(卯戌申酉)의 중요성을 따져야 할 것이다.

천간(天干)은 본인의 형상, 지지(地支)는 배우자의 형상으로 남자는 천간이 좋아야 활동성이 좋고 사회적으로 성공하는 인자가 강하다고 표현하며 여자는 지지가 좋아야 남편 덕이 있고 남편의 그늘 밑에서 편안하게 지낸다고 한다. 하지만 요새 그런 말을 하면 사모관대 쓰고 청학동으로 입산하라고 할 것이다. 조선 시대 유교에 뿌리 깊은 남존여비 사상의 비논리적인 사고라고 질타를 받기 십상이다. 현대사회에서는 천간지지가 다 좋아야 좋은 사주인 것은 말할 나위가 없지만, 남녀 불문하고 천간이 좋아야 사회 활동도 좋고 진취적인 사고를 갖추고 있다고 본다. 또한 현실에서 이루어지는 상황은 지지 환경이므로 천간은 좋은데 지지에 통근된 글자가 없으면 강 대 강 형태로 대치가 되어서 문제가 될 수는 있어도 결론적으론 현대사회에서는 남녀 공히 천간(天干)이 좋아야 한다.

7) 직업이 바뀌었네요

혹자는 한 직장에서 20년 이상 일하고, 혹자는 짧게는 몇 개월 근무 후 자리 이동을 하는 경우를 본다. 또는 직장뿐만 아니라 하고 있는 업(業)을 자주 바꾸는 사람도 있다. 이런 경우도 사주에서 알 수 있을까?

己甲辛辛
巳午卯亥 (乾)
　　丙丁戊己庚
　　戌亥子丑寅

묘월(卯)의 갑목(甲)이다. 생목으로서 계절에 환영받는 존재이다. 어리고 여린 갑목으로 주변에서 착한 사람이라는 소리는 듣지만 사주 구성뿐만 아니라 운로가 편안하지 않게 흐른다. 생목(生木)은 기본적으로 인묘진(寅卯辰) 봄의 환경으로 가야 하는데 2번째 대운부터 축자해(丑子亥)의 겨울운으로 가고 있다. 묘월의 갑목이므로 병화(丙) 선용이고 목왕절(木旺節)이므로 토(土)를 차용한다. 병화는 사화(巳)로 땅에 있고 기토(己)가 있지만 토가 필요해도 갑목은 기토를 쓰지 않는다. 기토는 갑을 능력 부재로 만들어 버리는 흉 글자이기 때문이다. 살아 있는 나무가 낫, 송곳인 신금(辛)을 피해서 기토(己)에 누워 버린 것이다. 생목은 서 있어야만 나무로서 역할과 본분을 할 수 있다. 넘어졌으므로 이미 생목으로서의 가치와 효용성을 상실하게 된다. 부친 송곳 신금(辛)을 피해 밖으로 나갔는데 하필 갑목(甲)을 넘어뜨리는 흉을 만나니 좌우 고립무원의 형상이다.

생목이 누워 버리게 되면 자유의지가 없고 화(火)가 시지에 있어서 일은 하고 있지만 시지에 사화(巳) 글자의 특성상 직업의 전변이 있으며 지지에 갑목이 뿌리내릴 토가 없으므로 안정이 안 된다. 사화(巳)는 하늘에서는 위대한 태양이지만 12지지 중 뱀의 형태로 변화의 소지가 많은 글자이다. 언뜻 보면 목왕절 갑목이 해묘(亥卯)로 뚝심 있고 심지 곧을 것 같지만 타인을 믿고 사기도 잘 당한다. 그것은 사화(巳) 글자의 속성이다.

사화 글자의 특성은 태양이어서 좋은 줄 알았는데 지지에서 징그러운 뱀의 형상을 하고 있기 때문에 사화를 변화의 글자로 읽는다. 일간에 따라 조금 차이는 있으나 갑목 일간이 기사시(己巳時)일 경우는 외부에서 갑목을 힘들게 하므로 특히 조심하여야 한다.

친구 동료인 을목(乙)이 와서 기토를 극(剋)해 줘야 합이 풀리면서 갑목(甲)의 능력을 찾을 수 있다. 갑목은 향양하는 속성이 있어서 태양화를 보아야 제일이고 설령 태양이 없어도 원국에서 갑기합(甲己合)만 안 되어도 좋은 명조이다. 천간에 여러 합이 있지만 특히 갑기합(甲己合)은 사계절 막론하고 흉한 합으로 보아도 무리가 없다. 생목의 갑기합은 자유의지가 약해서 일을 끈기 있게 하지 못하고 동기가 부족하여 안착이 안 되며 직업의 전변이 자주 일어나게 된다.

보통 직업의 추명은 일간과 용신의 특성 및 운의 향방에 따라 나타나는 것이 가장 기본이다. 또한 한 가지 덧붙이자면 설령 본인이 기쁘지 않아도 인내력을 가지고 끈기 있게 할 수 있느냐를 판단해 주는 것이다. 즉 계절(대운)에서 일간을 환영하지는 않지만 그 계절을 방어할 수 있는 글자가 있으면 기쁘지 않아도 인내하면서 일하는 것이다.

시간에 흉 글자, 일간과 용신의 운로가 방향성이 맞지 않는다면 직업이 바뀌는 경우를 종종 볼 수 있다. 또한 운에 따라 설령 직업의 전변을 주어도 나중에 본인의 적성을 찾아가는 경우는 사주에서 힘의 근원이 뒷받침 되어야 가능한 것이다.

8) 우리 아이 적성이 궁금해요

현장에서 사주 상담을 하다 보면 '우리 아이 무엇을 시키면 좋을까요?' 라는 질문을 많이 받는다. 사주 운명에 관심이 많은 부모들 특히 고교 수험생이나 빠르면 초등학생 자녀들을 둔 학부모들의 질문이 특히 많다. 또는 아이 사주를 미리 읽어서 그 틀에 맞추려고 하는 경향도 있어서 심히 우려스럽다. 사주에서 적성에 맞는 직업을 찾는 것은 일간과 용신에 따라 추명하는 것이 가장 근접할 수 있다. 하지만 용신(用神)은 무일정(無一定) 지법이라는 말이 있듯이 사주에서 용신도 대운 계절에 따라 변화한다. 용신이 계절에 따라 바뀐다고 직업을 바꾼다는 의미는 아니며 원국에서 정해진 용신과 사계절 변화에 따른 작용을 봐야 한다. 그러므로 미리 알아서 시행착오 없이 그 길로 가게 한다는 것은 위험한 발상이다. 16세까지는 다양한 경험과 생각을 갖도록 도와주고 17세쯤 되면 본인이 정말 하고 싶은 일이 무엇인지 진지하게 토론한 후 올바른 방향 설정을 할 수 있도록 도와주는 길밖에는 없다.

아이의 적성은 고려하지 않고 공부 쪽이 아니라고 생각해서 예체능 쪽으로 보내고 싶은데 성공할 수 있는지를 묻는 경우도 있다. 하지만 적성은 사주와 전혀 다른 방향으로 가고 있다고 하여도 너무 염려할 문제는 아니다. 시행착오를 거쳐서 본인의 적성을 늦게 찾은 사람은 더 열심히 살고 즐거워하는 경우도 많기 때문에 미리 적성을 알아서 그 길로만 간다면 인생이 너무 밋밋하지 않은가! 일설에는 식신, 상관(食神傷官)이 좋으면 예술적 일이 좋다고 하기도 하고 물 기운이 많으면 사물에 대한 인지도가 높다고 하며 또한 문창성, 화개살이 있으면 문학가의 길로 가기도 한다고 되어 있다. 하지만 필자의 견해로는 사주에서 식신 상관이 길신의 형태로 되어 있어야 하고 가장 중요한 것은 용신(用神)의 운로가 대·세운에서 환영하는 운이어야 한다. 사실 용신이 정확하고 대·세운에서 그 용신을 환영하는 계절로 흐른다면 무엇을 한들 나쁠까. 십중팔구 진로 고민을 하는 경우는 사주의 구조가 어려운데 운의 흐름마저도 학업을 하기 힘든 운에 와 있는 자녀들을 보는 경우가 있다.

또한 무조건 학생들이 점수에 맞추어 가야 하는 상황에서는 무의미한 이야기이다. 십신(比食財官人)에 의한 직업 추명 및 오행에 의한 직업 적성을 기술해 놓았으니 참고하시기 바란다.

辛 壬 甲 丁
亥 辰 辰 亥 (坤)
　　　己戊丁丙乙
　　　酉申未午巳

청명 진월(辰)의 임수는 계절의 꼭 필요한 쓰임 있는 소중한 물로 생하였다. 진술 축미(辰戌丑未) 토왕절에 갑목(甲)이 선용이며 병화(丙)가 있으면 좋다. 아쉽게도 병화는 없고 봄에 모닥불인 정화(丁)가 있다. 봄의 정화는 흉신에 해당된다. 병, 정화(丙丁)의 구분을 정확히 해서 계절에 따라 병, 정화(丙丁)의 쓰임을 달리 해야 할 것이다. 용신 갑목의 근지가 강왕하니 의지력이 강하고 추진력이 있다.

천간의 갑목(甲)도 지지 글자에 따라 근지의 강도를 설명하기도 한다. 첫째가 갑진(甲辰) 둘째가 갑인(甲寅)이 가장 튼튼한 목으로 꼽히며 그 외 갑자(甲子), 갑오(甲午), 갑신(甲申), 갑술(甲戌)은 계절에 따라 쓰임 용도가 다 다르다. 간지를 볼 때는 천간(天干) 갑(甲)이라는 형상만 보지 말고 반드시 지지(地支)를 같이 보아야 한다. 임수가 정화(丁)와 격재로 되어 있는 점도 좋은 사주로 볼 수 있다. 만약 봄의 물이 합(丁壬合)을 하고 있는 상태에서 옆에 갑목이 있다면 본분인 갑(甲)을 기르지 않고 연애에만 관심 있는 명이 되었을 텐데, 떨어져 있기 때문에 좋은 사주명이다.

봄의 물이니 태양(丙)으로 나무를 열심히 길러야 한다. 학업운인 2대운에 병화가 들어오니 일간과 용신에 좋은 기운이 들어온다. 또한 하절이고 임수(壬)가 환영받는 계절로 들어서므로 원하는 대학 원하는 과에 갈수 있다. 본래 병오(丙午) 대운에 갑목이 연소되는 현상이 있을 뻔했으나 원명에 진토(辰)라는 습토가 있어서 뜨거운 열기를 완화시켜 준다. 흉한 대·세운이 들어와도 사주 원명에서 통관시킬 수 있는 글자를 가지고 있으므로 아무 걱정이 없다. 사주팔자는 정확한 정용신을 가지고 있는 사주가 물론 좋지만 글자가 혼잡되어 있는 듯해도 음양이 조화롭게 균형을 이루고 있으면 좋은 사주로 본다. 원명은 식신 용신을 쓰며 갑목에 해당하는 직업군을 선택하면 좋을 것이다. 식상(食傷) 용신자는 연구, 창조, 탐구, 교육, 기획, 발명, 생산, 제조, 식당, 식품, 방송, 언론 등의 길을 제시해 본다.

다음 사항은 사주 원명에서 해당 십신이나 간지가 길신의 작용을 하여야 적용할 수 있다는 것을 참고하기 바란다.

- **해당 십신(十神)이 길신일 때**
  식상(食傷) 용신자 : 연구, 창조, 탐구, 교육, 기획, 발명, 생산, 제조, 식당, 식품, 방송, 언론
  재성(財星) 용신자 : 재정, 세무, 예산, 관료직
  관성(官星) 용신자 : 공공기관, 공무원
  비겁(比劫) 용신자 : 스포츠, 군인, 경찰, 정치인

인수(印綬) 용신자 : 학문, 교육, 출판, 선생님

- **오행 직업 구분(해당 오행이 용신이나 길신일 때 적용)**

  목(甲乙) : 교육, 기획, 자선, 학문, 서점, 신문출판업

  화(丙丁) : 방송, 홍보, 전기 전자, 문화 예술, 언론, 교육

  토(戊己) : 부동산업, 고고학, 종교, 역학, 농업, 농산물

  금(庚辛) : 군, 검경, 의료, 치과 관련, 금융, 자금 관리, 기계, 자동차, 반도체, 미용사

  수(壬癸) : 교육, 금전 회계, 무역, 수출, 법률

8.
건강(수명)

현생에서 존재하는, 인간을 포함한 생명이 있는 모든 동식물은 사계절 자연의 이치에 따라 생장, 소멸을 겪는다. 사실 본서에서도 건강 문제를 가장 먼저 다루어야 하지만 수명은 하늘이 정해 놓은 이치이기 때문에 정확한 사주팔자를 참고하여 조금의 연장만 있다는 생각이 든다. 수명은 천명(天命)이기 때문에 숙명으로 받아들이는 수밖에 없다는 견해이다. 하지만 너무 젊어서 불측지화를 당할 때는 정해진 명이 과연 있는가 하는 생각을 해 보기도 한다.

건강은 하늘이 이미 정해 놓은 명령이라 운명을 개척한다는 것에는 소극적인 면이 있기 때문에 뒷부분에 다루게 되었다. 건강의 사전적 의미를 살펴보면 '육체적인 질병이 없거나 허약하지 않은 것만 말하는 것이 아니라 신체적·정신적·사회적으로 완전히 안녕한 상태에 놓여 있는 것'이라고 정의하고 있다. 사람은 인종·종교·정치·경제·사회의 상태 여하를 불문하고 고도의 건강을 누릴 권리가 있다는 것을 명시한 것이다. 하지만 본서에서는 포괄적인 건강 수명을 다루지는 않는다. 사주 명리학에서의 수명은 탄생부터 명을 다할 때까지 즉 사람이 존재하는 처음과 끝마칠 때까지의 건강 상태를 살펴볼 것이다.

사주명에서 건강과 수명의 판단은 사주의 강약과 오행의 왕쇠로 살피며, 약한 오행(五行)과 지나치게 강한 오행의 흐름으로 예측해 볼 수 있다. 또한 그 부분이 나타나는 시기는 대·세운에서 결정되며 특히 용신(用神)의 고장 운이 오거나 일간의 고장 운이 왔을 때 잘 살펴야 한다. 원명에서 고장 글자를 가지고 있거나 고장 글자가 흉신으로 작용할 때 그 영향이 더욱 크다고 판단된다. 나이 들어서 고장 운이 올 때 사망하는 예가 많다. 다음은 진술축미(辰戌丑未)에 입고되는 천간지지 내용이다.

辰土 : 壬亥子 辛酉

戌土 : 丙戌 巳辰戌 乙卯

丑土 : 庚申 丁午 己丑未

未土 : 甲寅 癸亥

천간은 공간의 글자로 생각, 이상, 형상을 말하고 그것이 현실에서 나타나는 현상은 지지에서 결정되기 때문에 반드시 지지글자의 고장도 살펴야 한다. 뿌리가 되는 지지 글자가 입고(入庫)되면 천간 글자도 같이 흔들리는 것은 자명한 일이다.

옛날에는 병명의 이름이 다양하지 않아서 간, 담, 폐, 대장 등 총체적인 병명을 이야기하였다. 아니면 다양한 병이 있었는데 그 이름을 다 붙이지 못했을 수도 있었을 것이다.

급격한 산업화의 발달로 들어 보지도 못한 병들이 세분화되어 나타나고 있다. 하지만 하늘은 오기, 땅은 오행, 사람의 장기는 오장이기 때문에 목화토금수(木火土金水) 오행의 강쇠와 그 기운이 대·세운 움직임에 따라 건강과 수명도 예측이 가능하다. 그러므로 사주 원명에서 일간(日干) 자체가 심히 약하거나 근지가 없을 때 또는 해당 오행이 유달리 태약(太弱)하거나 태왕(太王)할 때도 해당 질병이 올 수도 있다.

다음은 각 오행이 흉으로 나타날 때 연결되는 질병이다.

목(甲, 乙木) : 신경계통, 머리, 간, 담, 신경, 연결되는 뼈

화(丙, 丁火) : 안질, 시력 저하, 심장, 소장

토(戊己土) : 소화 기관 위염, 비위, 허리 디스크

금(庚辛金) : 폐, 기관지, 대장, 갑상선, 피부 뼈 골절

수(壬癸水) : 신장, 전립선, 방광, 생식기관

1) 호흡기관, 폐 질병

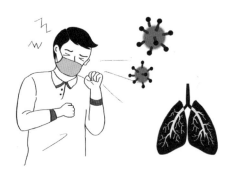

병적인 요인은 사주상 오행의 상호 변화에 따라 나타나는 경우가 대다

수이지만 출생과 동시에 사주에서 해당 기관이 약하게 되어 있고, 오행을 극하게 만드는 운을 먼저 만나게 되면 약한 부분의 작용이 나타난다. 원명에서 본래 호흡기와 폐가 약한 상태인데 초년 운로가 더욱 약화시켜서 건강으로 늦게까지 고생하는 명조이다.

戊 庚 丁 壬
寅 午 未 寅 (坤)
　　　壬 癸 甲 乙 丙
　　　寅 卯 辰 巳 午

미월(未) 경금(庚)이다. 미월 초열 기운을 다스리기 위하여 임수(壬)를 써야 하는데 부친 자리에서 합거하여 임수(壬)를 쓸 수 없다. 천간 지지로 화기 태왕하여 지지에서 불이 난 상태가 이다. 조열 사주에 일찍이 화(火) 대운을 먼저 만나게 되므로 어려서 결핵을 앓고 폐, 호흡기 질환이 일찍이 와서 고생하게 된다. 금은 폐, 대장, 기관지에 해당하므로 신약한 경금이 화의 폐해가 일어나게 된다.

혹 대·세운에서 수(水) 기운이 들어온다고 하여도 무토(戊)에 극 당하고 정화(丁)에 합(合) 당하니 수가 설 자리가 없다. 본디 대운에서 화(火) 운이 들어와도 세운에서 수(水) 운이 들어오게 되면 잠시 숨통이 트일 수도 있다고 볼 수 있지만 원명에서는 임수(壬), 자수(子), 계수(癸)가 들어와도 조열 기운에 의해 수(水)의 흔적이 없다. 그나마 신, 진, 축(申辰丑)이 들어오게 되면 사주가 편안해질 수 있다.

사오미(巳午未) 하절 월에 생한 10천간 중에서는 화 기운의 폐해가 가장 심한 것이 경신(庚辛)금 일간과 무토(戊土) 일간이다. 산(戊)에 산불이 나면 걷잡을 수 없으며 지상의 금(庚辛)은 뜨거운 기운에 녹아서 흐물흐물해져 종래에는 형체가 없어지기 때문이다. 토왕절이지만 지지가 화왕하여 수(水)를 먼저 써야 한다. 토왕절에는 목을 선용하지만 미월, 술월은 조열토의 기운이 월지사령이라 주변 글자와의 조화를 살펴서 수를 선용하는 경우가 많다. 원명은 지지가 조열하여 불을 꺼 주기 위하여 수를 먼저 써야 한다. 목은 수기를 모두 설하는 작용을 하기 때문에 사주가 더욱 조열해진다. 진술축미(辰戌丑未)가 겉모습은 계절을 완충하는 토 오행이지만 사토(四土)의 특성을 숙지하여야 한다. 흔한 말로 진술축미(辰戌丑未)의 정확한 파악만 하여도 사주 반을 본다고 말해도 과언이 아니다.

정임합에 대하여 살펴보면 우선 사주원국 합은 부정적 영향이 많다는 것은 전술하였다. 원명처럼 정화(丁)와 임수(壬)를 보면 정화의 열왕을 임수가 잡아 주었다는 표현을 할 수도 있으나 도리어 좋은 글자 임수를 정화가 쓰지 못하게 해서 나쁘다는 표현이 맞다. 원명에 임수가 들어오면 좋아야 하는데 좋은 글자가 들어와도 정화로 인하여 쓸 수 없게 되므로 일의 성립에 있어서 처음은 좋은 듯하지만 결국에는 정화로 인하여 불선하게 되는 것이다. 10천간 공히 지지 조열할 경우 수(水)를 갈구하게 된다. 또한 수는 성(性)을 의미하므로 지지 조열한 경우 성적인 문제가 일어나기도 한다.

본디 암(癌)이라는 한자의 풀이는 산 위에 입구가 3개이어서 3개의 입으로 산만큼 많이 먹으면 암이 된다고 풀이하지만 필자의 풀이는 좀 더 간단하다. 산의 입구를 상자로 덮어서 막아 버리므로 비가 와도 흡수가 어려워 수기 부족으로 조열 태과하여 일어나는 질병으로 보인다. 지지에 일점 수기(水氣)가 없을 경우 암에 노출되는 경우가 많다. 반드시 금연하여야 하고 도수 높은 독주는 삼가해야 한다. 항상 수분을 많이 섭취하고 화가 나는 조급한 마음을 다스려야 한다.

2) 소화기관, 허리 통증

사주에서 토(土) 오행은 비장, 위 등 소화기관과 허리 부분, 자궁 관련 질병을 의미한다. 그러므로 토(土)가 용신인데 토를 극하는 목(木)의 기운이 강하거나 또는 토가 약할 때 대·세운에서 갑자기 토신(土神)이 올 때 원명의 목(木)들이 나가서 토(土)를 극(克)할 때 질병이 나타난다.

辛 辛 辛 壬
卯 未 亥 子 (乾)

丙乙甲癸壬
辰卯寅丑子

해월(亥)의 신금(辛)으로 동절은 수다 금침이 우려된다. 수왕절이라 일지 미토(未)를 선용으로 한다. 신금에 임수가 정용신이지만, 계절의 기운을 살피지 않고 임수(壬)를 선용해서는 안 된다. 신금(辛)이 임수(壬)를 좋아하기는 해도 추운 겨울에 차가운 물에 씻게 되면 괴롭기만 하다. 지지 환경이 목왕(木旺)하여 토(土)가 약한 모습이다. 이럴 때는 허리, 소화기관이 약하여 만성 위장병에 시달리게 된다. 대·세운에서 해, 묘, 미(亥卯未)운이 오게 되면 그 작용이 더욱 두드러진다. 사회합인 삼합은 각자의 실리에 따로 글자끼리 극하기도 생하기도 하는 것이다.

사주팔자 8글자는 평소에는 아무런 작용이 일어나지 않는다. 그러므로 충, 합(沖合)된 사주를 무조건 과장되게 설명하거나 안 좋은 신살(神殺)들을 적용하여 상담자를 어렵게 만드는 것은 역술가의 올바른 역할이 아니다. 사주 원국의 분석과 해당 글자의 대·세운(大勢運)을 비교하여 설명해 주어야 하며, 대·세운에서 같은 글자가 왔을 때 발동되는 것임을 숙지해야 한다. 목기가 커지는 을묘(乙卯) 대운에 위 질병으로 크게 고생을 한다. 용신도 계절 변화를 이해하고 사용하여야 한다.

보통 사주를 볼 때 신강 혹은 신약하냐를 보는 경우가 많다. 대개는 무조건 오행(五行)의 개수를 따지는 경우가 가장 많고, 월령(月)의 기(氣)를 살펴서 오행의 개수를 따지면 그나마 공부가 많이 진전된 모습이다. 하지만 사주에서는 반드시 세력(勢力)과 기(氣)의 구분을 명확히 하고 기는 월령을 중심으로 파악하는 것이며 세력이 많다는 것은 같은 오행의 숫자가 많다는 것을 뜻한다. 그러나 뿌리가 없는 천간의 같은 오행은 오합지졸이나 똑같다. 같은 오행이 많다고 신강으로 판단하게 되면 사주 추명 시 근간이 흔들리게 된다. 신강 사주의 구분은 반드시 월령과의 상호작용을 살펴야 하며 근지 없는 같은 오행은 세력(勢力)이 좀 있을 뿐이지 진정한 기(氣)가 있는 것은 아니다. 천간 글자의 좋은 역할은 지지(地支)에 반드시 근지를 두고 있어야 하며 오히려 주변 같은 오행의 세력들은 운에 따라 일간의 재물을 탈취하는 흉신이 될 수도 있다.

3) 자궁 관련 임신, 유산의 위험

모든 질병의 징후는 대체적으로 용신이 파극되거나 합(合)되었을 때 주로 일어나며, 여명이 일지에 진토(辰)가 있을 때 대·세운에 해묘미(亥卯未) 운이 오면서 목(木)의 기운이 성해질 때 진토(辰)의 변화를 살펴보아야 한다. 즉 원국의 글자들은 평소에는 아무런 작동을 하지 않는다. 반드시 대·세, 월운에서 같은 글자가 왔을 때 현실에서 나타난다.

辛 甲 癸 丁
未 辰 卯 酉 (坤)

　　　戊 丁 丙 乙 甲
　　　申 未 午 巳 辰

묘월 갑목은 화(火)와 토(土)를 필요로 한다. 화는 병화(丙)가 필요하고 정화(丁)는 필요치 않다. 춘절의 정화는 새싹을 태우는 흉신이다. 정화를 꺼주는 계수(癸)도 약신으로 쓴다. "신강인데 정인(正印)을 또 쓰냐."고 말하는 사람은 계절의 기운을 좀 더 살펴봐야 한다. 일지 진토(辰)가 선용이 된다. 진토(辰)는 수의 고장으로 습토, 자궁, 생식기, 위장, 허리 등에 해당된다. 여명에서 진토를 일지(日支)에 가지고 있으면 기본적으로 물생(物生)을 최적화할 수 있는 좋은 환경이 된다. 하지만 유년에 따라 임신은 잘되지만 목이 태과 될 때는 극(剋) 작용으로 유산이 잘되는 경우가 있다. 목의 기운이 커지는 정미(丁未) 대운 을해(乙亥) 세운에 자궁에 해당하는 용신 진토(辰)를 파극하여 자궁에 큰 문제가 생긴 시기가 된다.

토(土) 오행과 목(木) 오행의 극 관계를 좀 더 살펴보면 인목(寅)과 진토(辰)가 같이 있을 때는 극으로 표현하지 않고 서로 도와주는 수용 관계로 보지만 묘목(卯)은 진토(辰)를 강하게 극한다. 묘목(卯)과 진토(辰)의 관계는 작은 화분에 잡풀들이 많이 자라서 화분이 깨지는 현상을 말한다. 일명 파토(破土)되었다고 표현한다. 자궁, 생식기에 해당하는 진토(辰)가 상해를 입기 때문에 자궁 관련한 병과 유산을 조심하여야 한다.

사주가 8글자뿐이지만 사주 분석을 제대로 하게 되면 사주팔자에서 유추해 낼 수 있는 것이 무궁무진하다. 그러므로 단순 십신(比食財官印)으로만 사주를 푼다는 것은 어불성설이다. 먼저 살펴야 하는 것은 일간의 특성과 용도 본분, 사계절의 기운이 7자에 미치는 영향 각 궁(宮)과 좌우 글자와의 관계 또한 지지 글자가 내포하고 있는 자의(字意) 등 팔자를 다방면에서 살펴야 되는 것이 한두 가지가 아니다. 하지만 현장에서 사주 상담은 짧은 시간에 길, 흉의 문제만 답해야 하는 상황이 많으므로 단순 문점 내용에 대해서 답하는 경우가 많다. 또한 내담자가 무조건 길흉만을 요구하는 경우도 있다.

사주에서 건강을 살필 때는 신체 부분에서 천간은 신체 허리 위(上)의 상황, 지지는 허리 아래(下)의 상황을 살핀다. 예를 들어 갑목(甲)이 정화

(丁) 없이 경금(庚)에 극(剋) 당하고 있다면 틀림없이 두통에 시달린다. 나무가 도끼에 잘리는 모습이다. 정화가 있다면 경금을 제련하여 벌목하는 정당한 일이 된다. 또한 지지 글자가 충극당(沖剋)하고 있고 그 글자가 특히 용신(用神)에 해당되면 허리 아래의 질병이 있게 된다.

4) 다리 골절 등 교통사고 상해 위험

지지에서 일간의 뿌리 글자가 상해를 입었을 때, 허리 아랫부분의 사고수를 예측한다. 특히 목(木) 오행을 금신이 극을 했을 경우 차나 기계 등에 의해 사고를 당하기도 한다. 여타 일간도 지지에서 목이 상해를 당했을 때 나타나지만 갑일간(甲)일 때 그런 현상이 더욱 심하다.

壬 甲 丁 癸
申 寅 巳 丑 (坤)

　　　壬辛庚己戊
　　　戌酉申未午

사월(巳)의 갑목(甲)이다. 사월에 태어난 갑목은 월령 자체에 병화(丙)가 내장되어 있기 때문에 잘나고 똑똑한 사람이 많다. 성장해야 하는 나무가 옆에 불을 가지고 있으니 불(丁)부터 꺼 주어야 한다. 본래 갑을목(甲乙)은 천간에서 임, 계수(壬癸)를 잘 쓰지는 않지만 하절에는 연소되는 것을 먼저 막아야 하므로 기쁘지는 않아도 계수(癸)가 선용이다. 본디 갑을목(甲乙)은 수기가 필요해도 땅에서 올라와야 양분이 골고루 전파될 수 있는 이치이다. 천간에 임, 계수가 있다면 하늘에서 비가 내려서 나뭇가지가 고개를 수그리고 휘어지는 형상이므로 좋은 일이 없다.

계수(癸)를 선용으로 하고 일지에 있는 인목(寅)이 차용신이다. 흔히 지지에 인사신(寅巳申)이 있으면 군·검·경 권력기관에서 일한다고들 한다. 하지만 그 논리도 사주 원명에서 인목(寅)이 어떤 역할인지 보아야 한다. 만약 인목을 용신으로 썼을 때는 가장 중요한 인목이 피상 되지 말아야 가능한 이야기이다. 원명은 천간 임, 계수와 더불어 인목이 중요한 글자이다. 인목(寅)이 유금(酉)에 맞고 사(巳) 중 경금(庚)에 맞아서 힘을 못 쓴다. 혹 지지에 인사신(寅巳申)으로 인목(寅)이 맞고 있다고 해도 일간이 갑목(甲)이 아닐 때는 조금 덜할 수는 있지만 일간 자체의 뿌리가 피상당할 때는 허리 아래로 다리 상해, 교통사고로 인한 다발성 골절의 위험이 따른다. 항상 여유를 가지고 다녀야 하며 격하고 강한 운동은 피해야 한다.

금왕(金旺)이 되기 시작하는 경신(庚申) 대운은 그런대로 잘 지나갔지만 신유(辛酉) 대운에 큰 사고를 당해서 죽음의 문턱까지 가게 된다. 본래 신유금(申酉)은 오행은 금이지만 신금(申)은 양금으로 유금(酉)은 음금으로 용도와 속성의 차이가 있다. 대·세운에서 양금 신금(申)은, 원국에서 유금(酉)에 맞고 있는 목을 더 치지는 않는다. 하지만 음금(陰金) 유금(酉)은, 목(寅)이 맞고 있으면 더 치는 경향이 있다. 아우(酉)가 나쁜 짓을 하고 있으면 형님(申)은 합세를 안 하지만 형님이 나쁜 짓을 하면 아우는 부화뇌동하여 더 치는 것이다. 그러므로 금신운(金神)이 안 좋은 사주는 신(申) 대운보다는 유금(酉) 대운을 조심하여야 한다.

음과 양의 기본적인 성향을 알게 되면 그 이치를 쉽게 이해할 수 있다. 양은 명분과 원리, 원칙을 중요시하고, 음은 실리 실속과 이해관계를 중요시하는 관점이다. 양(陽)은 단순 과격하기는 하지만 뒤에서 몰래 치지는 않는다. 섬세하고 소극적인 음(陰)은 마음에 담는 성정이 있으므로 혼자 공격하지는 못하고 약해졌다 싶으면 뒤에서 치는 성향이 있다. 그것은 세상 사는 이치에서도 알 수 있으며, 음은 반드시 복수하기 때문에 오히려 음과는 절대 척을 지면 안 된다. 사주에서 대운을 살필 때도 이 이치는 적용된다.

5) 시력 약화

사실 어떤 부분의 건강이 좋지 않을 것이라고 추론하여 미리 말하는 것은 바람직하지 않지만 약하게 나타난 부분에 대하여 예방 차원에서 말하는 것은 도움이 된다. 당연히 모든 운이 그렇듯이 질병도 대·세운에서 원국의 간지가 나타나서 직접적인 영향을 끼칠 시기에 더욱 발동된다.

시력은 화, 목(火木) 오행(五行)에 해당하며 사주에서 화(火)가 태과 하거나 죽게 되면 일어나는 질병이다. 또한 목(木)이 심하게 상해를 입는 경우 두통으로 인하여 시력 저하가 올 수 있다. 양육 일간(丙戊己壬癸)과 특히 화(火)가 필요한 원명에 화(火)가 죽는 동절기운(亥子丑)이 오면 시력 저하가 일어난다. 동절(亥子丑)은 한밤중을 상징한다. 칠흑 같은 밤에 태양(丙)은 없고 모닥불(丁)에 심지가 없으면 시력이 약하게 된다.

丙 丁 癸 丙

午 巳 巳 子 (乾)

戊丁丙乙甲

戌酉申未午

사월(巳)의 정화(丁)이다. 병정화 일간 추명 시 월령을 하루 시간과 대입해서 보는 것은 반복 숙지하여야 한다. 사월(巳)은 하루 중 오전 9시 30분 ~11시 30분이 된다. 이 시기는 정화(丁)가 아닌 병화(丙)가 득록한 시기이다. 병화(丙)는 하늘의 태양을 뜻하며 정화(丁)는 지상의 켜는 모든 불이고 하늘에서는 별에 해당한다. 굳이 어려운 과학 지식을 들먹이지 않아도 태양(丙)이 떠 있는 한낮에는 옆에 있는 별빛(丁)은 그 자리에 있긴 하지만 태양 때문에 존재감이 없는 것이다. 신유술(申酉戌) 저녁에는 태양이 쓰러지고 지상의 불과 별이 빛나는 시기이므로 쓸모 있는 귀한 불이라는 표현을 한다. 위대한 태양(丙)은 쓰러지고 지상의 불, 별이 빛나는 시기이기 때문이다.

이렇듯 일간은 월지(계절, 시간, 환경)와의 상관관계에 의해서 기(氣)와 세력(勢力)이 절반 이상은 결정된다고 봐도 좋다. 사월에 생하여 불이 약한데 비(癸)까지 내리고 태양(丙)이 두 개씩이나 버티고 있으니 빛(丁)이 약하다. 외부 활동에 해당하는 시간에 병화가 자리하고 있기 때문에 직장 관계가 편치 않다. 말은 못 해도 병화(丙) 때문에 항상 밀리는 느낌이 든다. 이렇듯 화의 기운이 미미한 까닭에 유년시절에 일찍이 시력이 약하여 초교 입학 전에 안경을 쓰게 된다.

사주에서 화가 많아도 그것은 태양화의 뿌리가 되는 글자고 정화의 진정한 근지가 약하며 정화가 칠살(癸剋丁)의 기운까지 있으므로 시력이 저하된다. 미미한 정화 불이 꺼지지 않도록 도와주는 목(木)이 없다. 혹 지지에 화가 많아서 계수(癸)를 용신으로 잡는다면 잘못된 추명이 된다. 계수(癸)는 어떠한 경우라도 정화(丁)를 꺼뜨리는 빗물이 되므로 흉신이 된다. 또한 지지에 사화(巳)나 오화(午)가 많아도 목(木)이 없으면 조열하다고 판단하지 않는다. 심지 없는 라이터는 불을 내지 않는 이치와 같다.

일반적으로 사주풀이를 할 때는 사월 정화가 병화도 2개씩이나 있고 오화도 있어서 신강 사주인데 굳이 인수 목(木)이 왜 필요하냐고 반문할 수 있다. 그것은 같은 화(火) 오행이어도 음양(陰陽)의 이치를 모르는 초급자의 질문이다. 사주를 오행의 생극 제화(生剋制化)로만 풀려고 하면 한계점에 도달한다. 반드시 오행(木火土金水)을 음양(陰陽)으로 구분 짓고 그것을 10천간(天干)과 12지지(地支) 22글자의 특성을 파악하여 계절의 기운, 월령과 비교하여 변화 상호작용을 볼 수 있다면 오류를 줄일 수 있을 것이다. 그런 연후에 십신의 구성도 살펴보고 신살도 적용해 보아야 한다. 앵무새처럼 격국이 어떻고 재, 관이 어떻고 하는 것은 사주를 겉모습만 보고 판단하는 것이 되는 것임을 명심하여야 한다.

9.
궁합

　궁합의 사전적 의미는 혼인 때 신랑 신부의 사주(四柱)를 오행(五行)에 맞추어 상생(相生)과 상극(相剋)을 보아 길흉을 점치는 방법이라고 되어 있다. 유교를 기반으로 둔 조선 시대에는 주로 여자 사주에서 백호(白虎), 괴강(魁剛), 고란(孤鸞), 간여지동(干如支同) 등 주로 흉살로 여겨지는 살의 유무를 보고 단순히 연지가 삼합 이냐 부부합이냐 또는 일간이 합이 들었나 정도로 파악하였다. 그러나 현대에서는 여성의 사회 활동이 활발해지면서 그런 단순한 방법으로 궁합을 보았다가는 뺨 세 대를 맞을 각오를 하여야 한다. 물론 백호, 괴강, 고란살 등이 사주 원국에서 좋은 작용을 한다는 전제하에 그런 살들이 있어야 여성도 남성에 뒤지지 않고 끝까지 경제 활동을 하는 경우가 많다. 그러므로 신살을 무조건 나쁘게 판단하면 사주

풀이에 오류가 따른다.

본 필자의 경험상 궁합 추명법의 가장 중요한 점은 두 사람의 정확한 사주 분석을 통하여 원명에서 필요한 용신(用神)의 상생 관계의 합일치이다. 용신은 생각, 꿈, 정신, 이상, 코드를 말하며 부부란 한자리에 앉아서 같은 이상과 꿈으로 한곳을 바라본다는 의미이다. 용신 오행이 극 관계에 있으면 결혼하기 어렵고 결혼해도 깨지기 쉽다. 예를 들어 남명이 동절생(冬)이어서 따뜻한 화(火)가 필요한데 여명은 하절생(夏)이어서 수(水)가 필요한 사주이면 용신이 서로 극(剋) 관계이다. 필요한 화를 가지고 있다고 좋다고 느껴지는 것은 느낌뿐이지 막상 부부로 살게 되면 매사에 생각과 코드가 달라서 싸움이 잦다. 정신 생각과 꿈, 코드, 목표점이 안 맞다는 것은 겉모습 즉 몸체는 각기 다른 명으로 태어났어도 생각과 정신이 불(火)과 물(水)의 상극 관계로 매사에 부딪치게 된다는 의미이다.

두 번째는 연지(年支)의 서열 관계이고 세 번째는 일간의 관계이며 마지막으로 결혼 당시 각각의 대운 환경을 본다. 단순히 일간이 서로 합을 하고 있는 경우를 좋다고 보는데 그것은 사실과 다르다. 보통 일간합(日干合)이 되면 눈먼 합(合)이 되므로 이해관계를 따지지 않고 무조건 끌림이 있는 경우이다. 물론 서로의 용신이 상생, 합일이 된 후에 일간합(日干合)이 되었을 경우는 좋지만, 일간 합이 되었다고 무조건 좋은 궁합의 요건이 될 수 없다. 그러므로 일간합 이전에 용신의 상생극(相生剋) 관계가 우선인 것이다.

마지막으로 살피는 것이 각각의 대운(大運) 환경이다. 부부가 살면서 고난이 올 때 대개는 배우자 탓을 하는 경우가 많다. 특히나 좋은 대운이 끝나고 막 흉대운(凶大運)이 시작하는 시점의 결혼은 말려야 한다. 각각의 사주명(四柱命)이 있고 사계절 변화가 있는데 힘든 상황이 발생하면 "여태 잘 나갔는데 너 만나서 이렇게 됐다."라고 말하면서 상대방 탓을 할 우려가 있기 때문이다. 여름이 지나고 겨울이 기다리고 있는데 누굴 만난다고 그 계절이 없어지지 않음을 알아야 한다.

두 사람 사주를 총체적으로 판단하여 용신(用神) 부분이 전체에서 60점 이상을 차지한다. 다음이 연지(年支)의 서열 관계 5점, 일간(日干)끼리의 관계 5점, 마지막으로 각자의 대운(大運) 관계 10점, 모든 조건들이 잘 맞는다면 80점이 된다. 80점이 최상이지만 60점 이상이 되면 결혼이 가능한 궁합으로 본다. 남남이 맺어져서 결혼하기 전 길게는 3, 40년을 다른 환경에서 지내다가 그 후에 결합된 상태이므로 20점은 서로 맞춘다는 의미이다. 궁합을 점수로 판단하는 것은 우스운 일이지만 궁합을 보는 기준에서 중요한 사항을 알려 주기 위한 방편으로 점수로 분류하여 배점하였으니 참고하시기 바란다.

1) 우리 궁합은 몇 점일까요

丙 甲 戊 庚
寅 戌 子 子 (乾)

　　　　甲 癸 壬 辛 庚 己
　　　　午 巳 辰 卯 寅 丑

丙 壬 戊 壬

午 辰 申 寅 (坤)

　　壬癸甲乙丙丁

　　寅卯辰巳午未

乾命

자월(子)의 갑목(甲)이다. 갑목은 자존심 강하고 명분을 중요시하며 주변 환경에 민감하다. 태양화(丙)를 향하여 위로 뻗어 나가려고 하는 성정 때문에 융통성이 부족하고 고지식한 경향이 있다. 주관적인 생각이 강하여 본인이 알아서 모든 일을 하는 것 같지만 태양(丙)도 나를 비추어 줘야 하고 물도 누군가 나에게 주어야 하기 때문에 의타성도 가지고 있다. 그래서 갑목은 기르는 일간에 포함되지 않고 양육되는 일간이다. 하지만 기르는 일간(丙, 戊, 己, 壬, 癸)에 있어서 절대적 매개체가 되므로 용신이 거의 상통한다고 본다.

자월(子)은 수왕절(水旺)이라 물부터 막아야 한다. 한랭한 겨울이라고 병화(丙)부터 용(用)하면 안 된다. 자월 병화(子)는 힘이 없는 미약한 태양이라 수왕을 다스려 주는 무토(戊)가 선용이고 춘절이 오면 병화(丙)도 쓴다. 토자 화처(土子火妻)라 천간의 부친 자리인 무토, 뿌리가 되는 일지 배우자 자리 술토(戊)용신이다. 화(火)와 술토(戊)는 상생의 관계이다. 천간 무토는 흉신인 경금(庚)을 토생금(土生金)도 하므로 부친이 좋을 때도 있으나 간혹 갑목(甲)을 힘들게 할 때도 있다. 술토(戊)는 왕한 자수(子)를 제하는 으뜸의 글자로서 배우자 덕이 있는 사주이다. 겨울 부목이 될 뻔한 갑목을 술토가 막아 주므로 어려운 일이 생기면 아내에게 의지하여 의논하고 상의한다.

월지의 자수는 왕수(旺水)로 모친 자리에 해당하며 갑목에게 수생목하는 인수(正印)라는 개념보다는 겨울의 차가운 물을 갑목(甲)에 뿌리는 격이니 잘한다고 하는 일이 나무를 더 얼게 만든다. 술토(戌)는 방류할 뻔한 물을 막아 주고 수왕절의 부목을 막아 주었기 때문에 모친도 며느리를 귀히여기고 좋아한다. 이렇듯 일지와 월지의 관계는 원명의 아내와 모친의 관계를 설명한다. 일반적으로 무토(戊)도 재성, 술토(戌)도 재성이라고 재(財)가 2개 있다고 결혼을 두 번 한다고 하지만, 재(財)가 아무리 많아도 순일(純一)하게 양토(陽土) 한 가지로 이루어져 있으면 그렇지 않다. 혹시 이 명에 음토(陰土)인 기토가 섞여 있어서 사주가 혼잡하면 운에 따라 두 번 할수도 있을 것이다.

원명의 대운 환경은 동남 화방으로 흘러가며 생목인 갑목이 활동하고활성화되는 좋은 방향으로 흐르고 있다.

용신 : 무토(戊) 술토(戌) 차용 병화(丙)
년지 : 자수(子) 신자진(申子辰) 그룹
일간 : 갑목(甲)
대운 : 생목이며 인묘진사(寅卯辰巳) 봄여름 목화(木火) 동남 방운
　　　 (東南) 흐름

坤命

신월(申)의 임수(壬)이다. 임수는 강물, 호수, 저수지 물에 해당하며 체가 냉하고 유동적이며 하류 하는 성향이 있다. 임수(壬) 자체가 역마의 성정이 있어서 한곳에 오래 머물지 않는다. 가을의 맑고 깨끗한 물로서 환경의 적응이 빠르고 주변과의 화합을 중요시 생각한다. 신월(申)의 근지를 받고 생한 물이라 끊임없이 샘솟는 왕한 물에 해당한다. 가을 물은 무토(戊)로 제방을 해 주거나 정화(丁)로 잡아 주지 않으면 횡폭하고 방류하여 광란수가 되므로 반드시 저수지 뚝(둑)에 가두어야 한다. 가을 임수가 무, 정(戊丁)이 없을 때는 폭도 난폭자일 가능성이 있다. 기토(己)는 왕한 임수를 막지 못하고 오히려 탁수(濁水)를 시키게 되어 임수도 못 쓰게 되고 기토(己) 옥토도 물로 인하여 풀어지게 되므로 임수도 기토도 불경하게 된다(己土濁壬). 신월(申) 임수(壬)는 반드시 무토(戊)만이 쓰임 있는 물로 만들 수 있다.

천간의 무토(戊) 선용이고 일지의 진토(辰)가 뿌리가 된다.

토부 목자(土夫木子)가 되어 배우자 궁 일지에 용신 글자가 있어서 배우자 덕이 있는 사주이다. 가을 산 무토(戊)는 단풍이 들어 풍광이 좋긴 하여도 서늘한 기운이 감돌아 사람들이 오래 머물지는 않는다. 또한 가을 산은 도토리, 밤 등을 주워 가므로 텅 빈 약한 산을 의미한다. 무토를 생조하는 병화(丙)도 좋은 글자이다. 무토와 병화의 근지가 되는 인목(寅)도 길신(吉神)으로 인신충(寅申冲)이 되어 있지만 일지 진토(辰)가 월지 신금(申)을 운에 따라 잡고 있는 상태라 결혼 후 좋아지는 명이다.

가을의 왕한 물을 저수지(戊)에 담아서 물을 필요로 하는 인묘진(寅卯辰)

동남 화방 운으로 흐른다. 풍족한 물로 남에게도 아낌없이 베푸는 좋은 운의 흐름이며, 적극적인 삶을 살면서 사회 활동이 왕성하고 주변에서 찾는 곳이 많은 모습이다.

> 용신 : 천간 무토(戊) 진토(辰) 병화(丙) 지지 인목(寅)
>
> 년지 : 인목(寅) 인오술(寅午戌) 그룹
>
> 일간 : 임수
>
> 대운 : 가을 물을 필요로 하는 동남 춘하절운(寅卯辰巳)

두 명조의 궁합을 설명해 보면 다음과 같다.

용신

두 명은 용신을 천간에서 쓰고 무토(戊)로 용신이 같다. 본질적으로 정신, 생각, 꿈, 이상, 코드가 거의 비슷하다고 볼 수 있다. 다만 건명의 무토는 물을 막기 위한 절대 방편이지만, 곤명의 임수는 본래 나무를 기르는 것이 본분이어서 목(木)을 정작 써야 하는데 인목(寅)이 피상 되어서 방류 안 하도록 자신을 극제시키는 방편으로 무토(戊)를 쓰기 때문에 즐겁지는 않다. 건명은 선택의 여지없이 제한 제수 하는 무토를 쓰므로 운명에 큰 이의가 없는 반면, 곤명은 본래 써야 하는 목을 쓰지 못하고 임수 본인을 극제 하는 무토를 쓰므로 어긋나는 부분이 간혹 있게 된다. 하지만 무토(戊)라는 용신이 같기 때문에 궁합 전체 점수에서 용신 점수 60점이 플러스가 된다.

연지의 서열 관계

많은 사람이 있고 각기 틀린 많은 사주가 있다고 해도 하늘에서 내린 기운의 그룹은 정해져 있다. 자수(子)는 신자진(申子辰)의 수(水)의 그룹이고 인오술(寅午戌)은 화(火)의 그룹에 속한다. 건명은 수(水)의 그룹에, 곤명은 화(火)의 그룹에 속하기 때문에 극(剋) 관계가 된다. 물과 불은 상극 관계이다. 아내가 시원한 바닷가가 좋다고 하면 남편은 따뜻한 난로가 있는 집이 좋은 형국이다. 간간히 충돌이 일어나지만 기본으로 추구하는 목표점이 같기 때문에 크게 마찰은 없다. 하지만 오행의 기운은 무시할 수 없기 때문에 연지 -5점이 된다. 이렇듯 연지(年支)로 마찰이 생길 경우는 서로 구속, 집착은 절대적으로 피해야 한다. 부부는 종속 관계가 아니라 평행선적인 관계이므로 각자의 일을 가지고 서로의 영역을 존중하면서 살면 원만하고 좋은 관계가 된다.

일간과의 관계

일간(日干)의 관계도 중요한 대목이지만 주로 음(陰)일간의 극(剋) 관계만 안 되면 크게 무리는 없다고 본다.

을(乙)일간과 신(辛)일간, 정(丁)일간에 계수(癸)일간, 신(辛)일간에 정화(丁)일간이면서 서로 간의 용신도 충극이 일어나면 십중팔구는 깨진다고 본다. 위 명은 임수(壬) 일간과 갑목(甲) 일간이 수생목 하는 상생 관계이므로 좋은 관계이다. +5점이다.

대운의 상호작용

결혼해서 살다 보면 아무리 찰떡궁합이라 하여도 삼사십 년을 서로 다른 환경에서 생활하다 만난 남녀가 마찰이 없을 수가 없다. 아무리 좋은 대운도 6년 이상은 가지 않고 반대로 6년 이상은 나쁘지 않기 때문에 그 환경 속에서 파동을 겪게 되어 있다. 하지만 기본적으로 걸어가는 환경이 서로 간의 쓰임이 있는 계절로 가고 있으면 그 다음은 부수적으로 따라온다고 본다. 두 명조는 대운(大運)이 서로 활동하는 좋은 대운으로 가고 있기 때문에 서로를 탓하고 사는 명은 아니다. 대운의 환경 면에서 +10점이다.

결론적으로 두 명조의 궁합은 용신 60점, 연지 -5점, 일간 +5점, 대운 환경 +10점, 총 70점으로 좋은 궁합으로 본다.

2) 남편을 거느릴 수 없는 명인가요?

남편이 처를 거느린다는 말은 들어 보았어도 부인이 남편을 거느린다는 말은 금시초문이라고 할 것이다. 하지만 남편이 처를 거느린다는 것은 종속 관계처럼 보기도 하지만 사주학 관점에서 여명이 남편을 거느릴 수 없는 명이라는 것은 여러 가지 의미가 있다. 간단하게 관이나 용신을 내가 가지고 부릴 수 없다는 의미와 상통한다. 하지만 단식판단을 하여 여명이 너무 강하거나 백호, 괴강, 고란 등이 있으면 감점부터 하지만 급변하는 현대사회에서는 사계절 변화에 맞게 상생 관계에 있는 각종 살(殺)은 오히려 가정생활에 좋은 영향으로 볼 수 있다.

여명이 배우자를 수용하기 어려운 경우는 월지 계절에 위치한 글자가 일간에 미치는 영향이 약하게 생하였음에도 욕심이 많아 지나치게 본인 기운을 설기하거나 기운도 없으면서 재물을 탐하는 명이 배우자를 밀어낸다. 또한 배우자 오행이 목인데 배우자 궁에 금이 앉아 있거나 배우자 오행이 수인데 토가 앉아 있어도 배우자가 그 자리에 안착하기 어렵다. 또한 배우자 오행의 고장 글자, 예를 들면 여명에서 목(木)을 선용하는데 미토(未)가 일지에 있을 때 목고(木庫)로 인하여 배우자가 일찍이 유명을 달리할 수도 있다. 또한 수(水)가 선용인데 수가 배우자 궁 일지에 제대로 안착은 되어 있으나 좌우 주변 글자에 극 당하거나 피상되어서 수(水)가 온전히 자리를 지키기 어려울 때 즉 대·세운에서 화, 토(火土) 운이 중복 될 때 배우자의 신상에 변화가 생기는 명들 즉 배우자 오행을 살 수 없게 만들면 여명도 그 배우자를 거느릴 수 없다. 이러한 배우자 궁 일지(日支)의 형태를 가진 명들이 배우자를 수용할 수 없으니 손에 잡았다가도 놓치는 상황이 발행한다.

癸 庚 乙 癸
未 戌 卯 酉 (坤)

庚 己 戊 丁 丙
申 未 午 巳 辰

묘월(卯)의 경금(庚)이다. 인묘월의 어린 경금은 아기 도끼, 아기 바위라는 표현을 자주 쓴다. 어리고 여려서 다 자라지 않은 경금(庚)은 정화(丁)불로 쪼이기도 어려워 기물로 만들 수도 없고, 물을 내기도 힘들다는 의미이다. 시간 계수(癸)는 경금을 녹슬게 만드는 물이므로 맑은 물 임수(壬

水)와는 대비된다. 원명에서 경금(庚)이 을목(乙)과 합을 하고 있다. 묘목(卯)이 밑동이 유금(酉)에 피상되어 대·세운에 따라 합이 풀렸다를 반복한다. 천간의 합은 지지의 작용으로 풀리기도 한다. 어린 바위에서 흑수(黑水)라도 내 보려고 무던히도 설치다 보니 성질만 고약하다. 인묘월(寅卯月)이라 화(丙)와 토(辰)를 써야 하나 화는 없고 토를 쓰게 된다. 춘삼월 계절에 조열토를 쓰는 사주이니 시시때때로 속이 탄다. 술토(戌) 남편, 미토(未) 남편 배우자가 두 명이라 보아도 무방하다. 배우자 오행이 음양(陰陽)으로 나뉘어져 있으면 남편을 바꾸기도 한다. 대·세운에 따라 술토를 버리고 미토를 취하는 격이다. 하지만 미토나 술토 모두 조열하기는 매한가지이므로 별 소용이 없다. 배우자가 나를 생해 주기를 원하나 조열토는 생하기보다는 태우는 토이므로 기대하고 얻은 남편은 만족이 안 된다. 또한 연월지의 금목상전(卯酉冲)은 배우자의 변화를 뜻하기도 한다. 용신은 일지 술토로, 배우자 자리에서 고장 글자를 가지고 있는 사주이다. 술토는 화토의 고장 자리이므로 저 배우자 자리에 들어오는 사람은 명(命)이 길면 나갈 것이고 명이 짧으면 저 자리에서 죽을 것이다. 도저히 어느 쪽으로 살펴보아도 한 가지라도 배우자에 관하여 좋은 점이 없다. 대·세운이 좋을 때 남자를 만나도 일시적인 만남의 가능성만 있게 된다.

혼기가 찬 자녀를 둔 부모들이 간혹 자식의 궁합을 보러 오는 경우가 있다. 부모들이 궁합을 보러 오면 본인들 마음에 드는 말을 들을 때까지 여러 곳에서 보기도 한다. 혹은 본인 자녀는 머리도 좋고 똑똑한 사주인데 상대방이 안 좋다고 말하는 것은 사위나 며느릿감이 본인 마음에 안 들어서 말하는 경우가 많다. 하지만 내담자가 객관적이고 정확한 궁합을 알고 싶다면 사심은 배제하고 궁합을 봐야 한다. 또한 상담자도 명심할 것은 그 자리에 없는 사람에 대하여 함부로 말하는 것은 금물이다. 사주팔자는 객관적이고 공정하게 글자의 뜻을 정확하게 읽어 주는 것이 최고의 풀이임을 명심하여야 한다.

10.
사주팔자의 생시와 지역

　사주팔자에서 시간 자리를 보고 알 수 있는 것은, 인간이 살아가면서 필연적으로 만나는 외부 활동을 추명(推命)해 볼 수 있다. 본래 명리학의 기본적 개념인 사주팔자(四柱八字)라는 것은 4개의 기둥(四柱) 즉 생년월일시(時)의 8글자(八字)를 말하며, 사주팔자가 대운이라는 거대한 환경을 걸어가면서 겪는 인간의 삶을 추명하며 팔자에서는 배우자, 부모, 조상, 자식 자리, 직장 외부 활동 관계 등을 유추해 낼 수 있다. 역학자마다 견해가 각기 다르지만 본 필자는 사주에서 시간의 자리는 전체 구성상 절반 이상을 차지한다고 봐도 과언이 아니라고 생각한다.

　지금처럼 확실한 시간개념이 형성되기 전 과거에는 시간개념이 모호한 부분이 있었다. 시간을 말할 때 보통 두루뭉술하여 특히 어른들에게 태어난 시간을 물어보면 해 뜰 무렵, 소여물 죽 쑬 때, 강아지 밥 줄 때, 해 질 녘에 태어났다는 등 모호하게 말씀하시는 경우가 많다. 특히 자시(子) 부분에서 역학자마다 주창하는 바가 모두 상이하여 그동안 경험으로 자시 부분을 정립하고자 한다. 또 하나는 생년월일시를 말할 때 양력, 음력, 음력 윤달 등 구분하여 말하지만 양력 생일을 말하는 것이 가장 정확하다.

1) 자시

- **2005년 2월 19일(새벽 1시) 陽**

  甲 甲 戊 乙
  子 戌 寅 酉

2월 19일 아침에 태어났으니 아무런 문제점이 없다.

- **2005년 2월 19일(밤 23시 50분)**

  丙 乙 戊 乙 (正)
  子 亥 寅 酉

자오 경계선이 이미 다음 날로 넘어갔기 때문에 일주는 다음 날 을해 일주가 되고 그에 따라 병자시가 된다. (시는 반드시 일주에 따라 정해진다. 일주가 을해 일이기 때문에 병자시)

- **2005년 2월 19일(밤 23시 50분) 시간 오류 사주**

  丙 甲 戊 乙 (誤)
  子 戌 寅 酉

위와 같이 간혹 야자시라고 하면서 일주는 19일 일주(日柱)를 적용하고 시주는 다음 날 자시를 적용하는 것은 잘못된 것이다. 기본 원칙을 무시하고 세운 잘못된 사주팔자이다. 사주를 세우는 기본 원칙도 무시하고 세운 잘못된 사주를 백 날 풀어 봐야 제대로 된 풀이가 나올 리 만무하다. 자연의 이치는 하나이듯 사주를 세우는 기본 원리는 하나인 것이다.

위의 생년월일시로 정확한 사주 기둥을 세우는 원리를 살펴보면 해당 해년으로 연간이 정해지면, 월주(月柱)는 연간의 천간합(天干合)오행을 생하는 양 오행부터 시작한다. 즉 을년(乙) 생이고 을경합(乙庚合) 금(金)이 된다. 금 오행을 생하는 토 오행 중 양토가 되는 무토가 인월의 시작이다. 무토(戊土)부터 '戊寅 己卯 庚辰 辛巳 壬午 癸未 甲申 乙酉 丙戌 丁亥 戊子 己丑'가 된다. 그러므로 무인월이 된다.

시주는 일간의 합 오행을 극하는 양 오행부터 시작한다. 2월 19일 새벽 1시생은 갑술일주가 되므로 갑기합(甲己合) 토(土)가 되니, 토를 극(克)하는 목 오행 중 양목인 갑목(甲)부터(甲子 乙丑 丙寅 丁卯 戊辰 己巳 庚午 辛未 壬申 癸酉 甲戌 乙亥) 갑자시(甲子)가 된다. 2월 19일 23시 50분생은 을해일주가 되므로 을경합(乙庚合) 금을 극하는 화 오행 중 양화인 병화로부터(丙子 丁丑 戊寅 己卯 庚辰 辛巳 壬午 癸未 甲申 乙酉 丙戌 丁亥)가 된다. 그러므로 을해일주는 반드시 병자시가 되어야 한다. 시간은 반드시 일주에 따라 결정 되어야 한다.

연간합을 해서 파생되는 오행을 생(生)하는 것으로 월간을 정하고 일간

합해서 파생되는 오행을 극(克)하는 것으로 시간을 정하여 팔자가 완성된다. 사주팔자에는 함축적인 의미가 있다. 시작을 알리는 생(生)과 완성의 의미를 알리는 극(剋), 시(始)와 종(終) 선천과 후천의 원리가 다 들어 있다. 그래서 월주는 생을 의미하고 시간은 극을 의미한다. 이 원칙을 벗어나면 안 된다. 원리 원칙이 없다면 그것은 학문이 아니다. 제멋대로 자의적으로 해석하여 입맛대로 만든다면 그것은 사술에 불과하다.

丙甲 戊乙

子戌 寅酉 (2005년 2월 19일 23시 50분)

일주는 2월 19일 갑술 일주로 정하고, 시간은 다음 날 을해일에 해당하는 병자시로 정하였음

이 사주 명식은 사주 세우는 기본을 안다면 도저히 나올 수 없는 사주 명식이다. 짐작해서 날짜는 오늘 날짜에 태어났고 자시(子)이기 때문에 다음 날 자시를 적용한다는 것은 시공간 개념도 이해 못 하고 천지인 삼기가 동도 동행도 모르는 것으로 보인다. 어디 학문이 짐작으로만 이루어지는 게 있는가? 기초공사부터 엉터리인데 올바른 터전을 쌓을 수 있겠는가? 기본부터 제대로 익히자! 늦은 자시는 이미 지구의 축이 기울어졌기 때문에 다음 날이 맞고 시간도 그날에 맞게 적용하여야 한다. 학문은 정확한 설명을 할 수 있어야 학문으로서의 효용 가치를 인정받을 수 있다.

2) 절입시

산업화가 발달하면서 각종 사주 애플리케이션으로 빠르고 쉽게 사주 명식을 확인하게 되었다. 하지만 사주학은 사계절 대자연의 원칙에 따라 움직이는 기후학이므로 같은 생년월시임에도 불구하고 절입날이 될 때는 반드시 절입시 시간을 알아야 한다. 같은 날 생(生)했어도 절입시에 따라 월주가 달라지는 것을 유념하여야 한다. 복잡한 듯하지만 원리만 알고 있으면 매우 간단하다. 절기는 24절기가 있지만 12절의 입절만 확인하면 되고 사주 생년월일시 중 태어난 일이 보통 월초(4일~8일)에 걸려 있으면 절입 시간을 확인하는 것이 정확하다. 사주학은 계절 절기 학문이므로 입절시의 시간은 알아야 할 것이다.

12절은 참고로 2월 입춘, 3월 경칩, 4월 청명, 5월 입하, 6월 망종, 7월 소서, 8월 입추, 9월 백로, 10월 한로, 11월 입동, 2월 대설, 1월 소한이다.

다음 명식을 확인해 보자.

- **2005년 12월 7일 아침 9시 32분(陽)**

辛 乙 丁 乙
巳 丑 亥 酉

2005년 12월 7일 9시 33분에 대설 절입(節入)되었다. 정해월(丁亥)에서 무자(戊子)월로 바뀌는 시기가 9시 33분이므로 같은 날 태어나도 절입날에는 태어난 시간으로 월주가 바뀌는 것을 확인하여야 한다. 정해월의 을축(乙丑)일간인지 무자월의 을축(乙丑)일간인지를 확인하여야 한다. 몇 분의 시간 차이로 연주, 일주, 시주는 안 바뀌어도 월주가 바뀌는 경우가 있으므로 주의하여야 한다.

- **2005년 12월 7일 아침 9시 35분**

辛 乙 **戊** 乙
巳 丑 **子** 酉

하루 3분 차이로 월주 정해월이 무자월로 바뀌었음을 알 수 있다.

내담자도 정확한 사주 상담을 받기 원한다면 간지로 말하는 것보다 타고난 시간을 정확히 말해야 한다. 설령 시간이 불분명하더라도 상담 중에 시간을 유추해 내기도 한다. 꼭 절입에 걸려 있는 출생자들은 반드시 절입 시간을 확인하자!

3) 태어난 지역의 시간 차이

우리나라가 좁은 듯하지만 경도에 따라 어떤 지역은 13분 정도 해가 빨리 뜨고 또 다른 지역은 4분 늦게 해가 뜨는 것을 알 수 있다. 국토가 좁고 길쭉하여 표준 경도인 127.5도와 큰 차이는 없는 듯해도 생시가 경계선일

때는 반드시 참고할 필요가 있다.

사주 상담 시 태어난 시간이 모호하게 경계선에 있는 경우에는 1~2분 차이로도 시간이 달라지니 참고하여 지역적인 것을 적용할 수 있으면 좋겠다.

우리나라 표준 경도인 127.5도와 각 지역의 경도와 비교하여 시간 차이를 계산을 해 주면 된다. 시, 분, 초까지 따져서 계산을 해야 하지만 대략적으로 자전하는 지구는 1시간에 경도 15도를 움직인다고 한다. 그러므로 1도 움직이는 시간은 약 4분이 소요된다. 경도의 차이는 같은 지역에서도 미세한 차이로 시간 오차는 있지만 대체적으로 큰 차이는 없으며 각 지역의 경도는 보편적으로 많이 쓰는 표준 경도로 표시한다.

- **2005년 10월 14일(07시 30분) 서울 출생하였을 경우**

辛 辛 丙 乙
卯 未 戌 酉

표준 경도 127.5도이면 서울에서도 지역적인 차이가 있어서 126.97 정도로 2분 정도 차이가 있다. 즉 2분 정도 늦게 해가 지나간다는 뜻이다. 본래는 7시 30분부터 무조건 진시(辰)라고 하지만 서울에서 태어났다면 7시 32분 정도가 되어야 진시가 되기 때문에 7시 30분은 묘시(卯)가 된다.

- **2005년 10월 14일(07시 30분) 부산 출생하였을 경우**

壬 辛 丙 乙
辰 未 戌 酉

표준 경도 127.5에 비해 부산은 129.2 정도로 6분 8초 정도 해가 빨리 지나가기 때문에 이미 7시 24분이 되면 진시에 들어선다. 같은 오전 7시 30분이지만 서울에서 출생했을 때는 묘시(卯)가 되고 부산에서는 진시(辰)가 된다. 이렇듯 시간은 태어난 지역에 있어서도 차이를 나타낸다.

생각해 보면 사주를 본다는 것이 참으로 신경 쓸 일이 한두 가지가 아니다. 하지만 너무 걱정할 필요는 없다. 복잡한 듯하지만 사주 추명 시 시간 경계선에 있는 사람들에 한하여 적용하면 된다. 또한 도표로 정리를 한

번만 해 두면 걱정할 일은 아니다.

요새는 사주학이 대중적인 학문이 되면서 일반인도 간지로 시간을 말하는 사람들이 있다. 이런 경우에는 주저하지 말고 태어난 시간을 정확히 물어봐야 한다. 간혹 미리 본인의 사주를 알고 좋은 시간으로 만드는 사람도 있다. 어찌 천명(天命)으로 내린 사주팔자를 인간의 힘으로 바꿀 수 있겠는가? 또한 내담자도 자신의 정확한 사주팔자의 추명을 위해서는 좋고 나쁨을 떠나서 정확한 시간을 말하는 것이 내 운명을 알고 개척할 방도도 생기는 것이다.

각 지역별 경도에 따른 시간의 차이

동경 127도 30분 기준(분, 초중 분미만 절사)

지역	경도	시간차이 (분/초)	지역	경도	시간차이 (분/초)	지역	경도	시간차이 (분/초)
서울	126.97	2분	부산	129.08	-6분	대구	128.60	-4분
인천	126.70	3분	대전	127.38	0분	울산	129.31	-7분
광주	126.85	3분	제주	126.53	4분	서귀포	126.55	4분
경기도								
수원	127.02	2분	용인	127.17	1분	하남	127.21	1분
고양	126.83	3분	의정부	127.03	2분	구리	127.12	1분
과천	126.98	2분	시흥	126.80	3분	의왕	126.96	2분
포천	127.20	1분	안성	127.27	1분	양평	127.48	0분
남양주	127.21	1분	파주	126.77	3분	연천	127.07	2분
충청남도								
논산	127.09	2분	천안	127.11	2분	공주	127.11	2분
서산	126.45	4분	부여	126.90	3분	홍성	126.66	3분
예산	126.84	3분	당진	126.64	3분	태안	126.29	4분

충청북도								
청주	127.48	0분	제천	128.19	-3분	옥천	127.57	0분
영동	127.78	-1분	괴산	127.78	-1분	음성	127.69	-1분
충주	127.92	-2분	단양	128.36	-3분	증평	127.58	0분
경상남도								
창원	128.68	-5분	진주	128.10	-3분	김해	128.88	-6분
밀양	128.74	-5분	양산	129.03	-7분	의령	128.26	-4분
창녕	128.49	-4분	함양	127.72	-1분	합천	128.16	-3분
경상북도								
포항	129.34	-7분	경주	129.22	-7분	구미	128.34	-3분
상주	128.15	-3분	청송	129.05	-6분	청도	128.73	-5분
칠곡	128.40	-4분	울진	129.40	-8분	울릉도	130.90	-13분
강원도								
춘천	127.73	-1분	강릉	128.87	-6분	동해시	129.11	-6분
삼척	129.16	-7분	횡성	127.98	-2분	평창	128.39	-4분
철원	127.31	1분	양구	127.98	-2분	양양	128.61	-4분
전라남도								
목포	126.39	4분	여수	127.66	-1분	나주	126.71	3분
곡성	127.29	1분	화순	126.98	2분	해남	126.59	4분
무안	126.48	4분	장성	126.78	3분	진도	126.26	5분
전라북도								
군산	126.78	3분	정읍	126.85	3분	남원	127.39	0분
김제	126.88	2분	무주	127.66	-1분	장수	127.52	0분
고창	126.70	3분	임실	127.28	1분	부안	126.73	3분

- 대한민국 시, 군별 경도 참고
- 경도는 각각의 자료마다 차이가 있으나 시간의 분과 초는 반올림하여 절사하였다.

정보의 홍수를 건너고 있는 현대에는 많은 사주 애플리케이션을 사용하여 글자만 넣으면 정돈된 사주 명식이 나오고 있다. 하지만 아무런 생각도 하지 않은 채 쓰여 있는 사주명(四柱命)을 앵무새처럼 읽어서는 안 된다. 생년월일시는 계절과 지역까지 세밀한 부분을 좀 더 살펴야만 사주 추명의 오류를 줄일 수 있다.

 같은 사주도 태어난 지역, 각기 다른 집안에 따라 사는 모습이 다른 것을 보았다. 이는 같은 화초도 어떤 환경에 놓아지느냐에 따라 꽃 피는 모습이 달라지는 것과 같은 이치라 본다. 사주학은 단순히 팔자를 보는 것에서 벗어나서 8글자가 어떤 과정을 거쳐서 탄생되었는지를 파악할 수 있다면 좀 더 정확한 사주 추명을 할 수 있다고 본다.

2장

춘하추동
사계절에 따른
일간별 용신

일반적으로는 사주의 세력과 기운을 살피지 않고 단순히 오행의 숫자만으로 비율을 정하여 신강, 신약을 판별하고 있지만 단순 숫자에 의한 신강 신약을 기준으로 십신에 의한 사주풀이와 격국 용신 또는 조후 용신 등 단순 충살의 적용으로 사주를 풀게 되면 사주의 깊은 뜻을 이해하지 못하게 된다. 또한 사주 추명에 있어서 용신을 생하는 것이 반드시 희신이 되어야 한다는 논리는 틀리다. 사주는 수학 공식이 아니기 때문이다. 용신은 일간이 그 계절에 반드시 필요로 하는 것이며 할 일이고 마음이고 정신이기 때문에 상반된 용신을 쓸 수 있고 행운 용신과 계절에 따른 용신을 각각 쓰기 때문이다. 마음이 두 개이고 하고 싶은 일이 두 개일 수 있다는 의미이다. 하절이 오면 얇은 옷을 입어야 하고 동절에는 두꺼운 옷을 입어야 한다. 또한 사주팔자는 전생의 업보라고도 하고 미래를 걸어가는 길이기도 하다. 과거, 미래를 사주팔자라는 도구를 가지고 현재 대자연의 이치를 걸어가는 것이다.

본서를 읽다 보면 사계절에 쓰임 있는 글자들이 반복적으로 나오는 것을 알 수 있다. 그것은 봄, 여름, 가을, 겨울 사계절이 반복 순환하기 때문에 쓰임이 있는 글자가 크게 벗어나지 않는 이치와도 같다. 어찌 보면 자연처럼 단순한 것이 없다. 사계절 기운을 사주팔자에 적용하여 살펴보는 연습을 끊임없이 반복적으로 해야 함은 물론이다.

일간의 특성과 본분에 따라 약간의 차이는 있지만 동절(木火土)과 하절(金水)은 수(水)와 화(火)의 싸움이라 그 쓰임이 거의 동일하지만 춘절과 추절은 금(金)과 목(木)의 싸움이라 일간과 계절의 생극(生剋) 변화의 살핌이 더욱 세밀하여야 한다. 동절은 춥고 하절은 더우니 수화(水火)의 작용이 뚜렷한 반면 봄과 가을은 주변에 세력에 따라 변화하는 모습이 다양하기 때문이다. 물(水)과 불(火)은 바로 끄고 식히지만 금(金)과 목(木)은 주변 여건을 살펴보아야 한다. 봄의 어린 금이 목을 칠 수 없고 다 자란 가을의 결실목을 약한 도끼로 칠 수 없기 때문이다. 여름에 가까운 봄, 겨울에 가까운 가을이 있다는 것을 생각한다면 봄과 가을은 기후 변화에 민감한 이치와 같다.

기르는 일간(丙戊己壬癸)과 스스로 만들어서 먹는 일간(丁庚辛)인가를 살피고 봄에는 아직 한기가 미진하므로 좀 더 보온하고 크게 해야 하므로 병화(丙)가 절대적이고, 여름에는 초열 염염하니 금수(庚辛壬癸, 申辰丑子)를 비롯하여 화(火)를 설해 주는 간지가 필요하고, 추동은 냉한 계절의 시작이므로 화와 토가(丙丁戊, 寅午戌未) 좋다. 단 간지에서 기본적으로 음양오행의 구분은 필수이다. 간단한 예로 갑인(甲寅)목과 을묘(乙卯)목의 차이를 보면 갑인목은 심지 역할을 할 수 있지만 을묘목은 습목이라 불을 꺼뜨리기도 한다. 병화와 정화(丙丁) 관계에 있어서도 병화(丙)는 봄여름에는 곡식을 익히기에 힘이 있고 꼭 필요한 존재이지만 가을 겨울에는 서산으로 넘어가는 시기이므로 힘이 더 이상 없어진다. 그때는 온난하게 해 주는 정화(丁)가 힘을 더 발휘한다. 오행도 음양 구분이 명확하여야 하며 계절에 따라 쓰임이 달라지는 것이다. 이러한 기본 사항만 명심한다면 자연론 사주풀이에 한발 다가서게 될 것이다.

사주팔자에서 일간의 합(合)은 경중의 차이만 있을 뿐이지 기본적으로 능력 감소로 보면 된다. 물론 계절에 따라 착한 합도 있다. 예로 겨울 계수가 무계합(戊癸)을 하고 있으면, 겨울 눈보라, 비바람을 다스려서 주변에 피해를 주지 않는 모습으로 착한 합이지만, 어디 계절이 한곳에서만 머물러 있는가! 봄여름에는 비를 내려서 만물을 적셔 주어야 환영받고 본인도 활동성이 좋아진다. 겨울 계수 무계합 된 사주명은 착한 성정으로 남에게 피해를 주지 않는 사람이라고 읽어 줄 뿐이지 발복의 여부는 별개의 문제인 것이다. 좋은 사주팔자는 대·세운에 따라 부딪히고 깨질 때 깨지더라도 합이 안 되어야만 어떠한 계절에서도 대적하고 싸워 볼 만한 힘이 있다. 그래서 사주팔자가 합만 안하고 있어도 좋은 사주라 하는 것이다.

인간의 삶은 대자연의 이치를 거스를 수 없다. 사계절 변화에 따라 각 일간의 계절별 특성을 이해하고 계절에 꼭 필요한 간지(干支)를 기술하였으니 참고하여 활용하기 바란다.

1.
갑목[甲]

갑목은 큰 나무, 동량지목, 소나무, 전나무로 표현되며 양목(陽木)으로 양(陽)의 기운이 솟아오르는 것을 뜻하며 굳고 단단하여 위로 향하고 토(土)를 극(剋)하여 단단하게 만들어 주는 힘찬 기운이 있다. 또한 토에 뿌리를 내려 살아가기 위한 기반으로 삼는다. 금목토(庚甲戊)가 있을 때는 금의 어머니인 무토(戊)를 극제할 수 있으니 본인이 가장 잘 낫다고 생각한다.

1) 인묘진월의 갑목

인묘진월의 갑목은 생목(生木)으로서 병화(丙)가 있어야 결실을 맺을 수가 있어 노년에 편안하다. 봄철의 어리고 여린 생목(生木)이라 금신(庚, 辛)을 극도로 두려워하며 만약 춘절의 갑목일간이 금신(庚, 辛)이 투간 해 있을 때 금신을 제하는 병정화(丙, 丁)가 없으면 대·세운에서 금신의 운이 왔을 때 흉한 일이 발생한다. 단순히 인묘진(寅卯辰) 갑목에 경신금이 없다고 정편관(正, 偏官)이 없어서 관운(官)이 없다고 표현하면 안 된다. 만약 사주 원명에 병정화를 가지고 있으면 흉신 금신이 와도 극제할 수 있는 약이 있는 격이니 사주 통변을 잘 살펴야 한다.

인월의 갑목

인월에는 조후와 어린잎을 키운다는 의미로 병화(丙)가 시급하고 계수(癸)는 지지에 암장되어 있어야 한다. 봄철 나무는 자윤해야 나무가 자랄 수 있으므로 수기가 필요하다. 수기는 천간의 임, 계수(壬癸)는 기외하고 지지의 진토(辰)로 있으면 최상의 환경이다. (丙火, 辰土)

묘월의 갑목

묘월에는 경금이 있어도 양인월(陽刃)이라 합살(合殺)할 수 있으며 인월보다 더 목기가 성하므로 반드시 토가 있어야 한다. 10천간 공히 수(水)와 토(土)의 기운은 지지에 있어야 그 기운을 제대로 활용할 수 있다. 천간은 형상으로 있는 모습이고 지지는 실현되는 일로 표현되며 물(水)이 뿌리부터 올라온다는 자연의 이치를 생각해야 한다. 인월과 마찬가지고 성해지는 싹을 키우기 위하여 병화가 필요하다. (丙火, 辰土)

진월의 갑목

진월은 토왕절(土旺)이라 목을 먼저 쓰고 병화를 차용한다. 혹시 토가 많으면 재다신약으로 표현되기도 한다. 갑을목(甲乙)으로 소토가 반드시 필요하다. 갑목이 천간에서 임, 계수(壬癸水)를 쓸 때는 하절의 갑목이 지지 조열하여 어쩔 수 없는 경우와 천간 흉신 경신금을 설기시킬 때 용(用)으로 쓰기도 한다.

또한 춘절의 갑목이 천간에서 임, 계수를 꺼리는 이유는 갑목의 제일 용신 병화(丙)를 상해시켜 결실을 어렵게 만들기 때문이다. (甲, 乙木, 丙火)

2) 사오미월의 갑목

사오미월은 수기가 절실한 하절로서 천지가 초열하여 산천초목이 모두 수기(水)를 필요로 한다.

본디 사오미월의 나무는 잎이 무성하고 그늘을 형성하고 있으나 땅속에서는 음기가 올라오기 시작하여 초열기운이 더 강하다. 자연의 이치상 나무에 병화(丙)는 아무리 더워도 흉신이 아니다. 단순 논리로 신강 신약으로 사주를 분석하면 안 된다. 갑목은 어떠한 경우에도 병화를 보아야 성공의 인자가 강하다. 그만큼 갑목에게 병화는 절대적이다. 병사고(病死庫)의 신약이라고 또 식신을 쓰냐고 할 수 있지만 사주는 단순한 십신이나 신강, 신약 격국으로만 풀어내는 학문이 아니다. 수기가 필요한 하절이라고 혹 태양을 계수(癸)가 가리고 있으면 여름이어도 무조건 계수(癸)는 흉(凶)이다.

하절 천간에 병화가 있고 지지에 수기가 넉넉하면 부를 이룰 수 있다. 수기가 필요할 때는 항상 지지에서 신진(申辰. 자수는 신이나 진이 있어야 함)의 형태로 있어야 조열 기운을 해결할 수 있는 근지가 있는 것으로 본다. 사오미 갑목이 간상에 경금이 투간 하여 시원함을 느낄 수 있지만 근지가 없으면 건명은 처자가 불미하고 곤명은 부자가 흉하다. 여름철 경금(庚)이 생기 취약하여 없어지는 현상이다. 또한 금을 용하였는데 그 근지 없으면 폐, 대장 질환에 취약하다.

사오미 갑목이 정화 투간 되면 천간 지지로 불바다가 되는 모습으로 이때는 정화(丁)를 극제하는 임, 계수가 시급하다. 대체적으로 사주에서 월지(月支)는 제강(提綱)이라 월지에서 올라온 글자는 보통은 흉(凶) 글자에 해당된다.

사월의 갑목

사월에는 열기가 왕성하여 계수(地支 辰土)로 조후하여야 한다. 진사월(辰巳)은 나무를 식목하는 계절이라 토(土)가 많으면 갑목(甲)으로 소토하고 계수(辰土)로 목의 근원을 이루어야 한다.(甲, 辰, 申)

오월의 갑목

오월은 목이 고갈되어 지지에 반드시 금(金)이 암장되어 금생수(金生水)하여야 초열한 기운에 갑목이 연소되지 않는다. 이때 계수(癸)는 하늘에서 저절로 내리는 우로수요. 임수(壬)는 퍼다 쓰는 수고로움이 있다. 지지에 반드시 신, 진, 축, 자가 있어야 나무가 연소되지 않는다.(天干, 壬, 癸水地支 申辰丑子)

미월의 갑목

미월은 토왕절이라 목이 있어서 소토하여야 하고 지지에 금수가 필요하다. 이때는 금수가 부족하면 신상에 병이 있고 몸이 마르는 현상이 있다. 뿌리가 마르고 잎이 죽는 것과 같다.(甲, 乙木 申辰子丑)

3) 신유술월의 갑목

추절의 갑목은 결실목으로서 단단하고 경정(庚丁)이 있으며 정화로 경금을 용금 성재하면 갑경정(甲庚丁)의 공로가 있다. 가을 갑목이 만약 사목

(死木)되어 갑경정(甲庚丁)을 보게 되면 대부 대귀의 권위 있는 귀명이 되게 된다. 이때 갑목이 정화(丁)만 있으면 통나무를 태워서 미련한 명이 되고 갑목(甲)이 경금(庚)만 있으면 제련되지 않은 무딘 도끼로 무식하게 치는 형상으로 폭도 기질이 있다. 추절의 갑목은 갑경정의 삼자가 반드시 같이 있어야 본인의 본분을 다할 수 있다. 가을에는 임, 계수(壬癸水)를 꺼려하여 천간에 임, 계수가 나오면 모든 일이 허망하게 되고 병화 임수가 같이 있을 때는 귀(貴)는 어려워도 부명은 된다. 혹시 병화가 투간 되었는데 신금(辛)이 간두에 나오면 병으로 고통받는 명이 된다. 가을 갑목이 지지에서 금목(金木) 상전이 되거나 신자진(申子辰) 수국을 이루게 되면 모두 흉하게 되니 천간지지의 조화를 잘 살펴야 한다.

신월의 갑목

신월은 점차 목화기가 쇠해지기 시작하여 목의 절지(絶地)에 해당하며 갑경정(甲庚丁)을 가장 상격으로 본다. 수왕하기 전에는 무기토(戊己)를 모두 싫어한다. 무기토는 모두 화 기운을 설하고 금 기운만 성하게 하는 까닭이다. (丙丁火, 庚金)

유월의 갑목

팔월은 화 기운이 쇠잔해지고 금왕절(金旺)이라 목이 상하지 않도록 조심하여야 한다. 금을 제극(制剋)할 수 있는 정화(丁)가 있으면 최고이고 정화가 없으면 병화라도 쓸 수 있다. 병화를 쓰게 되면 초년에는 고생이 되어도 차후에는 발복할 것이다.

간두에 계수(癸)가 나오게 되면 가을 비가 정화를 꺼뜨리고 병화를 어렵게 만드는 형국이다. 추절에 일점 화기가 없으면 입신 수도승이 될 것이다. 월지에서 파생된 글자는 그 힘의 크기가 유독 강하므로 유월의 계수(癸)를 제하기 위해서는 무토(戊土)가 절실하다. (丙丁火, 庚金, 戊土)

술월의 갑목

술월은 병화의 입묘(入墓)월로서 나무가 이미 쇠잔하여 단풍이 들어 색이 요란한 듯하나 왠지 쓸쓸한 기운이 있다. 술월은 토왕절이라 갑목으로 소토하고 조열토를 해결하기 위하여 지지에 습윤이 있으면 편안하다. 다 자란 나무를 재목으로 써야 하는 연고로 경정(庚丁)이 같이 있으면 귀격이다. (甲, 乙木, 丙丁火 壬水)

4) 해자축월의 갑목

동절 나무는 이미 목이 휴수(休囚)되어 활동을 멈추고 다음 봄을 기다리는 형상이다.

수왕할 때는 무토(戊土)로 제한 제수하고 정화를 온수로 삼아서 보온하게 되면 편안하게 된다. 무토, 경금, 정화가 필요하며 이때 정화(丁) 없이 경금(庚)만 있으면 우박에 해당되므로 흉하게 된다. 겨울 경금은 반드시 정화가 같이 있어야 그 존재 가치를 인정받을 수 있다.

겨울 병화는 약하여 무토가 없으면 의지처가 없는 형태로 초년에 삶이 많이 고달프다. 본래 갑목에는 병화(丙)가 좋지만 계절적으로 정화(丁)가 필요한 연고이다. 동절 갑목이 천간에 무토 없이 임, 계수(壬癸)가 중중이면 한겨울에 눈보라, 서리가 내리는 격이니 가난과 질병으로 단명하게 된다. 사람의 부와 귀가 사람의 힘으로 정해지는 것이 아니라 하늘의 명에 따라 움직이니 오행의 변화 이치를 잘 살펴야 한다.

해월의 갑목

해월은 목의 생지(生支)이지만 조후로는 한랭한 계절의 시작으로 병정화(丙丁火)로 조후가 필요하다. 해묘미(亥卯未) 목국이 되면 경금으로 제해야 하고 이때에도 정화가 반드시 같이 있어야 한다. (丙丁火, 庚金, 戊土)

자월의 갑목

자월은 수왕하여 무토(戊土)가 시급하다. 제한 제수한 후 병정화로 조후하여야 한다. 혹시 천간에 투간 되어 있지 않아도 지지에 인오술미 일 자라도 있으면 편안한 사주가 된다. 이때 오화는 혼자서는 힘 발휘가 어려워 근지가 되는 글자가 필요하다. (戊土, 寅午戌未)

축월의 갑목

축월은 섣달 한랭이 극에 달한 계절이므로 땔감으로서의 재목이 된다. 토왕절이라 목이 선용되지만 갑목 자체가 목인 관계로 화와 경금을 쓴다. (庚金, 丁火)

2.
을목[乙]

을(乙)은 갑목의 줄기 화초 넝쿨에 해당되며 갑에서 뻗어 나온 가지와도 같다. 화초지물로 표현된다. 흩어지며 유연하고 금수(金水)를 만나면 약해지고 사계절 오로지 태양화인 병화(丙)를 사랑한다. 임, 계수(壬癸)는 지지에 암장되어 있어야 하고 천간에 투간 되면 습농진 꽃 화초로 표현된다.

정화(丁)를 보면 꽃을 태우는 격으로 정화를 필요로 할 때는 흉신 금을 제할 때 외에는 쓰지 않는다. 경신금, 임수 투간 시 흉을 제하기 위하여 정화를 쓴다. 정화를 식신이라 길신이라 말하고 병화를 상관이라 흉신이라 표현한다면 그것은 사주 명리학의 기본인 음양오행을 이해하지 못하는 것이다.

병정화(丙丁火)의 음양과 그 쓰임에 대하여 기초부터 다시 숙지하길 바란다.

1) 인묘진월의 을목

을목이 시절을 만나서 활짝 피기 시작하여 병화(丙)가 투간 되어 상해가 없으면 부귀할 명이다. 만약 신금(辛)이나 계수(癸)가 투간 되면 일등 용신 병화(丙)를 어둡게 하니 일의 성사가 어렵고 고난이 많다. 또한 경금(庚)을 만나면 거대 바위 밑에 깔린 꽃으로 얼굴이 어둡고 그 바위를 뚫고 나오기 위해서 고난이 많다. 천간 합중 사계절 막론하고 갑기합(甲己)과 더불어 을경합(乙庚)은 흉한 합이다. 만약 정화를 가지고 있으면 춘절에 불에 덴 것 같은 통증은 있어도 바위 밑에서 탈출은 가능하다. 정화는 경금을 제할 수 있기 때문이지만 봄철의 정화를 써야 하므로 본인도 스스로 속이 타는 현상이 나타난다. 인묘진월에는 동절로부터 넘어온 수기의 기운이 완전히 가시지 않고 땅이 어느 정도 물기를 머금고 있는 바 많은 물이 필요치는 않다. 혹 임, 계수(壬癸)가 투간 되어 있으면 개나리, 진달래꽃을 습농 들게 하는 모습으로 무토(戊)를 약으로 써서 제해 주면 된다.

인월의 을목

인월은 아직 한기가 있어서 병화(丙)로 조후하여 온난하게 하여야 한다. 이때 수가 투간 하게 되면 연약한 춘목이 부목이 되니 수는 기외한다. 다목(多木)되면 태양화를 가리게 되니 더 많은 목은 필요치 않다. 지지에 토가 필요하고 그 토는 진토(辰)가 되어야 목을 담을 수 있다. 병화, 진토(丙火, 辰土).

묘월의 을목

묘월은 목왕절로 목이 왕성하여 병화로 설기하고 지지에 계수의 근원이 있으면 윤습한 땅에 뿌리를 내릴 수 있는 귀한 명이 된다. 혹시 경신금(庚辛) 임수가 투간 되면 봄에 진눈깨비가 오는 형상으로 냉해지기 때문에 한습한 병을 앓게 된다. 병화, 진토(丙火, 辰土).

진월의 을목

진월은 토왕절로 어느 정도의 수기를 필요로 하다. 비가 와야 초목이 자라는 이치와 같다. 토왕절에는 항상 목을 선용으로 하고 혹시 수다(水多)하면 무토(戊)로 제방해 주면 된다. 갑을목, 병화 무토(甲乙木, 丙火, 戊土).

2) 사오미월의 을목

갑목(甲)이 소나무 전나무 아름드리 큰 나무로 표현되어 사시사철 그 나무의 이름이 변하지 않지만 봄철의 을목은 개나리, 진달래꽃으로 하절의 장미, 목단꽃 등으로 비유되며 화사함의 절정을 이루는 시기이다. 사오미의 을목은 하절이라 화를 필요치 않을 것 같으나 을목만은 예외이다. 병화(丙)를 소중히 쓰고 혹 하절이라 임수, 계수(壬癸)를 필요로 할 때는 지지에 있는 것이 좋다. 천간에서 쓸 때는 병화와는 반드시 격재로 있어야 한다. 생화인 꽃이 덥다고 태양(丙)을 가리는 비가 오면 얼굴이 어둡다. 원명에서 일간의 특성과 생존를 위하여 반드시 필요한 글자에 상해를 입히는 글자는 흉 글자가 된다.

또한 하절 을목은 갑목과 달리 물이 없다고 죽지는 않는다. 꽃을 꺾어 그냥 놓아도 일주일 이상은 가는 원리와 같다. 갑목은 연소되어 버리지만 을목(乙) 자체는 습을 머금은 생명체라 수가 과해도 흉이 된다는 의미이다.

사월의 을목

병화(丙)를 득록하였으나 오미월에 비해 수(壬癸)가 많이 필요치 않다. 만일 사월 을목이 천간에서 을경합이 되었을 때 대·세운에서 또다시 을

경합이 될 경우 폐해가 크게 일어난다. 사화는 경금의 생지인 까닭이다. 좌우 화(火)왕일 때는 지지에 수의 조후가 필요하다. (丙火, 辰土, 子水)

오월의 을목

오월은 인오술(寅午戌)의 근지가 있어서 반드시 수가 있어야 조후가 되고 금생수(金生水)가 되어야 귀한 명이다. 원명에 무기토(戊己)가 만반이면 대·세운에서 수운이 와도 토가 극제해 버리므로 운을 받기가 쉽지 않다. 토가 중하면 갑, 을목(甲乙)으로 소토시켜 주어야 한다. (壬, 癸水, 申辰子丑)

미월의 을목

계절적으로 2음(二陰)의 음기가 밀고 들어오니 한 개의 양(陽)이 순순히 물러나지 않는다. 토가 후중해지니 또 다른 목(木)으로 소토해 주고 다만 목은 지지에서 상해를 입으면 안 된다. 지지는 하절 기운을 완제해 주는 수(水)가 필요하다. (甲, 乙木, 申辰丑子)

3) 신유술월의 을목

추절의 을목은 들국화, 코스모스로 가을 단풍으로 표현된다. 가을꽃은 벌, 나비가 날아들기 쉽지 않다. 가을꽃이 대운에서 가을을 다시 만나게 되면 고독하고 혼자 사는 경우가 있다. 역시 을목은 병화(丙)를 필요로 하고 경신금이 투간 되면 병고와 고난이 끊이지 않게 된다. 혹, 경신금이 투간 되면 병정화로 제해 주어야 편안하지만 추절 병화(丙)가 힘이 약하여 정화가 더 필요하다. 을목은 병화(丙)로 꽃피우고 정화는 을목을 태우는 불이지만 계절상 추절에는 정화가 더 필요하다. 항상 사계절 변화의 기운을 정확히 읽어서 음양오행의 쓰임을 인지하여야 한다. 임, 계수(壬癸)가 있으면 무토(戊)로 제방하여야 귀한 명이 된다. 이렇듯 사주 원명에 흉한 글자가 있을 때 해결이 되지 않은 사주명은 길한 운로를 만나도 크게 발휘되기 어렵다. 그러므로 좋은 사주명은 원국에서 해결을 봐야 한다.

신월의 을목

금왕(金旺)하여 목기가 쇠약하고 병정화가 있어야 보온 생양해서 길명이 된다. 가을꽃이라 외롭고 고독하므로 또 다른 목의 조력도 필요하지만 목이 있을 때는 금신의 투출이 없어야 한다. 혹 간두에 경신(庚辛)이 투간하면 임, 계수(壬癸)도 같이 쓴다. (丙, 丁火, 甲乙木)

유월의 을목

유월은 유금(酉) 기운이 태왕하여 금신이 두렵다. 혹 계수(癸)가 있으면 늦가을 생의 없는 가을꽃이 비를 맞는 듯하여 좋지는 않으나 금 기운을 설기시켜야 하므로 임, 계수를 써야 한다. 천간에 병정화가 있어야만 강왕한 금 기운을 제할 수 있다. (丙丁火, 庚辛金 투간 시 壬癸水)

술월의 을목

술월은 토왕절이라 조열토이므로 목을 쓰고 병화(丙)로 생의가 있어야 하며 지지에서 수를 써서 자윤 하여야 길명이 된다. 을목은 가급적 천간에서 임, 계수를 쓰지 않지만 경신금의 기운을 설하기 위하여 쓸 때도 있다. (甲乙木 丙丁火 壬癸水)

4) 해자축월의 을목

동절 한랭하여 을목이 휴사하니 생의가 없다. 따뜻한 온실 속의 화초 개념이다. 수왕 하므로 무토(戊)로 제한 제수를 요하고 병정화(丙, 丁火)로 화로의 역할로 삼는다. 동절의 무토와 정화는 비닐하우스와 난로와 같은 격으로 무정(戊丁)이 있는 사람은 편안하고 안락한 삶을 살게 된다. 동절의 경신 임계(庚辛壬癸)는 눈, 비, 바람, 우박과도 같은 형상이므로 원국에서 제해 주는 글자가 없으면 을목에게는 고단한 삶을 안겨 줄 것이다.

해월의 을목

임수(壬)가 득록하여 한습이 왕하면 무토(戊)로 제수하고 병정화(丙, 丁火)의 온난이 필요하다. 혹 간두에 계수(癸)가 투간 하여 무토가 합(戊癸合)해 주면 눈보라를 막아 주는 형상이다. (戊土, 丙丁火)

자월의 을목

자월은 삼동중 수가 가장 왕한 엄동설한이므로 무토(戊)로 눈보라를 막고 병정화로 조후하면 부귀명이다. 자월령에서 투간 한 임, 계수(壬癸)가 간두에 나오면 한랭한 계절에 맨발로 눈보라 속을 헤매는 격이므로 파란이 많다. 이때 지지에서 병무(巳火, 戊土)가 수 기운을 잡아 주면 근지가 잡힌 수(水) 기운이 천간에서 기운을 못 쓰는 격이 된다. 천간에서 극을 당했다 하여도 지지에서 제해 주는 글자가 있으면 그 강도가 약하다고 보는 이치와 같다. (戊土, 丙丁火)

축월의 을목

축월은 비록 냉한 토이지만 토왕절이라 역시 목(木)이 선용이고 화를 그 다음으로 쓴다. 축월은 섣달 이양(二陽) 생지라 한랭하지만 봄을 기다린 다. 병정화를 기뻐하고 계수(癸)가 투간 되면 무토(戊)를 약신으로 쓰지만 토왕절이라 무토는 선용은 아니다. (甲乙木, 丙丁火)

3.
병화(丙)

병화는 태양화로 만물을 생양하는 기운을 가지고 있다. 임수(壬)를 가지고 갑을목(甲, 乙)을 생육하는 것이 제일 본분이므로 임갑(壬甲)이 있으면 부명으로 본다. 하늘에 항상 정확하게 떠 있는 이치만큼 구름에 해당되는 신금(辛), 비에 해당하는 계수(癸) 등이 와서 합하고 가려도 노여워하지 않고 슬퍼하지 않는다. 비록 본인 마음은 아프지만 이 또한 지나가리라 생각하고 본인이 당해도 남에게 해를 가하지 않는다. 병화가 신금(丙辛)을 합하였을 때 사랑에 멍든 사람이라는 표현을 쓰기도 한다.

1) 인묘진월의 병화

춘절은 만물이 소생하여 양육을 시작하는 때이니 병화의 쓰임이 지중하다. 임갑(壬甲)을 보게 되면 부귀명이 되고 기토(己) 출간하면 낙하한 병화가 된다. 계수(癸), 신금(辛)은 모두 기외하고 지지에서 병화 근지가 되는 인목(寅)의 상해가 없어야 한다.

인월의 병화

인월(寅)은 병화가 동쪽 새벽에 떠오르는 형상으로 약하지는 않다. 인에 장생지로 계수(癸)는 흉하지만 이때 임수는 투간 하면 바다 위에 떠오르는 형상으로 활기가 있고 당당하다. 목왕절이므로 토를 선용한다. 목이 또 출간하면 태양화를 가리는 것으로 흉하다. (戊土 지지 辰土, 壬水)

묘월의 병화

묘월은 이미 화기가 땅에 이르렀다. 임수 투간 하면 귀하게 되지만 계수는 태양을 가리니 흉하게 된다. 임수(壬) 투간 시 정화(丁)가 같이 투간 하면 나의 공을 탈취당한 형상이다. 수다(水多)하면 무토(戊)로 제수하고 목국을 이루고 있으면 토로 수용하여야 한다. 목왕절이라 지나치게 목왕 하면 경금(庚)으로 제벌해 주어야 한다. (甲, 戊, 辰土)

진월의 병화

진월은 양기가 오양(午陽)으로 솟아올라 있으나 수기가 내장되어 있는 토왕절이며 사계절 중 가장 좋은 계절이다. 토가 두터우면 화가 회기(晦氣)되니 갑목(甲)으로 소토하여 주고 임수가 있으면 좋다. 을목은 소토의 기운이 약하지만 갑이 없을 때는 을목이라도 취용한다. 목을 용신으로 잡고 나면 갑목(甲)을 극제 하는 경신금(庚辛)은 흉하다. (甲, 乙, 木)

2) 사오미월의 병화

하절 병화는 하루 중 한낮에 뜨는 태양을 상징하고 병화가 열왕 하고 만물이 초열 하니 반드시 수(水)를 보아야 한다. 이때도 계수는 기외하고 반드시 임수(壬)이어야 한다. 천간에 임수 투간 하고 근지가 되는 신금, 진토

(申辰)가 있으면 상격이다. 사오미 월령 자체에 화토(火土)가 암장되어 있으므로 무기술미토(戊己未戌土)는 겨울 기운이 오기 전에는 흉신이다. 겨울에는 태양이 할 일이 없어지고 얼굴이 드러나지 않아도 인오술미(寅午戌未)가 난로와도 같은 역할이기 때문이다.

사월의 병화

사월은 병무(丙戌)가 득록하니 임수(壬)가 반드시 필요하고 임수의 근원이 되는 경신금(庚辛)이 필요하다.

같은 하절이라도 사월은 경금의 생지라 임수의 근원이 된다. 계수(癸) 없이 무토(戌)를 보게 되면 산 넘어가는 태양이 되어 기운이 쇠해진다. 사월 병화가 신강해서 설기시키는 기운이 좋다 보면 안 된다. 사계절 통틀어 병화는 무토(戌)가 있으면 대체적으로 좋은 기운이 많다. 흉신 계수(癸)를 잡아 주고 신금(辛)을 매금시키는 역할을 한다.(壬水, 甲木)

오월의 병화

오월은 병화(丙)가 록왕하다. 열기가 지극히 왕하여 반드시 임경(壬庚)이 투간 하여야 상격이 되며 반드시 임경(壬庚)은 지지에 근지가 있어야 한다. 오월에는 특히 임수, 경금은 쓰임이 지중 하지만 근지가 없으면 오월 열화에 녹고 고갈되어 없어지기 때문이다. 혹 오월 병화가 지지에서 간혹 불이 나도 본인 속은 타지만 죽지는 않는다. 하늘의 태양이 땅에서 불이 나도 속만 좀 탈 뿐, 태양은 떠 있을 뿐 일이 생기지 않는 이치와 같다. 그러나 경금은 땅에서 불이 나면 사망하기도 한다.

일간의 특성을 살펴야 할 것이다.(庚金 壬水)

미월의 병화는 오월과 대동소이하나 이때는 토왕절이므로 반드시 갑목 (甲)으로 소토하고 임경(壬庚)이 있으면 길명이 된다. 혹 해묘미(亥卯未)되어 목국이 성하면 경금으로 간벌이 필요하다. 목다(木多)하면 목은 수(水)의 기운을 설하기 때문이다. (甲, 乙木, 庚金 壬水)

3) 신유술월의 병화

추절은 화기가 점점 쇠하므로 갑, 을목(甲乙)으로 생조하고 임수(壬)로 갑, 을목을 부양하면 가을에 곡식을 거두는 의미가 있어 부귀명이 된다. 추절 병화가 갑(甲)이 없고 을(乙)이 있으면 재물의 변화가 많으니 유의하여야 한다. 추절은 특히 화기가 약하니 계수, 신금, 기토(癸辛己)는 꺼린다. 특히 기토는 임수를 탁임시키니 가을 병화가 임수 투출 시 기토 투간 되면 가지고 있던 명예로 인하여 곤혹을 치루는 경우가 많다. 항상 원명에서 일간에 해를 주는 글자는 반드시 대·세운에서 글자의 변화 작용을 살펴야 한다.

신월의 병화

신월은 병화가 점점 약해지므로 갑임(甲壬)이 같이 있어야 길하지만 임수(壬)가 없다면 부(富)는 한다. 만일 지지 신자진(申子辰) 수국(水局)이 되면 무토(戊)가 투간 되어 제해야 한다. (甲木, 戊土)

유월의 병화

유월은 병화는 사궁(死)이 되고 정화(丁)가 생하는 시기로서 금왕절의 기운을 제하기 위하여 정화도 쓴다. 이때 오미(午未)가 통근하면 정화의 도움으로 큰 부를 이루기도 한다.

양이 음의 도움을 받으니 치사하지만 추절 병화가 정화가 있으면 항상 조력자의 도움이 있어서 귀하다. 병화는 갑목(甲)이 있어야 결실할 수 있다.(甲木, 丁火)

술월의 병화

술월은 하루 시간 중 오후 19시 30분~21시 30분의 태양을 상상하면 이해가 빠르다. 태양이 회화(晦火)되어 얼굴이 없다. 태양이 서산 넘어갔다고 표현하기도 한다. 토왕절이라 갑을목(甲乙)을 선용하고 텁텁한 조열토의 계절이라 천간에서 임수(壬)도 쓴다. 천간임수의 뿌리 신금(申)이 지지에 있으면 더욱 유용하다.(甲, 乙木 壬水)

4) 해자축월의 병화

동절은 화기가 쇠하고 만물이 휴수 되는 시기이므로 병화의 존재 가치가 미미하다. 병화는 다시 올 봄을 기다리고 사는 명이 되므로 굴신상감(屈伸相感)의 지혜를 가져야 할 때이다. 수다하면 무토로 제방하여 갑목(甲)을 심으면 초년고생은 있어도 부귀하다. 만약 겨울에는 신, 계수(辛癸)을 본다면 일의 성사가 매우 어렵다. 대·세운에서 정화(丁) 무토(戊)가 올 때 밝아진다.

해월의 병화

해월은 임수가 록왕하나 한습하여 무토(戊)로 제한 제습하고 갑목(甲)으로 근지를 이루면 귀명이 된다. 혹 해묘미(亥卯未) 목국을 이루면 경금으로 제벌해 주어야 하고 정화와 경금이 같이 투간 되면 길명이다. (戊土, 甲木)

자월의 병화

엄동설한의 자월은 무토(戊)로 제방하여야 하지만 특히 자월 병화는 지지에 무토의 근지가 되는 술토(戌)가 반드시 있어야 한다. 지지에서 진토(辰)도 왕한 물을 잡아 줄 수는 있으나 진토는 본래 습토이고 수의 고장이라 해당육친의 노고가 따른다. 진술축미(辰戌丑未) 각각의 특성과 성분을 구분 지어서 사용하여야 한다. (戊土, 丁火, 甲木)

축월의 병화

축월은 동토(凍土)의 이양(二陽)이 시생하여 삼양(三陽)의 준비를 기다린다. 토왕하여 갑, 을목(甲乙)을 선용한다. 축월 병화가 기가 쇠잔하여 반드시 목이 필요하고 축월은 사유축(巳酉丑)과 동시에 금기가 투간 하면 겁재인 정화(丁)의 도움이 절실하다. (甲, 乙木, 丁火)

4.
정화[丁]

정화는 활화이며 등촉화로 지상에서는 모닥불이며 천상에서는 별빛과 같다. 갑목(甲)이 있으면 활화가 된다. 정화는 특히 계절의 기운, 속성과 용도를 명확히 하여야 한다. 정화는 갑경(甲庚)이 필요하니 3자의 움직임을 살펴야 한다. 목왕절 정화가 경금 없이 갑목만 있다면 심지 역할을 하기 어려우므로 통나무를 불에 넣는 격이 된다. 제대로 타지는 않고 연기로 눈물만 나게 된다. 갑목을 심지로 쓸 때는 신유술 해자축(申酉戌 亥子丑) 갑목이 심지가 됨을 주의하여야 한다. 계절의 기운을 살피지 않고 단순히 정인(正印)이라 하여 정화가 갑목을 보면 좋다고 표현하면 안 된다. 정화는 경금(庚)을 봐야 정당한 본인의 할 일이며 혹 간두에 신금(辛)이 있으면 이미 만들어진 보석, 주옥에 또 불(丁)을 갖다 대는 격이니 쓸데없는 짓을 하는 형상으로 본인도 망치고 남도 망치는 격이 된다.

1) 인묘진월의 정화

진월은 제외하고 인묘월은 목왕절(木旺節)이므로 반드시 화와 토가 필요하고 목다(木多)하면 경금(庚)으로 제벌하여야 한다. 갑경이 있어야 하고 토신(戊)이 있으면 격이 높다. 만약 임수(壬)가 투간 하면 본분을 잃게 된다. 신금, 계수(辛癸)가 있으면 가난과 병고에 고난이 있다. 춘절에는 혹 목이 투출하면 반드시 경금(庚)이 있어야 하고 을목(乙) 투간 하면 정화의 본분인 경금을 합하므로 을목 투간을 꺼린다. 무토(戊)만 있어도 부유명이다.

인월의 정화

인월은 병화 장생지(生地)이나 정화는 사지(死地)에 해당된다. 새벽녘에 태양이 떠오를 때 별빛은 빛을 잃어 가는 이치를 생각해 보아라. 미미한 정화에 해당한다. 이때는 목왕 하므로 반드시 경금(庚)이 투간 하여야 하고 간두에 경금 없이 갑목(甲)이 투간 하면 통나무를 태우는 미련퉁이가 된다.(庚金, 戊己土)

묘월의 정화

묘월은 절기상 경칩의 시작으로 인월의 목은 땅속에서 준비하는 목으로 표현되지만 묘월은 본격적으로 싹이 나오기 시작하는 때라 토(土)가 유독 약해지는 시기이므로 토를 필요로 한다. 이월 을목(乙木)은 수기(水氣)를 머금은 음습목(陰濕木)이 되어 목이 목생화가 잘 안된다. 잘 타지는 않으면서 연기만 나므로 눈물만 나게 한다. 수를 꺼려하고 목왕할 경우 경금(庚)으로 제벌해 주어야 한다.(戊, 己土, 庚金)

진월의 정화

진월은 토왕절이므로 정화의 화기가 점점 쇠약해진다. 갑목으로 소토 인화 하여야 한다. 이때 을목은 습목에 해당되므로 심지 역할로 쓰기에는

무리가 있다. 신자진(申子辰)의 수다하면 토로 제방하여야 길하다. (甲, 乙木 戊土)

2) 사오미월의 정화

하절은 그 자체로 화기가 자왕한 계절이므로 정화의 쓰임을 필요로 하지 않는다. 한여름에 지상에 모닥불을 피우는 격으로 천대받고 놀림의 대상과도 같다. 또한 하늘의 태양(丙)이 있는데 그 옆의 별(丁)이 빛이 나겠는가. 하절 정화는 약한 정화이므로 반드시 심지(木)가 있어야 하고 경금(庚)이 있어야 길명이 될 것이다. 사오미월에는 경금(庚)의 순일함을 필요로 한다.

사월의 정화

사월은 갑경(甲庚)을 필요로 하고 사월에 경금(庚)이 투간 되면 그 세력이 강하므로 갑목으로 심지를 삼아야 한다. 사월 정화가 심지인 목(甲)이 없이 경금(庚)이 투간 되면 할 일은 있는데, 힘이 미약하여 본분을 못하는 명이 된다. 사월은 금(庚)의 생지(生)가 되므로 반드시 정화가 힘이 있어야 할 일을 한다. 지지에서 금국(金局)을 이루었을 때는 오미(午未) 통근을 하여 금국(金局)을 제해 주어야 한다. (甲庚)

오월의 정화

오월은 정화가 록왕하다. 화왕절이라는 이유로 갑(甲) 없이 임, 계수(壬癸)가 투출하면 약한 정화를 꺼뜨리는 격이 된다. 만일 임, 계수 투출해도 갑목(甲)이 있으면 통관 역할이 되어 길하다. 목이 없는 상태에서 덥다고 천간에서 물을 부으면 미미한 정화가 더욱 약해지는 이치이다. 불필요한 계절 정화여도 사계절은 변화, 순환하므로 곧 정화의 계절이 오게 되어 있으므로 원국에서 꺼져 있으면 안 되는 이치와 같다. 오월은 경금(庚)이 약해지므로 갑목(甲)이 없어도 정화가 경금을 제련할 수 있다. 만약 정화가 조열하다면 지지에서 다스려 주어야 한다. 오월도 갑경(甲庚)을 필요로 한다. (甲庚)

미월의 정화

미월은 오월과 거의 대동소이하나 토로 인하여 정화의 회기를 막기 위하여 갑목(甲) 선용하고 경금(庚)이 있으면 귀격이 된다. 미월 조열 기운이 화왕 하여 수기가 필요하며 반드시 지지에서 다스려 주어야 길하다. (甲庚 申辰丑)

3) 신유술월의 정화

신유술은 금왕절이라 금기가 왕하니 정화가 쓰임이 있다. 하지만 심지(甲)가 없으면 제 할 일(庚)을 못하니 심지가 되는 갑목(甲)을 선용하고 그 다음에 경금(庚)을 쓴다. 혹시 임수(壬)가 투간 하면 경금을 제련하기 힘들어 정화가(丁壬) 합이 되어서 본분을 상실하게 된다. 혹 추절 정화가 무기토가 출간하면 정화에 흉신인 임, 계수(壬癸)를 막는 역할을 하니 머리가 좋은 사람이다. 갑이 없으면 을목도 용한다. 추절의 을목(乙)은 섶목이라 불심지 역할을 하는 연유이다. 하지만 을과 경금은 격위로 있어야 좋다.

혹 경금과 을이 합(乙庚)되어 있으면 원동력과 심지를 동시에 잃어버린 격이 되니 무용지물이 되어 미련한 사람이 된다.

신월의 정화

본디 정화는 신월에는 음포태로 욕지 해당하지만 음 일간의 12포태의 기운은 계절의 세력을 좇는 경향이 있어서 계절의 변화를 잘 읽어야 한다. 신은 경금(庚)에 뿌리가 되므로 신월의 정화 일간은 귀한 명이 많다. 신월의 정화는 시급히 심지가 필요한 바 갑, 을목(甲乙)을 먼저 쓰고 경금(庚)이 있어야 벽갑인화(劈甲引火) 할 수 있다.

신월이라 신자진이 되고 간상에 임수(壬)가 투간 하면 무토(戊)로 제방해 주면 길명이 된다.(甲乙木, 庚, 戊)

유월의 정화

유월도 신월과 거의 대동소이하다. 갑경(甲庚)이 가장 필요하다. 물론 정화가 생한 계절의 기운이 중요하지만 항상 갑경을 떼어 놓을 수가 없다. 유월에는 기온이 급격히 하강하여 무토(戊)를 쓰게 되면 병화(丙)가 있어야 무토에 기운을 불어 넣는다. 본래 정화는 무토를 생하지 못하지만 추절에는 정화도 가(可)하다. 유월에 병화는 힘이 미약하여 병화가 같이 투간 하여도 정화가 병화에게 실기될 염려는 없다.(甲, 乙, 庚金, 戊)

술월의 정화

술월은 토왕절이므로 목(甲)을 선용한다. 갑목으로 소토하고 경금으로 벽갑인정(劈甲引丁)하여야 길명이 된다. 혹 토왕절이라 토다(土多)하면 정화가 지나치게 기운을 설기하여 약하게 된다. 또한 술월(戌) 홍로토가 왕양하니 지지에서 수도 필요한 시기이므로 왕한 토가 수를 극제함을 염려하는 시기이므로 지지에서 수기도 있으면 길명이다. (甲, 庚)

4) 해자축월의 정화

동절 정화가 계절의 귀한 불이기는 하나 심지(甲)가 없으면 겨울을 밝게 밝힐 수가 없으므로 목(甲)이 가장 중요한다. 겨울 산에 마르고 건조한 갈초도 쓴다는 의미로 을목(乙)도 귀한 땔감이 되지만 을목은 순간 불이 잘 붙어도 불꽃이 오래 가지는 않는다. 어떤 일간이든 을목을 재물로 쓸 때는 재산의 흐름이 변동이 많음과 상통하는 이야기이다.

갑(甲)을 먼저 쓰고 경금(庚)을 쓰며 혹 수왕 계절에 경금을 금침시킬 우려가 있으므로 반드시 무토(戊)를 쓴다. 혹 경금만 있고 갑이 없으면 할 일이 있어 성실하기는 하나 곤고함이 있고 갑목만 있고 경금이 없다면 활인(活人)하는 직업을 가지기도 한다. 동절에는 갑(甲)이 없을 때는 을목을 쓰기도 하지만 경금(庚)과는 떨어져 있어야 한다. 동절에는 축월(丑)을 제외하고는 반드시 무토가 있어야 한다.

해월의 정화

해월 동절 수왕절이지만 해중(亥)의 갑목(甲)이 수(水)를 설기시켜서 해월은 수가 강한 수왕절은 아니다. 갑목(甲)을 우선 쓰고 경금(庚)을 쓴다. 해월이라 목왕의 기운이 왕해지면 경금을 먼저 쓸 수 있다. 수왕하면 병무(丙戊)를 쓴다. 한서왕래를 원명에서 무마시킬 수 있는 글자가 있느냐에 따라 운의 파동을 겪는다. 이때 기토(己)는 불길하다. 용신 갑목을 합거(甲己)시키는 까닭이다. (甲, 庚, 丙, 戊)

자월의 정화

자월은 중동 수왕 한랭하여 무토(戊)로 제방하여 부목이나 금침의 우려를 막아야 한다. 무토로 제한 제수 후 갑과 경금을 쓴다. 자월에는 무토 없이 갑(甲)과 경금(庚)만 있으면 운에 기복이 많다. 항상 대·세운에서의 상호 변화 작용을 살펴야 한다. (戊, 甲, 庚)

축월의 정화

축월은 만물이 동빙 되어 축토의 한랭을 소토시켜야 하므로 목(甲)을 선용하여 심지로 삼아야 한다. 간혹 정화(丁)에 갑목(甲)을 보면 통나무를 태워서 흉으로 보기도 하지만 동절의 목은 마르고 건조한 나무이기 때문에 통나무로 비유하지 않는다. 정화를 생하고 축토를 소토하는 역할이다. 혹 간두에 병화(丙)가 투간 해도 정화(丁)가 쓰임이 있으니 군계일학의 능력이 있다. 축월이라 수기가 왕해지면 병무(丙戊)도 같이 쓴다. (甲, 丙, 戊)

5.
무토[戊]

무토는 산토로서 후중한 지리산, 설악산에 비유한다. 만물을 양육하고 결실하는 것이 본분이며 깊은 산일수록 감추는 것이 많다. 무토에는 반드시 목(甲)이 필요하지만 갑목 없이 을목(乙) 꽃만 있을 때는 잡풀이 무성한 야산이 된다. 을목은 보기는 아름다우나 결실 없는 꽃 화초에 비유하기 때문에 노후에는 처량하게 된다. 또한 목다(木多)하면 산이 보기는 좋지만 태양화(丙)를 가리기 때문에 적당한 나무가 필요하다. 무토의 두 번째 본분은 임, 계수(壬癸)를 제방제수 하는 것이다. 하지만 간두에 임, 계수가 같이 투간 하면 돈이 많든 적든 재물에 대하여 항상 걱정을 많이 한다. 혹 진술축미월(辰戌丑未)의 무토가 갑목 없이 경신금(庚辛)이 투간 되어 있으면 광산금으로 보기도 한다. 꽃나무 태양이 있어서 풍광이 좋은 산도 있지만 바위 암석으로 이루어진 멋진 산도 있는 것이다. 자연의 모든 이치는 여러 형태로 나타는 것을 유념하면 좋을 것이다.

1) 인묘진월의 무토

춘절 무토가 땅속에서 생의가 점차 살아나는 계절이다. 춘산에 목화가 활기차고 밝다. 인묘월은 목왕절이라 토가 약해지므로 목을 담을 수 있는 토를 생조 하는 병화(丙)가 절대적이다. 갑병(甲丙)이 필요하고 계수(癸)가 지지에서 있으면 춘산이 옥토가 되어서 아름다우니 젊어서는 학문이 좋고 노후에는 재물이 유여하고 편안할 것이다. 하지만 병화를 해하는 신금, 계수, 기토(癸辛己) 중 일자라도 있으면 처음에는 보기 좋으나 종래에는 남는 것이 없다. 또한 인월의 갑목은 여린 나무이기 때문에 경금(庚)이 투출하여 갑목을 상해시키면 허망한 운이 된다. 목왕절이라 목을 흉으로 보면 안 된다. 춘절에 병화가 아니고 정화(丁)가 있으면 춘산에 불난 격이라 매우 흉하다. 다만 운로가 해자축으로 흐를 때는 정화도 쓰임이 있을수는 있지만 원국에서 인월에 있는 정화 불은 거의 흉한 글자이다.

해자축 대·세운에서는 나쁜 정화(丁)를 꺼 주어서도 좋고 겨울운을 정화가 따뜻하게 해 주었다고 해도 맞는 말이다.

인월의 무토

정월은 병무가 장생지에 해당하지만 한기가 남아 있어서 병화(丙)가 필요하고 갑목(甲)으로 생조한다.

이는 춘산을 태양이 비추는 형상으로 아름답다. 이때 수가 필요 시 지지에 있어야 아름답다. 천간에서 계수(癸)가 투간 하면 무계합(戊癸)으로 잡혀 버린 무능력한 쓸모없는 산토가 된다. (丙, 甲地支 辰土)

묘월의 무토

묘월은 인월과 거의 대동하지만 묘월은 인월에 비해 나무의 새싹이 좀더 위로 나오기 시작하여 토가 더욱 약해지므로 화토(火土)를 동시에 쓴다. 특히 월령이 묘월이므로 해묘미(亥卯未)의 기운이 있으면 토가 절대적으로 필요하게 된다. 혹 지지에 진토(辰)가 있어서 진토를 용하게 되면 대·세운에서 해묘미 운이 왔을 때 진토가 위치해 있는 궁을 살펴서 해당 육친의 변화 작용에 주목하여야 한다. (丙火, 戊土, 地支辰土)

진월의 무토

꽃피는 춘삼월이라는 말이 진월을 상징한다. 토가 왕하고 오양지(午陽)의 기운이 시작된다. 토왕절이므로 갑목(甲)으로 소토한다. 소토의 개념은 두터운 토를 조금 약하게 한다는 의미이다. 병화(丙)로 난조한다면 아름다운 봄 동산이다. 혹 진월 무토가 갑병(甲丙)이 간상에 없고 경금(庚)이 있으면 바위산이 되어서 산속에 금광이라도 캐야 하므로 갑병이 있는 무토보다는 노고가 더 따른다. (甲, 丙 甲丙 無 庚金)

2) 사오미월의 무토

하절의 무토는 만물이 성장, 무성하고 물생이 확장, 번창을 누리는 계절이다. 무토의 아름드리나무는 진초록이 되고 번창을 누리는 시기이다. 하절에는 화가 왕성하여 모든 생물이 수(水)를 갈구하여 왕화(旺火)를 왕수(旺水)가 완충시켜야 하는 시기이다. 하절의 무토가 수가 없으면 물생을 생육시키는 데에 큰 장애가 생긴다. 수는 지지(地支)에 있는 것이 좋고 하절에는 불가피하게 천간에라도 있는 것이 좋다. 본래 임수가 투간 되면 산 위에 물이 있는 모습으로 큰물이 산꼭대기까지 출렁대는 현상이므로 물을 막기 위해 무토의 노고가 있다. 혹 간두에 병정화(丙丁)가 투간 되었으면 병화는 약신이지만 정화(丁)는 반드시 흉신이 된다. 정화는 하절 산토에 불을 지르는 현상과 같은 것이다. 여름 산토라도 하늘에 태양이 있어야 좋은 이치와 같다.

사월의 무토

사월은 병무(丙戊)가 왕양하여 지지에 수기가 암장되어 있어야 한다. 진사월(辰巳)에는 나무를 심어야 하는 원리로 사월 무토는 갑병(甲丙)이 있어야 한다. 사월 무토가 수기가 필요해도 간두에 계수(癸)는 불허한다. 하절 산을 무능력하게 만들어 버리는 형상이다. (甲, 丙 地支 申辰)

오월의 무토

오월은 화열이 극에 달하니 조후가 시급하다. 임, 계수(壬癸)를 쓰고 금(庚辛)으로 수원을 이루어야 한다. 하절이라 천간에서 금수도 가능하지만 지지에서 해결된 명이 길명이다. 이때도 갑병(甲丙)은 흉신은 아니다. 갑목은 무토의 본분이고 병화의 필요성은 여름에 병충해를 막아 주기 위하여 필요하다. 이때 임수가 간두에 나오고 지지에 그 근지가 되는 신진(申辰)이 있으면 부귀 명이 된다. (壬庚, 申辰)

미월의 무토

미월은 오월과 거의 대동소이하나 토가 후중하여 목(甲)으로 소토해 주고 화염지절이므로 수를 쓰고 금으로 수원을 이루어 주면 편안하다. 유념하여야 할 것은 목을 쓰기 때문에 금수가 태왕하면 사주의 급이 떨어진다. 하절에도 금수가 태과하면 여름 하늘에 우박, 서리가 내리는 것으로 작물에 피해를 주기 때문이다. (甲木, 壬庚)

3) 신유술월의 무토

추절 무토(戊)는 단풍이 들어 풍광이 좋아 고요하며 운치가 있다. 서늘한 기운이 감돌아 곧 다가올 겨울을 맞이하여 만물이 가을걷이하는 때이므로 약해지는 태양빛을 받기 위하여 노력하는 시기이다. 여름 산에는 오래 머물고 쉬어 가는 가지만 가을 산은 단풍 들어 풍광이 아름답기는 하지만 오래 머물러 있지는 않는다. 또한 가을 산에서는 도토리, 밤 등 온갖 결실물을 주워 가므로 뺏길까 노심초사하여 추절 산토들은 투쟁적인 성향들을 가지고 있다. 텅 빈 가을 산을 갑목과 병화가 생조해 준다. 이때 병화를 상해 입히는 계수(癸)가 투간 되면 일간 자신이 몸을 희생하여 태양을 보호하는 선한 사람이다. 하지만 운로가 봄여름으로 흐를 때는 일을 안 하고 합(戊癸)하고 있으니 무능력한 사람으로 본다. 반드시 합의 기운도 월지 계절에 따라 구분 지어야 한다. 가을 산에는 병정화(丙丁)를 다 쓰지만 특히 정화(丁)는 간두에 경금(庚)이나 임수(壬)가 출현되었을 때 쓴다.

신월의 무토

신월은 금수가 당권하여 화기가 점쇠하여 병화를 우선 쓰고 갑목을 쓴다. 금(金)의 기운을 설해 주기 위하여 수도 쓰지만 지지에서 쓴다. 임수는 목을 생하고 금을 설해 주며 병화와 좋은 관계이지만 계수는 병화를 가리고 무토를 합시키기 때문에 흉하다. (丙, 甲)

유월의 무토

유월은 신월과 대동하다. 갑병이 있어야 하며 혹 사유축(巳酉丑) 금국을 이루게 되면 병화를 먼저 쓰고 갑을 차용한다. 금왕절의 금은 흉물이므로 금을 극제 하는 화를 쓴다. 이때는 무토의 속은 타지만 어쩔 수 없이 정화도 쓴다. (甲, 丙, 丁)

술월의 무토

술월은 화기가 고장된 토왕절이며, 계절로는 한로 상감으로 냉한 기운이 올라오지만 지지는 조열하여 땅은 마르고 열이 나므로 소토를 위하여 갑목(甲)을 선용하고 조열 기운을 습윤하기 위하여 지지에서 신진(申辰)을 용한다. 일점 수기가 없을 때 대운에서 갑자기 수운을 만나게 되면 위험하게 된다. (甲, 壬水, 丙火 申辰丑)

4) 해자축월의 무토

동절의 무토는 천기가 냉후하고 한랭하여 만물이 휴수 시기이므로 동면(冬眠)에 들어가게 된다. 보온하여야 하므로 시급히 조후가 필요하다. 동면자들에게는 돌아올 봄까지 동사하지 않기 위하여 병정화(丙丁)가 절실하다. 동절 병화는 힘이 미약하므로 정화를 우선하고 심지가 되는 갑, 을목(甲乙)을 소중히 쓴다. 동절 무토가 갑병(甲丙)이 있는 사람은 소시에는 고난이 있지만 중후에는 발복하는 명이고 정화(丁)가 있는 사람은 소시에는 편안하고 즐겁지만 중후에는 고난이 있으니 계절에 따른 오행 음양 관계의 상호작용을 살펴야 한다. 동절 무토는 간상의 임계, 경신금(庚辛壬癸)은 모두 우박, 서리, 눈보라로 상징되어 흉물이며 정화로 다스려 주어야 사주가 편안해진다.

해월의 무토

해월은 이미 냉기가 흐르니 갑병(甲丙)으로 한기를 극제 해 주고 만일 경금(庚)이 투간 되면 반드시 정화(丁)로 다스려 주어야 한다. 겨울 병화는 힘이 미약하여 구제할 수 없다. 병화는 오는 봄을 위하여 필요하다.(甲, 丙, 丁)

자월의 무토

자월은 삼동(三冬) 중 가장 수왕하고 엄동설한이라 만물이 얼어붙고 물생이 어려워서 물을 제해 주는 무토(戊)를 써야 하지만 일간이 무토 이므로 또 토를 선용하지는 않는다. 지지에 술토(戌)가 있으면 최고의 구원군이다. 무토의 기운을 도와주는 갑, 병(甲丙)이 있어야 한다.(甲, 丙, 戊)

축월의 무토

축월은 본디 이양시생(二陽始生)하지만 양이 올라오면서 음을 밀어내니 음이 순순히 자리를 내주지 않는 연고로 더 춥다. 축이 동토(凍土)이긴 하나 갑목이 우선이고 회춘을 기다리는 병화가 좋다. 겨울 산에 봄을 기다리는 나무와 태양이 있으니 운로만 좋다면 부귀 겸전하는 명이다.(甲, 丙)

6.
기토[己]

기토(己)는 전답 농지토이다. 만물을 포용하고 자양한다. 병화(丙)로 갑목(甲)을 기르는 것이 본분이며 운은 인묘진 사오미… 순류로 흐르는 것이 좋다. 무토는 수(水)를 방제하고 목(木)의 극을 받으면 서로 기뻐하지만 기토는 수(水)를 보면 풀리고 목(木)의 극을 받으면 갑목의 기능을 감소시키기도 한다. 기토 스스로는 큰 재물을 얻은 듯하지만 생목을 기갑합(己甲)했을 때는 주변에서 원구를 살 수도 있다. 또한 무토(戊)는 진술 충(辰戌)이 되면 태산이 무너지는 불측지화가 있으나 기토(己)는 축미(丑未) 충을 기뻐하여 발양하고 배양하는 의미가 있다. 갑병(甲丙)이 있어서 결실을 할 수 있으며 을병(乙丙)이 있으면 문화, 예술 방면에 두드러지기도 한다. 기토(己)는 특히 임경(壬庚)이 있으면 옥토가 분파되므로 단순한 십신(十神)으로 접근하면 안 된다. 기토는 어느 때를 막론하고 갑, 병화(甲丙)를 첫째로 쓴다.

1) 인묘진월의 기토

춘절은 만물이 시생하는 시절이지만 봄의 시작이라 모든 것이 어리고 여리다. 춘절은 목왕절이므로 기본적으로 기토(己)는 부담스럽다. 갑병(甲丙)이 반드시 필요하고 어린 나무이기 때문에 간상에서 경신금(庚辛)을 보면 흉하다. 경신금이 투간 되면 경금은 어린 나무를 베는 격이요, 신금(辛)은 제일 용신 병화(丙)를 합하여 못 쓰게 만든다. 부지런히 일해도 이루는 것이 없게 된다. 혹 인묘월에 경신금이 투간 되었을 때 정화가 같이 나오면 경신금을 제하여 좋기는 한데 춘절에 타는 불 정화를 써야 하므로 본인도 속이 타는 현상이 나타난다. 이것을 부득불(不得不) 용신이라 표현한다.

간두에 갑을목(甲乙)이 투출하고 지지에 또 목국이 되어 있어도 지지에서 사유축(巳酉丑)으로 인하여 상해를 받으면 처음에는 그럴듯하여도 종래에는 결실목이 파패 되어서 거둘 것이 없다. 인묘월은 목왕절이라 토가 약해지므로 기토(己)가 필요하고 쓰임이 있는 계절에 나와서 귀하기는 한데 상생 관계의 도움인지 유행지기의 흐름인지를 살펴야 하는 대표적인 일간이다.

인월의 기토

인월은 봄의 시작이지만 한기미진 하여 반드시 병화(丙)가 있어야 한다. 12포태법에 의하면 기토는 인목(寅)에 사지(死)에 해당하나, 음 포태는 단순히 세력만 보고 판단하는 경우가 많으므로 계절의 기류를 살펴서 판단한다. 병화가 없을 때는 인중(寅)의 병화(丙)도 쓴다. (丙火, 戊土)

묘월의 기토

인월은 땅속에서 싹이 나오려고 준비하는 과정이며 묘월은 싹이 나와 있는 현상으로 실재는 묘월의 기토가 더욱 약하다. 병화(丙)가 절대적으로 필요하다. 혹 간두에 갑목이 있는데 또 다른 기토가 있을 때는 군비 쟁재 (群比爭財) 현상이 일어나서 재물을 탈취당할 수도 있다. 병화가 정용신이

지만 임경(壬庚)이 투간 되어 정화로 임경을 제(制)할 때는 부득불 정화도 쓴다. (丙, 戊)

진월의 기토

진월은 오양지토(五陽之土)로 온토이며 힘이 강하고 좋은 토이다. 기토가 힘이 있는 좋은 계절에 생하였다. 갑목(甲)을 먼저 쓰고 병화(丙)가 절대적으로 필요하다. 근지에 생하였다 하여 병화가 필요치 않다는 논리는 안 맞다. 단순 신강 신약이 아니라 상생 관계의 변화인지 유행지기의 도움을 받는지를 알아야 한다. 봄 비를 필요로 하여 계수(癸)가 투간 되면 병화(丙)와는 격재로 있어야 한다. 계수(癸)는 불이 난 경우를 제외하고는 지지에 있는 것이 좋다. 갑목이 없으면 게으른 사람이다. 진월이므로 신자진(申子辰)이 되어 있고 혹 간두에 임수가 나와 있으면 무토(戊)로 제방해 주면 좋다. (甲, 丙)

2) 사오미월의 기토

사오미 하절은 화가가 방창하여 만물이 펼쳐지는 생동감 있고 염염한 계절이다. 화토(火土)가 왕해지는 계절이니 수(水)가 반드시 필요하다. 하절에는 병화가 있고 갑을목(甲乙)이 투간 되어도 지지에 금수가 없으면 소용이 없다. 하절의 기토는 수를 먼저 쓴다. 혹 간두에 경임(庚壬)이 필요할 때는 병화가 같이 있어야 하고 병화 없이 경임만 있으면 생각은 있어도 현실에서 이루어지는 것은 없다.

하절에는 계수(癸)가 있고 지지에 신진축자(申辰丑子)가 있어서 해결하면 가장 좋다. 계수(癸)는 하늘에서 내리는 비라 저절로 얻어지는 형상이다. 만약 갑(甲)이 있고 병화(丙)가 없으며 수기도 없는데 경금(庚)이나 신금(辛)이 나타나 있으면 여름 가뭄에 우박을 만나는 형상이다. 메마르고 조열한 나무에 수가 필요한데 수(水)는 없고 경신금만 있다면 여름 농작물에 냉해를 입히거나 화초, 작물에 피해를 끼치는 명이 된다. 하절 기토(夏節己土)가 갑병(甲丙)이 없고 금수(金水)만 있다면 병고에 시달릴 것이다.

사월의 기토

사월은 육양(六陽)이 생하여 병화가 득록하는 계절이다. 화열하여 갑목(甲)과 계수(癸)가 있어야 한다. 금은 반드시 수와 같이 있어야 한다. 병화는 하늘의 글자라 간두에 하나만 있어도 충분하지만 사화(巳)는 땅에 떨어진 병화(丙)이므로 태양화로 보기에 무리가 있다. 사화는 항상 변화의 소지를 안고 있다. 어떠한 것도 6 이상은 안 간다. 반드시 음으로 변한다는 것을 알아야 한다. 유축(酉丑)이 오면 무조건 양이 없어지고 음으로 가는 성향이 있어서 사월은 유와 축의 관계를 유념하라. 본디 기토는 무토와 본성이 달라서 습토인지라 작은 물에도 풀리기 쉬우므로 반드시 하절에도 병화(丙)가 있어야 한다. (甲, 丙, 癸… 丙과 癸水는 격재로)

오월의 기토

오월은 사월보다는 금수(金水)가 더 시급하다. 오월은 완전히 불난 상태이므로 계수(癸)가 급하며 경금으로 수원(水原)을 이루면 편안하다. 수는 지지에서 진토(辰)나 신금(申)으로 있으면 좋다. 오월이라도 토가 습토가 된 후에 기토는 갑병(甲丙)을 빼놓을 수 없다. 기토는 갑병을 떠나서 살 수 없는 이치와 같다. 기토는 지지에서 조열을 해결해 주는 것이 마땅하지만 오월에는 천간에서 경신임계(庚辛壬癸)를 쓰기도 한다. (庚辛壬癸. 地支 申辰丑)

미월의 기토

미월은 토왕절이라 갑을목(甲乙)을 선용하고 수(水)가 있어야 한다. 미월이라 혹 해묘미(亥卯未) 목국이 되면 잡초가 우거진 형상이 되어 또 다른 토가 필요하게 된다. 기토일간이 지지에서 해묘미 목국이 되면 을목이 잡초가 무성하게 되므로 땅이 약해질 수 있다. 화왕절이지만 이때도 병화(丙)는 흉신이 아니다. 수가 있을 때는 근지가 되는 금이 있어야 튼튼하다. 하지만 대서 이후에 임경(壬庚)이 태왕하면 우박 서리와 같으니 주의하여야 한다. (甲, 癸)

3) 신유술월의 기토

신유술 추절에는 이미 화곡(禾穀)이 여물어 결실이 가까운 시기이다. 점쇠해지는 병화(丙)의 볕을 쬐기 위하여 마음이 바쁘고 예민해진다. 급하게 서두르지만 금신(金神)을 제하는 글자가 없으면 불성이 된다. 이때 금수는 모두 흉신이다. 갑병(甲丙)이 절대적으로 필요하고 경임(庚壬)이 투간 하였으면 반드시 정화(丁)로 제해 주어야 한다. 기르는 일간의 가을 경임(庚壬)은 우박으로 표현되므로 결실도 되기 전에 우박 서리에 맞아 그동안의 노고가 물거품이 되는 꼴이다.

추절의 가을 땅은 모두 파헤쳐서 약해졌으므로 화(丙丁)로 생조가 시급하고 결실하여야 할 나무가 필요하다. 신유월(申酉)을 간혹 식상월(食傷)

에 태어나서 법을 잘 지키지 않고 다툼이 잦다고 표현하기도 하지만 농작물을 추수해야 하는 시절 옥토의 전답토에 큰 바위가 앉아 있는 형상으로 가슴이 답답하고 울화증이 자주 난다고 봐야 한다. 또한 기본적으로 목(木)을 선용으로 쓸 때는 금신(金神)은 목을 해하는 흉신이 되기 때문에 월령으로 되어 있는 금은 그 영향력이 더 크다.

신월의 기토

금왕절 신월은 병화(丙)를 선용하고 갑을목으로 생조받으면 길하다. 신월이라 경금(庚)이 투간 하면 병정화(丙丁)가 반드시 필요하다. 경금은 정화로 제련하여야 바른 기물로 쓸모가 있다. 신월은 지지에 신자진(申子辰) 수국(水局)이 되면 반드시 무토(戊)로 제방해 주여야 한다. (甲丙, 戊)

유월의 기토

유월은 작은 자갈밭이라 보게 된다. 큰 바위는 꺼내어 쓰기가 어렵지만 작은 자갈은 재물화될 수 있으므로 기토는 천간의 경금(庚)은 거의 흉신이 되지만 간혹 갑목이 없을 때 신금(辛)은 용신이 될 수가 있다. 하지만 기토는 기르는 것이 본분이므로 신금(辛)을 쓸 때는 특별한 경우일 때 용한다. 목이 천간에 투간 되었을 때 경신금은 모두 흉신이라 본다. 가을 열매인 결실을 방해하는 요소이다. 가을이라 열매가 익히는 것이 바쁘다. 금왕하니 병화(丙)로 제금하고 갑을목(甲乙木)으로 생화(生火)하면 사주가 밝아진다. (甲丙)

술월의 기토

술월은 토일간이 같은 토왕절에 생했으니 토 기운이 유달리 두터워진다. 시급히 두터운 토를 갑목(甲)으로 소토해 주어야 한다. 화의 고장지에 태어났지만 역시 병화가 필요하고 술토의 메마르고 텁텁한 땅을 자윤해 주기 위하여 수가 필요하다. 이때도 역시 수는 지지에 있어야 한다. 술월이라 인오술(寅午戌) 화국이 되면 가을 밭이 불이 난 격으로 수가 시급히 필요하다. 이때는 술토를 중심으로 진토, 축토(辰丑)가 있어도 사주가 밝아진다. 진술축미(辰戌丑未)는 겉모습은 토 오행으로 되어 있지만 각기 성분이 다른 토이므로 조열토가 있을 때는 충이 되어도 습토가 같이 있어주면 사주 원국에서 어려움을 해결한 좋은 명이 된다. (甲丙 申辰丑)

4) 해자축월의 기토

해자축월은 천지 만물이 휴사하니 기토가 힘이 없다. 해자축월은 왕한 물로 인하여 땅이 풀어질까 두렵다. 일간의 특성에 따라 약간의 차이는 있지만 10천간 공히 해자축월에는 병정무(丙丁戌)가 선용이 된다. 특별한 고수가 아니어도 해자축월 생 사주에서 경신임계(庚辛壬癸)가 투간 되었다면 십중팔구는 흉신(凶)으로 보아도 무방하다. 또한 해자축월생들이 목화토(木火土)가 많다고 하여도 흉신이 아니다. 목화토가 아무리 많아도 계절을 없앨 수는 없기 때문에 추울 때 태어나서 주변이 따뜻하니 본인은 편안한 것이다. 사계절 자연의 이치와 동일한 기운을 걸어가면서 그 계절에 대응할 수 있는 글자를 받았으면 편안할 것이고 대응할 글자가 없으면 고통을 겪게 될 것이다. 자연의 이치는 참으로 단순하고 정확하다. 사주를 너무 어렵고 복잡하게 엮게 되면 인생도 복잡해진다. 천간에 임수가 투간하면 무토(戌)로 제하고 경금(庚)이 투간 되면 정화(丁)로 제해야 한다.

해월의 기토

해월은 임수(壬)가 득록한 늦가을의 토이므로 갑, 병화(甲丙)를 보아야 길명이다. 본래 기토(己)는 을목(乙)을 기외하지만 동절이므로 을도 가용한다. 해월은 삼동(三冬) 중에서 수의 기운이 설기당하여 토를 먼저 쓰지는 않는다. 하지만 이때 무토가 투간 되어 있으면 대·세운에서 임, 계수운이 왔을 때 무토(戊)로 막아 주는 역할이 된다. (甲, 丙, 戊)

자월의 기토

자월은 진정한 수왕절이다. 왕한 물이 농지토를 풀어 버릴 수 있다. 무토(戊)로 왕한 물을 제해 주어야 한다. 부친 자리에 무토가 있다면 부친의 은공이 지중하다. 기토가 갑병(甲丙)이 본분이자 정용신이지만 자월은 무토(戊)를 선용한다. 땅이 풀어져서 없어지면 갑목도 병화도 소용이 없다. 혹 천간에 임수(壬)가 투출되었다면 정화(丁)로 잡아 주어야 한다. (戊 甲丙丁)

축월의 기토

축월은 천지 만물이 동빙되었다. 갑병(甲丙)으로 오는 봄을 기다린다. 축월 기토가 일지에 미토(未)가 있으면 길명이 많다. 기토는 10간 중 유일하게 충을 기뻐하는 일간이다. 땅은 발양되고 경작하여야 보람이 있고 결실이 있다. 동빙 축토를 다스려 주는 것은 미토(未)이다. 충을 무조건 나쁘게만 본다면 오행의 상호작용을 모르는 단순 논리의 한계에 직면하게 될 것이다. (甲, 丙 未, 戊)

7.
경금(庚)

　사주 명리학 공부를 하다 보면 많은 이론들이 있고 복잡하고 어려운 용어들이 있는 것 같지만 자연의 이치와 사계절의 변화만 알고 있다면 의외로 단순하고 간단하다. 갑을병무기임계(甲乙丙戊己壬癸)를 기르는 일간이라 칭하고 정경신(丁庚辛)을 깨서 먹는 일간이라 칭한다. 자연의 이치는 생(生)만 있는 것이 아니라 극(剋)을 해야 좋은 것도 있다는 것이다. 그래서 생과 극은 같이 공존한다. 또한 갑을병정무까지는 양의 권역, 기경신임계까지는 음의 권역이다. 나무가 잘 자라서 과실목이 되는 경우도 있지만 땔감이나 동량지재로 쓰는 경우도 있다. 이때 경금으로 제벌해 주는 것이다. 경금이 갑목(甲)이 있는데 정화(丁)가 없다면 때 무딘 도끼로 갑목을 치기만 하니 무식한 폭도가 될 것이고 갑경정(甲庚丁)이 동시에 있으면 신중히 조심하여 살피면서 나무를 제벌하는 지혜로운 사람일 것이다. 경금(庚)의 본분은 잘 제련된 금으로 추절 결실 목을 수확하는 것과 힘 있는 정화(丁)의 힘으로 쓰임 있는 기물이 되어야 하고 또 다른 본분은 물을 생수(壬)하는 것이다. 추절금은 특히나 용신이 상반되어 처자 관계를 살펴야 한다.

1) 인묘진월의 경금

춘절은 목왕절이라 경금은 시절에 배반되어 출생하였다. 본디 금의 성정은 차고 냉하여 단단한데 춘절이라 금이 약하고 어린아이와 같은 금에 비유를 한다. 어린 도끼로 어린 나무를 치려고 하니 힘이 들고 주변에서 원성을 사기도 한다. 하늘의 태양(丙)이 금을 좀 더 자라게 한다는 개념으로 병화는 필요하지만 춘절 금에 정화(丁)가 나와 있으면 어린 금에게 기물이 되라고 강요하는 형상으로 어린 나이부터 고생이 많다. 일찍이 소년, 소녀 가장이나 직업전선에 나가게 되는 경우가 있다. 경금에 병정화는 오행의 음양 구분이 반드시 선행되어야 한다. 진정한 갑경정은 추절이 되어야 하는 것을 잊어서는 안 된다. 인묘월(寅卯)에는 병무(丙戊)를 소중히 쓴다. 어린 금을 자라게 한다는 의미와 목왕절에 약한 토(土)를 생조하여 금(金)을 키운다는 의미다.

인월의 경금

인월의 경금은 절지에 해당하며 어리고 약한 금이다. 봄의 시작이지만 한기가 남아 있어 병화(丙)로 온난하게 하고 무토(戊)로 생조해 주면 길명이 된다. 천간에 병화가 없을 때는 인중(寅)의 병화(丙)를 용한다. 정화(丁)가 투간 되어 있으면 어린 금이 용금(容金)을 강요받으니 유년시절부터 고생이 심하다. 혹 지지에서 인목(寅)이 상해를 당하면 태양화(丙)가 없어진 것과 같으니 일이 성립이 어렵다. (丙戊)

묘월의 경금

인월은 땅속에서 나무가 나오려고 준비하는 과정이고 묘월은 진정한 목왕(木旺)이 되어 토를 약하게 한다. 묘월 경금이 약하다고 혹 같은 금이 투간 되어 있으면 좋은 것이 없다. 힘도 없는 경금들이 숫자만 많아져서 약한 목을 치려고 하기 때문이다. 목왕(木旺)하다고 어린 목을 도끼로 휘두르는 무모한 형상과도 같다. 음간(陰干)은 세력이 어느 정도 힘이 되지만 양간(陽干)들은 숫자만 많아진다고 강해지는 것이 아니기 때문이다. 기운을 주는 근지 글자가 지지(地支)에서 힘을 주어야 한다. (丙戌)

진월의 경금

토왕절 경금이 힘을 제대로 받고 태어났다. 하지만 토다(土多)하면 매금(埋金)되기 때문에 갑목(甲)을 우선 용하고 정화(丁)로 연금하면 길하다. 혹 간두에 임수(壬水)가 있으면 갑목을 생조하여 좋고 계수(癸)가 있으면 맑고 깨끗한 금에 비가 내리는 형상이니 금이 녹이 생겨 부끄러운 일이 있다. 인묘월은 가능한 병화(丙)를 쓰지만 진월(辰)은 조금 더 성숙한 금이 되어 병정화(丙丁)를 다 쓴다. (甲丙丁)

2) 사오미월의 경금

사오미 하절은 목화(木火)가 성한 계절로 환영받지 못한 명으로 출생하였다. 시급히 수(水)가 필요하다. 본디 경금(庚)은 계수(癸)를 싫어하지만 염염한 화왕(火旺)에 녹아 없어질 것을 두려워하여 임, 계수(壬癸)를 다 용한다. 금의 본성은 차고 단단하여야 하지만 화왕의 열기에 녹아 없어지면 생명까지도 위험하다. 이때는 맑은 물이든 빗물이든 가릴 처지가 아니다. 하절 경금이 신약하다고 하여 토를 선용하는 것은 맞지 않다. 토는 수를 모두 제(制)하는 흉 글자이니 목으로 소토시켜야 한다. 단순 오행(五行)의 생극제화(生剋制化)로만 사주를 추명할 것이 아니라 유행(流行)하는 기(氣)를 읽도록 노력하여야 한다.

사월의 경금

사월은 경금의 장생지이고 화토(火土)가 중한 계절이므로 임수(壬)로 깨끗이 씻어야 한다. 혹 사월이라 사유축(巳酉丑) 금국을 이루고 있으면 경이 강한 금으로 변화하였으니 병정화로 연금(煉金)하여야 한다. 화토가 왕한 계절에 무토(戊)가 천간에 투간 되었으면 매금되어 미련한 사람이 되므로 갑목(甲)으로 제하면 길명이 된다. (壬甲)

오월의 경금

같은 화왕절이라도 오월 경금은 약금(弱金)이 되어 녹은 상태이다. 임, 계수(壬癸)가 시급하다. 녹아서 흐물한 금을 수(水)로 굳게 한다는 의미도 있다. 오월에는 목화는 모두 흉 작용을 한다. 갑(甲)은 수를 모두 설기시키고 불의 심지가 되므로 흉신이 된다. 지지에 축, 진토(丑辰)가 있으면 화(火)를 설기하고 금(金)을 생(生)하는 역할을 하므로 고마운 존재이다. 오월 경금이 수 없이 화토만 성하면 금(金)의 본성을 잃고 정신이상이 오기도 한다. (壬癸, 丑辰)

미월의 경금

미월은 마르고 열이 나는 조열 토의 기운에서 생한 금(金)이므로 생할 때부터 불안하다. 겉모습의 미토는 오행으로는 토(土)가 금을 생하는 듯하지만 미토 속의 정화(丁)로 불안감을 가지고 있다. 갑목(甲)으로 소토하고 지지에 습의 기운이 있으면 귀명이 된다. 지지(地支) 화염이 해결되지 않은 상태에서 정화(丁) 투간 되면 삶이 항상 불안하다. (甲, 壬 丑辰)

3) 신유술월의 경금

추절의 금은 금왕절(金旺節)의 금으로 본인 계절에 왕기를 가지고 태어났다. 추절 경금은 그 기운이 왕하므로 화와 수를 같이 쓰게 된다. 용신이 상반되어 처자(妻子)의 상황을 살펴야 한다. 가을 목을 제벌하여야 하는 명으로 갑정(甲丁)으로 인화 용금하면 길명이다. 정화(丁) 대신 병화(丙)가 있으면 부명은 되지만 귀가 부족하다. 정화 없이 갑목(甲)만 있으면 불량한 폭도가 되고 갑목이 없이 정화(丁)만 있으면 좋은 기물이 되어 빛나길 원하나 원기가 부족하여 가난한 학자이기 쉽다.

술월의 경금이 수(水)를 용하는데 만일 임수(壬)와 정화(丁)가 같이 투간하면 좋은 글자를 서로 잡고 입는 격이라 일의 성패가 다단하다. 화(火)와 수(水)를 쓴다고 두 오행이 같이 출간하면 사주의 급이 떨어진다. 신유술(申酉戌) 경금은 용하는 글자가 다자(多字)하여 활동이 바쁘고 분주하며 주변 글자의 상호 변화를 잘 살펴야 한다.

신월의 경금

신월은 경금이 녹왕하여 정화(丁)가 있고 갑목(甲)으로 생화(生火)하여야 귀명이다. 정화만 있으면 귀하긴 하여도 재물이 약하고 갑목(甲)만 있으면 소부는 하나 귀가 없다. 신월 경금이 강왕하여 임수(壬)를 쓸 경우에는 정화(丁)와는 같이 투간 하면 서로 합하기 때문에 일의 성립이 어렵다. 제련되지도 못하고 생수(生水)도 할 수 없는 연유이다. (甲丁, 壬水)

유월의 경금

유월도 신월과 동일한 금왕절(金旺節)이므로 병정화(丙丁火)와 갑목(甲木)으로 생화(生火)를 돕는다. 유월은 병정화(丙丁)가 같이 투간 되어도 혼잡되었다고 보질 않는다. 단 천간에 병화 투간 하였을 때 임수(壬)가 나오는 것은 길신이지만 정화가 투간 되었을 때 임, 계수가 나와 있으면 흉하다. 양간(陽干)은 극(剋)이 되도 서로 관계의 명분이 중요하기 때문에 작용이 바로 출현되므로 상호작용을 살펴서 길흉을 판단한다. 음간(陰干)은 실리 이해타산을 따지기 때문에 좀 더 복잡하고 현상이 서서히 나타나므로 음간의 극(剋)이나 합(合)은 세밀한 분석을 필요로 한다. 음양(陰陽)의 이치상 남자 같은 여자가 있고 여자 같은 남자가 있는 경우는 제외하고 남자는 단순하고 겉으로 나타나는 현상이 그대로인 반면 여자의 말은 속에 깊은 뜻까지 파악해서 들어야 하는 것과 같은 이치이다. (甲丙丁, 壬)

술월의 경금

술월은 조열토의 기운이 강하다. 술월이라 인오술(寅午戌) 화국이 염려스럽다. 화국이 되면 임수(壬)를 선용하지만 계수가 되면 좀 더 투쟁적인 성향이 강하다. 토왕을 소토하기 위하여 목(木)도 같이 쓰며 간혹 가을 을목을 쓸 수는 있으나 경금과는 격재로 있어야 한다.

경금 일간이 을목(乙)이 투간 되고 임수(壬)가 있으면 을경합(乙庚)으로 묶여 있으면서 임수(壬)를 생했다고 큰소리치는 사위(詐僞) 지명이 된다.(壬, 甲)

4) 해자축월의 경금

금의 본성은 냉한 성정이 있는데 또 본인도 한파 동절의 생하였다. 그러므로 한기를 제하는 것이 급선무이다. 병정무(丙丁戊)와 갑인미(甲寅未)가 있으면 따뜻한 난로 역할을 해 준다. 강대강이라 냉한 체성이 한랭한 계절에 나왔어도 그 계절을 다스려 주는 무토(戊)가 투간 되어 있고 무토를 생해 주는 병정화(丙丁戊)가 있다면 좋은 사주이다. 사주 통변에서 제일 기본 원칙은 월지를 해결할 수 있는 간지의 위치와 천간지지의 통근이 유여한지 살피면 된다. 사주에 따라 조금씩의 차이는 있으나 월지(月地)에 근지를 두고 천간에 투간 된 글자는 거의 흉신일 가능성이 크다. 사주 전체에서 월지를 다스려 주어야 하는데 그 글자 편을 드는 형상만 될 뿐이지 원국에 좋은 영향이 아닌 것이다.

해월의 경금

경금을 제대로 연금하는 것은 정화(丁)이고 병화(丙)는 노력하는 형상이라 하였지만 동절 3계절 중 해월은 병화(丙)를 정용신으로 쓴다. 해중에 갑목(甲)이 있으므로 심지의 기능을 할 수 있는 연유이다. 동절이므로 병

정화(丙丁)와 갑목(甲)을 필요하다. (丙丁, 甲)

자월의 경금

자월은 해월보다 더욱 수왕(水旺)하여 무토(戊)를 선용하고 병정화(丙丁)로 온난하며 갑목(甲)이 있으면 귀명이 된다. 자월이라 신자진(申子辰) 수국의 우려가 있다. 이때 무토(戊) 외에는 계절을 이길 수 없다. 수국을 이루었을 때 지지에서 인오술미토(寅午戌未)가 있다면 유력자가 된다. (戊丙丁, 甲, 寅午戌未)

축월의 경금

축월은 경금과 화의 고장지(庫藏地)이므로 축토의 위해로부터 경금을 도와야 한다. 겉모습은 토왕절이지만 병정화(丙丁) 갑목(甲)이 필요하고 지지에서 미토(未)가 있어서 축토(丑)를 중화시켜 주면 유력자가 될 것이다. 본디 월지가 토왕절이면 토가 흉신일 가능성이 많은데 축월(丑)은 예외이다. 축은 겉모습은 토이지만 거의 축축이 젖은 물(水)토에 가깝기 때문이다. 무토, 술토(戊, 戌)는 수기를 제하는 좋은 역할을 할 수 있으며 동절 금이 대·세운에서 임, 계수(壬癸)를 만나게 될 때 무토(戊)가 도와주는 역할을 하게 된다.

8.
신금(辛)

신금(辛)은 보석 주옥, 완전 기물 기계, 천상에서는 서리나 구름으로 표현한다. 체성이 매끄럽고 견고한 것은 경금(庚)과 비슷하나 경금은 제련되지 않은 쇳덩어리로 표현한다면 신금은 경금에 불(丁)을 한 번 가하여 제련된 완전체의 모습이기 때문에 경금은 정화(丁)를 좋아하지만 신금(辛)은 정화를 보면 두려워한다. 그러므로 신금(辛)과 정화(丁)가 같이 있으면 서로 안 좋다. 신금은 본인이 녹아서 없어질까 두렵고, 정화 입장에서는 이미 기물이 되어 있는 다이아몬드에 불로 지지니 쓸데없는 짓을 하는 것이다. 재물 탐하다가 쓸데없는 짓을 하여 패가 망신당하는 명조에 많다. 다 만들어진 보석, 주옥이므로 맑고 깨끗한 임수(壬)에 씻어야 일등 보석이 되고 호수 물이 없다면 계수(癸) 우로수에 씻어야 한다. 신금이 임수와 계수를 쓰는 차이는 임수는 강물, 호수 물이므로 퍼다 써야 하는 노고는 있지만 맑은 물이라 후일에 본인이 빛나는 것은 자명하다. 계수(癸)는 하늘에서 저절로 내리는 물이라 저절로 얻어지는 것 같지만 빗물은 정제하지 않으면 녹이 나게 된다. 빛나는 보석 주옥에 녹이 나서 운세에 따라 부끄러운 일이 일어나기도 한다. 하지만 하절 열왕에는 체면보다 살고 보아야 하므로 임, 계수를 같이 쓴다. 화왕이 해결되지 않으면 신금은 녹아 없어져 흔적이 없기 때문이다. 10천간 공히 임수(壬)를 선용하는 사람은 노력을 많이 하고 계수(癸)를 쓰는 사람은 하늘에서 비가 내려 주어야 하는 이치 때문에 때를 기다려 행동하는 사람들이 많다. 사주에서도 임수(壬)를 쓰는 사람과 계수(癸)를 쓰는 사람의 차이는 자연의 이치를 생각하면 정확하다.

1) 인묘진월의 신금

춘절의 신금은 계절과 상반되어 생하였다. 목왕의 왕한 시절에 태어난 까닭에 소외된 환경이다. 한기 미진한 시절이라 병화(丙)로 온난하게 하여야 하지만 신금(辛)과는 격재로 있어야 하고 기토(己)로 생조받아야 한다. 춘절 신금을 약하다 하여 경금(庚)을 용한다 하는 경우가 있는데 경금은 도끼 망치에 해당하므로 신금은 약해도 경금(庚)을 쓰지 않는다. 작은 보석 주옥이 도끼 망치를 보면 두려운 이치와 같다. 또한 신금의 일등 용신이긴 하여도 춘절에는 임수를 잘 쓰지는 않는다. 임수(壬)가 흉신은 아니어도 선용은 될 수가 없다. 어쩔 수 없이 임수(壬)를 쓸 때는 병화(丙)가 같이 있어야 하며 만일 병화 없이 임수를 쓰게 될 경우, 춘절 어리고 여린 작은 아가 보석을 빛나라고 강요하는 형상이 되어 어린아이들이 남들 앞에서 춤추고 노래하는 모습과 같다. 신금(辛)은 완전체가 되어 있는 추절에 임수를 정용신으로 쓴다. 인묘진월의 신금은 임수(壬)를 먼저 쓰지 않는다.

인월의 신금

인월은 병무(丙戊)의 장생지로서 인중(寅)의 병화(丙)가 요긴하다. 기토

(己)가 있어 토의 생조를 받아야 하나 무토는 약한 금을 매금시킬 우려가 있으므로 무토는 격재로 있어야 한다. 이때 임수, 기토(己)가 같이 투간 되면 임수(壬)도 기토도 쓰기 어려운 명이다. 신금은 체성만큼 용신의 쓰임도 까다롭고 복잡하다. (丙, 己)

묘월의 신금

묘월은 신약하여 지지에 통근을 기뻐한다. 또한 목왕절이라 토가 약해지므로 토를 선용한다. 혹 간두에 갑목(甲)이 투간 되면 작은 낫으로 가지치기하는 형상으로 재물의 기운은 있다.

이때 임수(壬)는 갑목(甲) 병화(丙)가 2자 중 한자라도 같이 있으면 그 효용 가치가 있다. (丙, 己)

진월의 신금

진월은 자윤토가 토생금하니 임수(壬)로 썻고 갑목(甲)을 보면 토가 후중하여도 걱정이 없다.

천간에 병화(丙)가 투간 하여도 합하고 있으면 효력이 없다. 진월은 만물 소생 계절 춘절이라도 임수를 쓸 수 있다. 갑목(甲)을 선용하고 임수(壬)를 병화(丙)를 쓴다. (甲, 丙, 壬)

2) 사오미월의 신금

하절은 만물이 성장하고 목화(木火)의 기운이 왕성하다. 10천간 중 화왕을 가장 두려워하는 것이 신금이므로 수가 시급히 필요하다. 임수(壬)가 투간 되면 유력자가 되고 지지에 신금(申)이 있어도 길명이다. 계수(癸)가 있으면 놀고먹는 명이지만 부끄럽고 수치스럽다. 화왕이라 병정화(丙丁)를 꺼린다.

혹 정화가 투출하면 정용신 임수(壬)를 합거해 버려 모든 것을 빼앗겨 버린다.

또한 하절에는 신금의 근지가 되는 유금이 있어도 지지에서 오술미(午戌未) 등의 정화(丁)에 피상되면 병고에 시달린다. 하늘의 글자가 땅에 내려와 있고 땅의 글자가 하늘에 통근되었을 경우에 하늘의 글자는 피상이 되어도 땅에 약간의 울림만 있을 뿐 크게 파동이 없지만 땅의 근지가 피상되면 그 파동의 여파가 크다. 간지의 생극제화(生剋制化)의 이치를 살펴야 한다.

사월의 신금

사월은 화토가 성한 계절이라 갑목(甲)으로 소토하여야 한다. 갑목으로 선용하고 임수(壬)로 조후하면 귀명이다. 혹 사월이라 사유축(巳酉丑) 금국이 되어도 임수(壬)가 투간 되면 수기로 설기되어 수왕(水旺)해져서 신금(辛)을 세척해 주면 좋다. (甲, 壬)

오월의 신금

오월은 화염(火炎)하여 화왕이 두렵다. 임, 계수(壬癸)가 시급하다. 이때는 기토(己)와 임수(壬)가 모두 용하지만 기토 임수는 격재로 있어야 한다. 왕약한 신금을 기토에서 꺼내어 임수 맑고 깨끗한 물에 씻는 역할이다. 혹 계수(癸)도 쓰지만 계수와 무토(戊)가 같이 투간 되면 그나마 하늘에서

내린 비도 막아 버린 현상으로 운의 기복이 심하다. (壬, 癸 己)

미월의 신금

미월도 오월과 대동하며 조열토를 완화시켜 주는 갑목(甲)이 시급하다. 미토 조열토에 금이 묻혀 버릴 위험을 방지하여야 한다. 갑목(甲)으로 소토시키고 임수로 세척하면 길명이 된다. 혹 토왕절에 무토(戊)가 투간 되면 갑목이 있을 때는 흉신은 아니다. 갑목(甲)을 용했는데 기토(己)가 동시에 투간 되면 갑목을 기토가 합하여 무상하게 만들었으므로 사위 지명이 되기도 한다. 용신합되면 사기꾼이다. (甲, 壬)

3) 신유술월의 신금

추절의 신금은 금기 당왕하여 목화를 반긴다. 강왕하여 임수(壬)로 설기 세탁하면 귀명이 된다. 이때 무기토(戊己)가 간상에 투가 되면 맑고 깨끗한 물을 극제 탁임시켜 버리게 된다. 무기토가 있을 때는 갑목(甲)으로 소토시켜야 한다. 간상에서 토가 흉인데 지지에서 토를 제하고 있으면 천간의 토는 무력하게 된다. 땅이 흔들리면 하늘도 흔들리는 현상과 같다. 천간은 생각, 꿈 이상을 나타내고 지지는 현실에서 실제 나타나는 현상임을 알게 된다. 생각이나 꿈이 조금 어긋나도 죽지는 않는다. 지지에서 땅이 무너지면 모든 것이 허망하게 되는 이치와 같다. 추절이라 갑을(甲乙)을 모두 쓰지만 을목(乙)을 가진 자는 세상에서 가장 예쁜 꽃을 죽이는 형상이니 숙살의 못된 기운을 가지고 있다. 혹 을(乙)이 있는데 신금(辛)을 병화(丙)로 합하게 되면(乙 辛 丙 ○) 본인은 무능력하지만 나쁜 짓은 안 한다 본다. 착한 사람은 부자로 살고 악한 사람은 가난하게 산다는 논리와는 벗어나는 이야기이다.

신금이 을목을 치는 것은 정석은 아니지만 꽃이라도 꺾어서 팔 때는 팔아야 할 것이다. 어디 세상이 정석으로만 살아지던가.

병화(丙)가 을목(乙)을 보호하여 즉 세상에서 가장 예쁜 꽃(乙)을 신금(辛)이 치지 못하도록 한다. 즉 병화가 신금을 합을 하는 것은 부친 병화가 외부로 나가서 나쁜 짓 안 하도록 말려 주는 형상으로서 부친의 사업을 돕게 하기도 한다. 가을의 신금은 그 기운이 왕양하므로 사계절 중 가장 활동이 왕성하다.

신월의 신금

신월은 금기 왕하여 임수(壬)가 설금하면 귀명이다. 혹 간상에 임수가 없다면 신중(申)의 임수로 용한다. 갑목은 가을의 결실목으로 신월의 신금에게는 큰 재물이 된다. 갑을목(甲乙)을 단순 정편재로만 접근하지 말고 물상의 기를 보도록 하자! 갑목은 열매가 있고, 을목은 열매가 없는 꽃이다. 그러므로 신금에게는 갑목은 큰 재산이 된다. 신월 신자진 수국이 과다할 경우는 무토(戊)로 제방하기도 하고 수국이 아니면 무토는 흉이 된다. 이때 갑목이 같이 있으면 최상의 길명이 된다. (壬, 甲)

유월의 신금

유월은 신금의 녹지에 해당하여 임수(壬)로 설기가 필수이다. 유월이라 만일 월령 중심으로 사유축 금국이 되어 있으면 정화(丁)도 쓰는데 신금과 떨어져 있어야 한다. 추절이라도 신금은 병정화(丙丁)를 반겨하지 않는다.

특히 병화는 병신합(丙辛)하여 무능력하기 때문이다. 만일 임수가 투간 되었을 때 정화(丁)가 있으면 임수(壬)도 정화도 못 쓴다. 사주에서 합은 좋은 영향보다는 나쁜 영향이 많다. (壬, 甲)

술월의 신금

술월은 토왕하여 갑을목(甲乙)으로 소토하고 임수(壬)로 씻어야 길명이 된다. 하지만 을목으로 소토하게 되면 분주하기는 하지만 성공의 길이 멀다. 을(乙)은 토를 소토하기에는 버겁기 때문이다. 술월에 갑을목(甲乙)이 없는 사람은 근면하지 못하고 답답한 사람이 되기 쉽다. 혹 무토(戊)가 투간 되어 있으면 반드시 갑목(甲)으로 극해 주어야 명이 밝아진다. (甲乙, 壬)

4) 해자축월의 신금

동빙한절에 생한 신금이다. 동절에는 임수를 선용하지는 않는다. 단 병화가 같이 있으면 임수를 쓰기도 한다. 10천간 공히 동절 해자축월에는 병정무(丙丁戊)가 필수이다. 이때도 병정화는 신금과는 격재로 있어야 한다. 겨울수왕에는 임수가 얼어서 차가운 물에 신금을 먼저 씻지는 않는다. 하지만 신금은 임수가 투간 되면 춘하절 운이 올 때 쓸 수가 있다.

이렇듯 정용신도 계절에 따라 구분하여 써야 한다. 또한 일반적으로 신금과 무토가 투간 되어 있으면 매금된다고 하지만 동절의 신금은 무토가 절대적이다. 수왕을 해결하지 못하면 보석주옥이 물에 잠겨서 얼굴이 없는 상태가 된다. 계절을 해결하는 것이 우선이다.

해월의 신금

해월은 입동이 지나서 한기가 오기 시작한다. 온난하길 원하여 병화가 신금과 격재로 있으면 좋다. 임수가 천간에 있고 병화가 있으면 길명이다. 임수가 녹지이며 신금의 뿌리가 있으면 좋다. 혹 수왕하면 무토(戊)로 제해 주면 길하다. 병화 임수는 지지 천간 어디에라도 있으면 가용한다. (丙, 壬, 戊)

자월의 신금

자월은 천지가 엄동하여 병화(丙)로 조후하고 무토(戊)로 제방하며 임수(壬)와 갑목(甲)을 용한다. 원래 신금은 임수를 쓰지만 동절에는 병화 없이 임수는 소용이 없다. 임수만 있으면 춥고 배고픈 명이다. 계절의 기운을 살피지 않고 무조건 임수를 용하면 오류를 범하게 된다. 이렇듯 사주팔자는 유행하는 기운을 살펴야 이치에 맞는 통변을 할 수가 있다. (戊, 甲, 丙)

축월의 신금

축월 냉한 동토에 생한 신금은 병화(丙)로 조후해야 하지만 신금과 병화는 격재로 있어야 길하다. 임수(壬)는 병화 없을 때는 보석에 얼음이 얹어져 있는 형상이다. 토왕절에는 가급적 무토를 쓰지는 않지만 수왕할 때는 무토를 필요로 한다. 토왕절에는 갑을목이 정용신이지만 동빙 한절이라 병정화(丙丁)로 조후가 중요한 것이다. (甲, 乙, 丙丁)

9.
임수(壬)

임수는 체성이 한랭하고 하향성이 있다 머물지 않고 방류하기 원하여 만물을 적시고 하절에 만물을 윤습하게 하는 성향이 있다. 임수는 사계절의 쓰임이나 용도가 뚜렷한 일간이다.

예로 오월(午)에 임수가 생했다면 오월은 수가 절실할 계절이니 찾는 사람도 많고 부르는 곳도 많으며 귀한 물이란 대접을 받고 쓰임이 지중하니 약하다. 하지만 겨울 물은 겨울이라 물이 차고 냉하여 찾는 사람도 없다. 수왕절이라 물이 차고 넘치는 물이다. 물이 아무리 많은들 누가 겨울 물을 좋아하겠는가. 계절에 반해서 불필요한 존재로 생했다는 것을 의미한다. 사시(四時)의 운행 춘하추동이 있듯 계절의 변화에 따라 비록 태어날 때는 환영받지 못했지만 왕한 물을 가지고 봄여름 환경을 만난다면 물을 열심히 쓰는 곳으로 움직이니 사주 원국만으로는 모든 것을 판단할 수 없다. 반대로 태어날 때는 소중하고 귀한 물로 태어났어도 물이 쓰임 없는 환경으로 간다면 본인이 기쁘지 않는 이치와 같다. 단순 논리로 양일간(陽日干)이 양의 계절에 생했으면 과다하게 많으니 귀하지 않을 것이고 체성인 음한 임수(壬水) 일간이 양의 계절에 생했으면 귀할 것이다. 다이아몬드가 왜 귀한가. 희소성 때문이다. 인간의 욕구는 무한한 데 비해 이를 충족시켜 줄 자원은 부족하기 때문이다.

대운 계절의 환경이 물을 쓸 수 있는 곳으로 움직인다면 활동성이 좋고 재물운도 상승한다.

1) 인묘진월의 임수

춘절은 목화가 활기차니 임수의 용도가 소중하고 귀하다. 춘절의 임수는 주변에 기대가 많고 귀하고 소중한 존재이다. 10천간 공히 인묘진월에는 따뜻한 병화가 필요하고 목왕의 기운을 포용하기 위하여 토가 필요하다. 인묘월 임수도 병화와 지지에서 진토가 필요하다. 인묘진 임수가 병사고(病死庫)에 임한다 하여 생수하는 경금을 용하는 경우가 있는데 갑목과는 반드시 격재로 있어야 한다. 갑병(甲丙)이 있으면 부귀를 겸하는 명이 되고 을병(乙丙)이 있으면 귀하긴 하지만 한때 축적한 재물이 일순간에 무너질 수 있다. 이때는 토(土)에 묻어야 한다.

인월의 임수

인월은 임수가 병지(病)에 해당하지만 큰 의미는 없다. 물이 약해지긴 하여도 한기 미진하여 물이 많이 소용되지는 않는다. 땅속에서 싹이 나오길 기다리기 때문이다. 하지만 인월이라 인오술(寅午戌)이 된다면 경금(庚)의 생조가 필요하다. 춘절이므로 병화와 갑목이 있으면 좋고 지지에 진토(辰)가 있으면 최상이다. 혹 술토(戌)가 있으면 어린 나무가 불에 그을린 격으로 지지에서 수(水)가 같이 있어야 한다. (丙, 甲 辰土)

묘월의 임수

묘월은 목왕이 왕성하여 병화(丙)가 선용이고 지지에 토를 쓴다. 묘월에 목국이 두렵다고 경금(庚)을 쓰는 예는 드물다. 금신은 춘절 봄 새싹을 자르는 형상으로 사주 국세에 따라 경금을 용하기는 하여도 어린 나무를 자르는 형상이므로 예외적인 경우 외에는 쓰지 않는다. 묘월의 목들은 인월보다 물을 머금은 꽃들이 활성화되는 시기이므로 가급적 춘절에 경신금(庚辛)은 흉신은 아니어도 용신으로 쓰지 않는다. (丙火辰土)

진월의 임수

진월은 토가 왕성한 계절이라 자칫하면 임수의 운로가 막힐 수 있다. 갑을목(甲乙)으로 소토해 주고 병화(丙)로 생조해 주면 길명이 된다. 진월에 갑목이 없고 무토(戊)가 투간 되면 춘절 저수지가 망설임이 많고 우유부단한 성정을 가지게 된다. (甲丙)

2) 사오미월의 임수

사오미 하절은 화토(火土)가 절정을 이루므로 물이 귀하고 소중하다. 만물이 성장하고 무성하므로 수가 부족하면 이상은 높고 생각은 많지만 근지가 없으면 불성(不成)이 된다. 주변에 경신금(庚辛)이 있고 지지에서 경신금이 피상되지 않았다면 유력 인사가 되어 남을 돕고 부와 귀를 이룬다. 화토왕 절이므로 무기토(戊己)는 모두 불길하다. 사오미 임수는 귀하고 소중하긴 하여도 화토의 왕양을 이기지 못하면 승패에서 패하기 쉽다. 본래 양은 음의 힘을 꺼려하지만 하절 임수만은 간혹 음수(陰水)인 계수

(癸)의 힘을 빌리기도 한다. 호수 물에 비가 내리면 흙탕물이 되지만 말라서 증발하는 것보다는 낫다.

사월의 임수

사월은 화토(火土)가 왕한 계절이고 임수가 절지(絶)이다. 쓰임 있는 계절에 생했으나 화토가 왕하여 금으로부터 생신을 받지 못하면 증발될 우려가 있다. 갑목(甲)으로 소토하고 임, 계수가 있으면 길명이다. 혹 지지에 사유축(巳酉丑) 금국이 되어 있어도 천간에 경금이 투간 되지 못하면 소용이 없다. (甲, 庚辛壬癸)

오월의 임수

오월은 화기가 왕성하여 비가 오지 않으면 메마른 땅을 적시기에는 역부족이다. 저수지 물을 퍼다가 쓰는 것은 한계가 있다. 하늘에서 한줄기 비(癸)라도 내려 준다면 그보다 고마운 것이 없다. 오월 임수가 치사하지만 계수(癸)의 도움을 받아야 한다. 양이 음의 도움을 받으니 못한 놈에게 의지하는 꼴이다. 경신금이 같이 있어 주어야 장유수(長流水)가 된다. 경신금 없는 계수(癸)는 잠깐 내리는 소나기에 불과하다. (庚辛壬癸)

미월의 임수

미월은 토중하니 또 무기토(戊己)가 투간 하게 되면 물길을 막아 놓는 형상으로 갈 길이 막혀 자유롭지 못하게 된다. 자유가 없는 막힌 물은 고여서 썩거나 병이 들게 된다. 여름 물은 자유롭게 흘러서 산천초목을 적시는 것이 본분이다. 무기토(戊己)는 갑목(甲)으로 소토하여야 하고 경신금이 있어야 한다. 혹 계수 없이 신금(辛)만 있다면 비는 못 내리고 구름만 잔뜩 낀 형상이 된다. (甲, 庚辛壬癸)

3) 신유술월의 임수

추절은 금수(金水)의 기가 왕해지는 계절이다. 수의 역할이 불필요하게 되므로 방류하지 않도록 제방해 주어야 해서 무토(戊)가 반드시 필요하다. 기토(己)는 먼지, 흙, 땅에 해당하므로 왕한 임수(壬)를 제방하지 못한다. 좋은 옥토에도 홍수로 인하여 땅이 다 풀어지는 모습이고 호수 물도 흙으로 인하여 흙탕물이 되는 기토탁임(己土濁壬)으로 서로 안 좋게 된다. 가을 물은 반드시 무토(戊)로 막아 주고 정화로 잡아 주어야 길하다. 제방 후 갑병(甲丙)이 있으면 부귀명이 된다.

신월의 임수

신월은 임수가 근지(根地)에 생(生)하였다. 금왕(金旺)하고 화가 점점 쇠잔하는 시절이다. 가을에는 물의 쓰임이 줄어드는 시절이므로 무토(戊)로 제방하여 오는 봄을 기다린다. 왕양한 물을 정화(丁)로 묶을 수는 있어도 무토(戊)가 없을 때 차선으로 쓰는 것이다. 갑목(甲)을 결실목으로 삼아서 무토(戊)로 제방하여 병화로 조후하면 길명이다. (戊土, 丁火, 甲, 乙, 丙)

유월의 임수

월령 유금(酉)의 근지는 모친 자리에 해당하므로 모친으로부터 기대가 만반이다. 모친 유금은 임수(壬)가 최고의 글자이기 때문에 유월(酉)의 임수는 모친 자리에 대한 부담감이 있다. 작은 보석 주옥(辛)이 금생수(金生水)도 못해 주면서 유금(酉) 자신을 빛나게 씻기기만을 원한다. 겉모습만 정인이다. 갑목(甲)은 역시 결실목이다. 가을의 갑목은 열매가 있는 결실 목이므로 10천간 공히 추절생의 목은 재물로 표현한다. (戊土, 甲, 乙 丙)

술월의 임수

토왕절의 임수(壬)는 자칫하면 물길이 막혀서 괴롭다. 토를 터 주는 갑 목(甲)이 절실하고 술월의 텁텁한 땅을 윤습하게 해 주는 임수(壬)가 필요 하다. 이때는 경신금(庚辛)이 같이 있으면 흉신은 아니어도 좋은 글자는 아니다. 과실목을 상처 입히는 형상이고 술월(戌) 토는 지지에서 해결하여 야 길명이 된다. 술 월령이라 혹 지지 인오술(寅午戌)이 되어 화염(火炎)할 때는 축토(丑)도 가하다. (甲, 壬水 申辰丑)

4) 해자축월의 임수

한랭 지절 겨울 물이 얼어 있는 상태이다. 겨울 물이 왕양하다는 표현 은 세력적인 표현이다. 신강한 물은 여름 물이다. 자연의 이치상 계절의 쓰임이 얼마나 있느냐에 따라 신강 신약이 구분된다. 휴수된 겨울에 누가 물을 환영하겠는가. 쓸모없는 휴수(休囚)된 쓰임이 많지 않은 물이다.

봄을 기다리는 수밖에 없다. 반드시 넘치지 않도록 무토(戊)로 제방해 주고 갑병(甲丙)이 있으면 후일을 기다리는 명이 된다. 갑병(甲丙)의 근지 가 피상되지 않았는지 살펴야 한다. 동절 정화도 쓰지만 춘절이 되면 물 을 써야 할 때 정임합(丁壬)이 되었다면 그 시기에는 무용하게 된다. 항상 원국에서의 현상과 계절의 변화에 따른 유행지기(流行知氣)를 살펴야 한다.

해월의 임수

해월 임수가 득록 신왕해지는 계절이므로 무토(戊)가 선용이고 병화는 무토(戊)의 생조를 도와야 한다. 해월은 수왕(水旺)의 시초가 되기는 하나 목의 생지이므로 해묘미(亥卯未) 목국으로 화하게 될 수도 있다. 이때 목왕하다고 해서 금신(金神)을 쓰지는 않는다. 동절의 금은 우박 서리에 해당하므로 경금(庚)을 있을 때는 반드시 정화(丁)가 같이 있어야 길하다. (丙戊, 甲)

자월의 임수

해월은 목의 근지라도 있지만 자월은 수가 갈 길을 찾지 못하는 형상이다. 반드시 무토(戊)가 있어야 하고 정화(丁)라도 있어야 왕한 물의 방류를 막아 줄 것이다. 자월 임수는 병정화(丙丁) 모두를 가용하고 혹 정화가 있을 때는 소시에는 안태하지만 춘하 계절의 대·세운이 오면 무능력한 현상이 일어난다. 동절에는 물이 소용되지 않는 계절이어서 합을 하고 있어도 상관없지만 봄여름 물이 쓰임이 있을 때 묶이면 주변에서 원성을 듣게된다. 정화(丁)는 계절에 따라 가용하여야 한다. (戊, 丙丁, 甲)

축월의 임수

축월은 만물이 한랭하여 휴수의 계절이므로 물도 얼리고 만물이 동빙된다. 저수지 물이 얼어 있는 것을 연상하면 된다. 토왕절(土旺節)이므로 무토(戊)를 선용하지는 않는다. 갑목(甲)으로 소토하고 병정화로 보온하면 길명(吉命)이 된다. 축월 임수가 신약하다고 경신임계(庚辛壬癸)를 쓰는 것은 얼어붙은 저수지에 눈, 비, 바람, 서리가 덮는 형상으로 경신 임계는 모두 흉이다. (甲, 丙丁火)

10.
계수(癸)

계수는 10천간 중 마지막 글자로 관개수(灌漑水)와는 반대의 글자로 우로수(雨露水) 즉 하늘에서 내리는 빗물에 해당한다. 성이 냉하고 하강하며 체성이 차서 온난하기를 원한다. 병화(丙)를 기뻐하고 갑을목(甲乙)을 매개로 쓴다. 임수(壬)와 쓰임이 비슷하지만 임수가 땅위의 저수지나 강물을 뜻한다면 계수(癸)는 하늘에서 저절로 내리는 비이므로 반드시 근원이 되는 금신이 있어야 그 본분을 다할 수 있다. 춘하에 내리는 비를 가장 쓰임 있고 소중한 비로 여기지만 지나치게 비가 많이 내리게 되면 피지도 않은 작물을 습농 들게 하므로 좌우 오행(五行)의 조화를 살펴야 한다. 음간(陰干)은 세력을 쫓아서 살게 되면 종래에는 얻어지는 것이 없는 이치이다. 혹 춘절 계수가 주변에 또 다른 계수들이 있으면 이들은 모두 흉 글자이다. 오합지졸들을 따라 나쁜 짓을 하는 것이다.

계수의 본성을 이해하고 음이지만 기운이 되는 뿌리가 없다면 함부로 행동하지 않는 것이 좋다.

1) 인묘진월의 계수

춘절의 계수는 만물이 발양을 할 때 내리는 비로, 만물을 윤습하게 해 주는 고마운 우로수이지만 작물들이 싹이 크지 않으므로 지나치게 내리면 퍼지도 않은 생물을 습농 들게 하여 각별한 주의가 필요하다. 비 개인 후 무지개가 뜨는 모습으로 병화(丙)를 필요로 한다. 목왕절이라 갑을목이 선용은 아니나 본래 계수는 갑병(甲丙)이 정용신이므로 갑목(甲)이 투간 되어도 흉신은 아니다. 춘절 계수가 근지가 미약하여 신금(辛)의 생조를 필요로 할 시에는 제일 용신 병화의 상해를 우려하여야 한다. 병화와는 격재로 있어야 길명이다.

인월의 계수

인월은 한습하여 계수가 약하지만 병화(丙)를 쓰고 만약 천간에서 경신금(庚辛)이 투간 되면 병화와는 격재로 있어야 한다. 무기토(戊己)가 많으면 물고를 막는 기운이 있어 소시부터 잔질이 많다. 인월에는 목왕(木旺)의 시작이라 토(土)도 필요하지만 음간의 극은 천간에서 일어나면 그 여파가 크다. 토가 필요해도 지지에서 진토(辰)가 있어야 길명이다. 이때도 갑병(甲丙)은 흉신이 아니다. (甲, 丙 辰土)

묘월의 계수

묘월은 목왕하여 토가 필요하며 병화(丙)가 필요하다. 해묘미(亥卯未) 목왕이면 지지에서 수원(水原)의 생조를 받아야 길하다. 지지 목국이 성하고 천간에 경금이 투간 했다고 경금을 용하지는 않는다. 경금이 있을 때는 반드시 병정화(丙丁)로 제해야 길명이 된다. (丙, 甲, 辰)

진월의 계수

진월은 청명절이라 진토(辰) 자체에 수기를 머금은 토왕절이다. 만물이 시생하기 적합한 좋은 계절이다. 갑목(甲)이 투간 되고 병화(丙)가 있으면 길명이다. 단순한 생극 제화로 진토(辰)가 계수를 극한다고 하면 이치에 안 맞는 말이다. 이때 임수(壬)가 투간 되면 환경 좋은 맑은 호수 물을 가지고 있는 것으로 좋은 환경이 된다. 이때 무기토(戊己)가 투간 되면 흉신이 된다. 반드시 갑목으로 소토해 주어야 한다. (丙, 甲, 辰)

2) 사오미월의 계수

화왕절의 계수는 단비로 표현된다. 비록 임수(壬)가 양수이고 저수지 물은 강물이 되지만 하절 화왕을 다스리는 것은 하늘의 우로수 계수(癸)이다. 가뭄에 저수지 물을 아무리 퍼다 날라도 땅을 촉촉이 적시겠는가? 하절 염염을 해결하기 위해서는 하늘에서 비가 와 주어야 땅속까지 윤습해지는 자연의 이치와 같다. 하절 계수가 금신(金神)으로부터의 구제를 받고 근지가 있으면 부귀지명이 된다. 하절에는 화토가 왕왕하여 우로수를 맥을 못 추게 하므로 무기토(戊己)는 모두 흉이다. 특히 무토(戊)는 계수의 본분을 망각하게 만들므로 절대 같이 투간 되면 안 된다. 계절에 꼭 필요한 우로수를 막고 있는 모습이다. 혹 옆에 갑(甲)이 있다면 무토를 극하여 합을 풀리게 할 수는 있다. 대·세운에서 갑목(甲) 운이나 무토(戊) 운이 왔을 때 나타난다.

사월의 계수

사월령은 경금(庚)의 생지이지만 병무가 장생지가 되어 화토가 왕해지는 계절이다. 경신금이 생수하여 근지를 삼는다. 본디 양은 양을 생하고 음은 음을 생하는 것이 원칙이지만 하절 계수는 경금도 쓴다. 바위에서 맑은 물뿐만 아니라 흙탕물도 나오는 이치와 같다. 혹 간두에 정화(丁)나 무토(戊)가 투간 되면 임수(壬)가 막아 주면 길명이다. (庚辛, 壬, 甲木)

오월의 계수

화염한 화왕절이다. 하늘의 우로수가 근지가 없이 내렸다가는 흔적도 없다. 경신금(庚辛)이 반드시 필요하고 임, 계수(壬癸)도 생조해 준다. 지지에 신진축(申辰丑) 중 일자만 있어도 편안한 사주이다. 오월에는 임, 계수(壬癸)가 제일 용신이고 경신금(庚辛)이 이차가 된다. 오월의 경신금이 힘이 약한 것도 있지만 경금, 신금 하나로는 화왕을 견딜 수 없기 때문에 임, 계수의 조력이 반드시 필요하다. (壬癸, 庚辛)

미월의 계수

미월은 오월과 대등하나 토왕하여 자칫하면 물길을 막는 것이 두렵다. 갑목(甲木)으로 소토해 주고 경신임계(壬癸, 庚辛)의 조력이 필요하다. 미월에는 첫 번째가 경신금이고 두 번째가 임, 계수이다. 토왕절에 물만으로는 조열 기운을 해결할 수 없다. 오월과 미월의 다른 점은 수(水)가 자칫하면 물길이 막힐 수 있기 때문에 토(土)가 금(金)을 생하여 수(水)를 생해 주어야 하는 까닭이다. 반드시 경신(庚辛) 금이 같이 있어야 조열토의 피해를 막을 수 있다. (甲木, 庚辛壬癸)

3) 신유술월의 계수

추절은 곡식이 익어 가는 시절이므로 간간이 내리는 비는 고마운 비이나 기본적으로 추절은 태양화(丙)의 도움이 절실히 필요하기 때문에 계수(癸)의 쓰임이 크지는 않다. 도리어 추절의 비는 익어 가는 곡식을 방해할 수도 있기 때문에 본인들도 조용하고 속내를 드러내지 않는 모습이다. 가을 비는 외롭고 쓸쓸하면 숙살의 기운이 있다. 가을 비가 왕하면 수확물을 결실할 수 없음을 뜻한다. 곡식을 익히기 위하여 태양은 반드시 필요하다. 병화와 신금은 격재로 있어야 한다. 계수는 단순 신강 신약의 논리나 오행(五行)의 단순한 생극제화로(生剋制化)만 답을 내기 어렵다. 계수 자체가 까다롭고 생각이 많은 만큼 그 용신(用神)을 정하는 데 신중을 요한다.

신월의 계수

신월은 추절이지만 아직 화기가 있으므로 경신금(庚辛)을 써도 무방하다. 하지만 결실목인 갑을 썼을 때는 경금은 흉신이 된다. 갑목이 있을 때는 병화(丙)가 같이 있으면 길명이다. 처서 이후가 되면 경금 투간 시 정화(丁)가 있어야 하고 정화의 심지가 되는 갑목(甲)이 있으면 좋다. 신월은 결실의 계절인 가을의 시작이다. 갑목(甲)이 투간 되었고 지지 갑목의 근지가 있을 때 그 근지를 금신이 상해를 입히면 결실목을 탈취당하는 형상이다. 목이 있을 때는 그 근지의 피상을 잘 살펴야 한다. (甲, 丙)

유월의 계수

유월은 중추절이라 가을의 계수이다. 화기는 점쇠해지고 한습 기운이 감돈다. 따뜻한 병화(丙)로 결실의 마무리가 필요하다. 갑목(甲), 병화(丙)가 최고의 길신이다. 갑, 병이 길할 때 경금, 신금, 기토(庚辛己)는 흉신이다. 용신을 정하게 되면 용신을 극해하는 글자는 모두 흉으로 볼 수 있다.(甲丙)

술월의 계수

술월은 땅이 메마르고 조열하게 된다. 술월령(戌)이라 지지가 인오술(寅午戌) 화국을 이루게 되면 수의 생조가 있어야 하는데 경신금 없이 임, 계수로는 술월령을 해결하지 못한다. 경신금 없이 임, 계수만 있으면 토에 물길이 막혀서 생조하기 어렵다. 토를 설기시켜 생수 받게 되면 길명이 된다. 두터운 토를 소토하는 갑목(甲), 경신임계(庚辛壬癸)를 용으로 한다.(甲 庚辛壬癸)

4) 해자축월의 계수

동절의 비는 동빙되어 쓸모가 없고 소외되는 시절이다. 계수는 겨울 비, 눈보라, 비바람으로 표현되며 겨울에 눈이 오면 다음 날까지 걱정해야 하는 까닭이다. 병정무(丙丁戊)가 시급하다.

동절 계수가 병정무(丙丁戊)가 없으면 얼굴이 어둡고 말이 없다. 해자축월에는 무토(戊)도 흉한 글자가 아니다. 겨울에 난폭해지려는 우로수를 잡아서 만물에 피해를 막는 형상이므로 사람이 착하고 신중한 사람이다. 사주팔자에서 천간합을 안 좋은 합으로 보고 있지만 동절 계수가 합을 하고 있으면 정상참작이 된다. 하지만 계절이 동절에만 머물러 있지 않기 때문에 본인이 무능력함은 내재하고 있다. 봄여름에 합하고 있으면 주변에서 할 일 두고 일 안 하는 무능력한 사람이라고 손가락질하는 것은 자명한 일이다.

해월의 계수

해월은 수왕절이지만 해중(亥) 갑목이 장생이 되어 수기가 왕 하지는 않다. 동절이라 병화, 갑목이 길하다. 혹 천간에 경금(庚)이 투간 되면 정화(丁)로 제하고 지지에 수왕할 때는 무토(戊)로 제하는 것이 좋으나 해월 계수는 무계합(戊癸)이 되면 나쁜 짓은 안 하지만 대·세운에서 봄여름이 오면 무능력하게 된다. 그래서 가급적 계수는 천간에서 무토(戊)를 잘 쓰지 않는 이유이다. (甲丙, 丁)

자월의 계수

자월은 한기가 태왕하여 온난하기를 원한다. 병정화(丙丁)로 온난 온수하고 갑목(甲)이 투간 된다면 길명이다. 또한 지지에 자수를 극제해 주는 인오술미(寅午戌未) 중 일자라도 있으면 의식은 유하다. 자월에 정화(丁) 없이 금수(金水)가 투간 되었다면 흉신이 된다. 흉 글자가 있을 때 흉을 제하는 글자가 같이 있으면 유병(有病)에 유약(有藥) 사주라 하여 지혜롭고 현명한 사람이 된다. (丙, 丁, 甲, 戊)

축월의 계수

축월은 한랭하여 병정화(丙丁)로 조후가 시급하고 갑목(甲)으로 생화하고 무토(戊)로 제습하여야 한다. 이때도 토가 지지에 있는 것이 길하다. 갑병(甲丙)이 없으면 축월생은 만물이 동빙되어 냉한을 해결하기 어렵다. 병무기임계(丙戊己壬癸) 기르는 일간 축월 생은 갑병(甲丙)을 가지고 오는 봄을 기다리는 형상이다. 갑병이 없으면 물생(物生)을 할 수 없으니 일의 성패의 기복이 심하다.(甲, 丙, 丁)

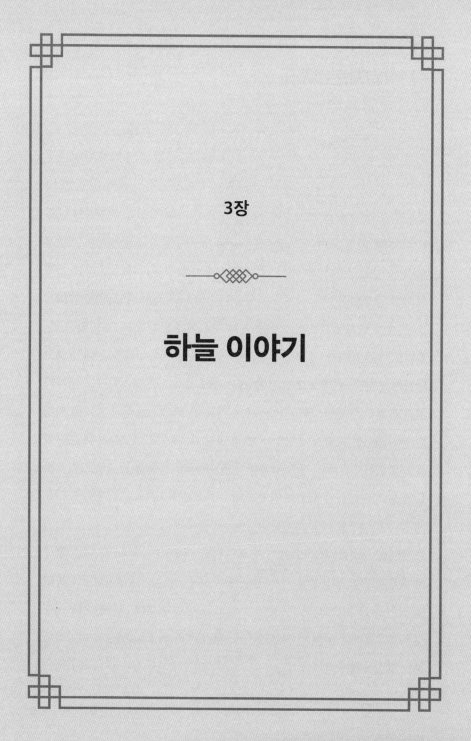

3장

하늘 이야기

1.
천상열차분야지도

사주 명리학의 역사는 정확하지는 않으나 여러 학설을 종합하면 대략 1000여 년 이상을 이어 오고 있다. 근래에 사주팔자를 추명하는 관법은 여러 가지가 있지만 대다수는 선대 명리학자들의 명리학 고전과 그 속에서 파생되어 나온 책들의 범주에서 크게 벗어나지 않는다고 본다. 그러므로 현재까지는 획기적인 새로운 학설이나 이론은 나오고 있지 않다. 본 필자도 처음 사주를 접하면서 그동안 선학들의 이론이나 학설에서 보고 익히어 지금의 관법으로 발전하였다. 우스갯소리로 명리학에는 임자가 없다고 말하곤 한다. 명리학을 하나의 학문으로서 효용성과 가치를 인정받기 위해서는 후학들이 학업에 더욱 정진, 고민하고 연구하여 새로운 학설이나 이론을 밝히도록 노력하여야 할 것이다. 똑똑하고 지혜로운 후학들에 의해 명리학의 새로운 발전을 당부하고자 한다.

앞으로 새로운 학설이 많이 나오겠지만 사주 명리학의 골자는 "우주의 본원은 기(氣)이며 그 기가 작용하여 우주 만물을 형성한다. 그 과정에 있어서 음양(陰陽)으로 나뉘어져 있고 오행의 법칙에 의해서 이루어진 것"(『周易』)이라고 되어 있다. 오행(五行)의 법칙은 사계절 자연의 이치라는 것을 명심하여야 한다.

음양과 오행의 법칙에 의하여 사주팔자를 땅에서 풀 수 있는 것이 시간의 개념이라면 공간의 개념으로 하늘의 별자리 28수에 대하여 간략하게 설명하고자 한다. 고대로부터 인간은 하늘 별자리의 위치 변화를 읽고 이를 바탕으로 국운을 살피며 미래를 예측하기도 했다.

천상열차분야지도(天象列次分野之圖)는 북극성을 중심으로 육안 상 확인할 수 있는 별들을 관찰하여, 하늘을 12국 12지역으로 나누고 각 분야별로 12차, 12월, 12궁을 배치한 별자리 그림이다. 하늘에 흩어진 수많은 별들 중에 인간 세상의 일과 관련이 있다고 여기는 별들에 대해 상원, 중원, 하원의 3원과 동방, 북방, 서방, 남방의 사방을 각각 7수로 나눠서 전체를 3원 28수로 배열한 것이다. (지식백과 참조)

또한, 천상열차분야지도는 조선 시대에 돌에 새겨서 만든 하늘의 별자리에 관한 이야기이다. 천상이란 하늘의 현상을 보고 지리와 인사에 어떠한 영향을 미치는지 살피는 것이다. 즉, 목성의 공전 주기를 하늘의 적도 12개 구역으로 나눈 것이고, 12차는 하늘의 영역을 12개로 나누었다는 이야기다. 천인 감응의 인식에 입각해 하늘의 별자리를 일대일로 땅에 대입시켜 별자리에 특정한 천문 현상이 생기면 그에 해당하는 지역이 영향을 받는다고 되어 있다. (손영달, 『별자리 서당』, 북드라망, 2014) 천상열차분야지도의 12국 분야 및 성수분도와 중앙의 별자리에 대한 내용은 세종 때 이순지 선생이 편찬하신『천문류초』에 상세하게 설명되어 있으니 참고하길 바란다. 천상열차분야지도에 관해 더 자세한 이야기는 여러 참고 자료가 있으므로 학인들이 쉽게 접할 수 있다.

그동안 출생 월에 따른 서양의 별자리만 보아 왔다면 동양에는 더욱 정확하고 과학적인 천상열차분야지도라는 훌륭한 문화유산이 있으므로 이를 참고하여 동양 별자리에 관심을 가지면 좋을 것이다. 조선 시대에는 천상의 별자리에 좋은 기운을 비는 마음에 천상열차분야지도 탁본의 족자를 집안에 걸어 놓기도 하였다는 이야기도 있다. 천상열차분야지도에 대한 세세한 분석과 자세한 내용은 지면상 생략하기로 한다. 여기서는 28수에 관한 내용만 언급되니, 참고 자료를 활용하여 많은 이야기를 찾아보길 바란다.

천상열차분야지도(天象列次分野之圖)
국보 제228호. 보물 제837호

본래 천문에 대한 이야기는 끝이 없고 방대하므로 모두 다루려면 한 권의 책으로는 부족할 것이다. 필자는 3원 28수 중 28수에 관한 이야기만 간단히 언급하고자 한다. 사주팔자도 사계절의 변화와 그 운에 따라 변하고, 별자리도 계절의 변화에 따라 달라진다. 하지만 출생 시 그날 땅의 기운인 사주팔자와 하늘의 28수 중 어떤 기운 속에서 태어났는지를 살피는 것은 흥미로운 일이다. 사주팔자 중에 태어난 날 각각의 28수 별자리에 대한 설명과 각기 다른 별자리의 특성 및 위치를 살펴보고, 28수에 속해 있는 하늘의 기운에 대하여 알아보고자 한다.

하늘에는 동방 7수, 서방 7수, 남방 7수, 북방 7수에 속하는 별자리인 28수가 있다. 생년월일에 그날의 별자리 기운을 말하며, 명칭은 각, 항, 저, 방, 심, 미, 기(동방칠사), 두, 우, 여, 허, 위, 실, 벽(북방칠사), 규, 루, 위, 묘, 필, 자, 삼(서방칠사), 정, 귀, 류, 성, 장, 익, 진(남방칠사)로 7수 × 4방 = 28수이다. 28수는 하늘 별자리로 택일, 풍수 등에 활용되나 본인들이 28수 중 어떠한 자리에 속해 있는지 알아 두는 것도 중요하다.

2.
28수

동방칠사(청룡)

28수	상징 동물	풀이	지지 사유	특징 및 하는 일	소속 7요
각	각목교 (角木蛟)	나무교룡	巽	시작, 공격, 돌격, 진격, 위엄, 용의 뿔, 임금, 만물과 바람, 조화를 주관함, 밝게 빛나면 화목하고 평안함	목성
항	항금룡 (亢金龍)	황금용	辰	소통, 관문, 용의 목(쌍뿔용), 중재, 내조와 예법총괄송사 죄를 다스림	금성
저	저토학 (氐土貉)	땅의 오소리, 너구리	乙	조화와 조율, 저울, 균형, 예의, 판사, 법관, 깃털, 숨소리, 용의 가슴, 밝고 크면 백성이 편안함	토성
방	방일토 (方日兎)	태양의 토끼	卯	명당, 열쇠, 명당, 거처, 휴게실, 정치를 시행하는 궁궐, 신하, 변화, 치료, 약	화성
심	심월호 (心月狐)	달의 여우	甲	통솔, 주재, 천자자리, 업무, 비서직, 왕의 보좌, 상과 벌, 주관적, 대장, 선두	수성
미	미화호 (尾火虎)	불의 호랑이	寅	균형, 용꼬리, 왕후 여성, 비, 첩, 내시, 왕의 가족	화성
기	기수표 (箕水豹)	물의 표범	寅	바람, 순환, 유통, 깃발, 태풍, 명분 중요시, 후궁, 해와 달이 머무르는 곳에서 바람을 관장하고 구설과 오랑캐를 주관함	수성

　　청룡 동방의 7개의 별 각, 항, 저, 방, 심, 미, 기(角, 亢, 氐, 方, 心, 尾, 箕). 시작을 알리고 만물의 조화를 주관한다. 동쪽 시작의 의미이며, 새로운 계

절을 알림. 선두, 탄생과 창조를 알린다.

북방칠사(현무)

28수	상징 동물	풀이	지지 사유	특징 및 하는 일	소속 7요
두	두목해 (斗木獬)	나무해치, 게	艮	머리, 계량, 자루, 수명 관장, 두목, 남두육성, 생명 주관, 하늘의 종묘, 인재천거, 포상, 벼슬과 녹봉	목성
우	우금우 (牛金牛)	황금소	丑	하늘의 관문으로서 죄, 흉벌, 제물, 견우, 관문 교량	금성
여	여토복 (女土蝠)	땅의 박쥐	癸	싸움, 형제, 시기, 질투, 궁 내부, 하급 관청 시녀, 직물 제조, 결혼 중매	토성
허	허일서 (虛日鼠)	태양의 쥐	子	비어 있음, 밝으면 흉, 사라짐, 어두워야 길, 사당 제사, 곡, 토목 공사	화성
위	위월연 (危月燕)	달의 제비	壬	위태로움, 건축, 창고, 시장, 수확, 저장, 장사, 바람·비를 관장, 달무리가 지면 재앙이 있음	수성
실	실화저 (室火猪)	불의 돼지	亥	선대 조상, 선와의 영혼, 의례 주관, 사당, 정성, 제사, 움직이면 토목 공사, 거울	화성
벽	벽수유 (壁水貐)	물의 수달	亥	하늘의 도서관, 공부, 천기, 관문, 임금의담, 누설, 비밀, 학문	수성

주작 북방의 7개의 별 두, 우, 여, 허, 위, 실, 벽(斗, 牛, 女, 虛, 危, 室, 壁)은 죽음, 상제, 사당, 제사, 자식에 관한 일을 주관한다. 북방을 지키는 수호신이 막힌 기운을 통하게 한다.

28수	상징 동물	풀이	지지 사유	특징 및 하는 일	소속 7요
규	규목랑 (奎木狼)	나무 이리	乾	규장각, 책, 도서관, 문운, 하늘의 무기고, 수로, 도랑	목성
루	루금구 (婁金狗)	황금개	戌	이끌다, 끝, 쉬는 곳, 목장, 하늘의 감옥, 짐승을 기르는 일, 짐승의 우리, 희생, 제의	금성
위	위토치 (胃土雉)	땅의 꿩	辛	주방, 위장, 축적, 저장, 수확, 오곡의 창고, 잔치	토성
묘	묘일계 (昴日鷄)	태양의 닭	酉	하늘의 눈과 귀, 형벌 주관, 숙살지기, 추수, 단식, 옥사 주관, 군신 간의 대화	화성
필	필월오 (畢月烏)	달의 까마귀	庚	그물, 사냥, 비, 홍수, 우사, 병사와 수렵 관장, 벼슬을 주관, 병란이 일어남, 군대, 결실 수확	수성
자	자화후 (觜火猴)	불의 원숭이	申	하늘의 관문, 음왕성, 수렴, 추위, 휴식기, 여관, 머리털, 군량 창고, 보급고	화성
삼	삼수원 (參水猿)	물의 원숭이	申	털끝, 장군별, 앞발, 효도, 충성, 형벌, 변방, 겨울 도래	수성

백호 서방 7개의 별 규, 루, 위, 묘, 필, 자, 삼(奎, 婁, 胃, 昴, 畢, 觜, 參)은 무기, 사냥, 병권, 권력, 형벌, 감옥, 서방은 가을의 개념으로 수렴, 숙살을 의미한다. 계절 중 가을을 상징하고 가둔다는 의미, 버릴 것은 버리고 좋은 것은 취한다.

남방칠사(주작)

28수	상징 동물	풀이	지지 사유	특징 및 하는 일	소속 7요
정	정목안 (井木犴)	나무 들개	坤	생명의 물, 근원, 시초, 정수리, 우물, 샘물을 다스림, 주작의 머리, 성공 주관	목성
귀	귀금양 (鬼金羊)	황금양	未	귀신, 음기 많음, 상여, 시체, 상조회사, 질병, 제사 주관, 비단과 베, 금, 옥 등을 모음	금성

류	류토장 (柳土獐)	땅의 노루	丁	하늘의 주방, 음식 창고, 술, 천둥, 비 주관, 요리, 버드나무, 청춘의 별, 질병, 의사	토성
성	성일마 (星日馬)	태양의 말	午	음기 강함, 의상, 문양 수, 어두워야 길함	화성
장	장월록 (張月鹿)	달의 사슴	丙	진귀한 보물, 종묘, 의복, 모래주머니, 의식 용, 보물	수성
익	익화사 (翼火蛇)	붉은 뱀	巳	문화 서적, 악무, 예술, 광대, 배우, 축제, 날 개, 도덕	화성
진	진수인 (軫水蚓)	물의 지렁이	巳	장군, 음악의 일, 노래, 군용, 수레	수성

　주작 남방 7개의 별 정, 귀, 류, 성, 장, 익, 진(井, 鬼, 柳, 星, 張, 翼, 軫)은 예, 웃음, 오락, 가무, 연회, 잔치, 과정, 기쁨과 슬픔, 죽음과 소멸의 의미로 겨울의 얼어붙은 땅의 기운을 녹여 주는 별자리로 발산과 확장의 신이다.

　하늘에는 육안으로 확인할 수 있는 별들도 많지만 육안으로 보이지 않는 별도 셀 수 없이 많다. 그 별들의 움직임을 살펴서 인간사를 살펴보기도 하였다. 하지만 그 많은 별들을 모두 인간사에 연결 짓기에는 한계가 있다. 28수는 각각의 거느리고 있는 별들 중 우두머리 별로서 머무를 숙(宿) 자의 의미로 28수(宿)로 읽는다. '사주팔자와 28수가 무슨 상관이 있을까', '사주팔자를 보면서 천문을 읽는다는 의미인가'라고 생각할 수도 있다. 28수는 이름 그대로 하늘을 네 분야로 나누어서 동방의 청룡 7개의 별자리, 서방의 백호 7개의 별자리, 남방의 주작 7개의 별자리, 북방 현무 7개의 별자리를 모두 합하여 28개의 별자리이고 각 별들은 우두머리 별이 된다.

각 별들이 거느리고 있는 별들이 있는데 동방칠사 중 각수(角)는 2성을 거느리며, 28수 중 가장 적은 수의 별을 거느리고 있다. 남방칠사 중 익성(翼)이 22개의 가장 많은 별자리를 거느리고 있다.

서유기의 손오공이 제천대성을 칭하면서 하늘에 반기를 들 때 손오공을 응징하기 위하여 28개의 우두머리 별들이 토벌군으로 나선다는 이야기도 있다. (오승은, 임홍빈 역, 『서유기』 문학과지성사, 2015) 28수의 동물은 후대 창작물과 인터넷 게임 등에서도 많이 활용되고 있다. 서양의 별자리를 보고 성격이나 직업 적성을 읽듯이 동양 별자리 28수로도 성격이나 직업 적성을 참고할 수 있을 것이다.

땅에서는 사주팔자 8글자, 하늘에서는 각각 배속되어 있는 별의 모습을 같이 보게 된다면 더 도움이 될 것이다. 물론 정확한 사주 분석이 선행되어야 함은 두말 할 나위가 없다. 각각의 사주팔자는 모두 틀리지만 그날의 별자리는 모두 같기 때문에 별자리로만 한정 지을 수는 없다. 반드시 사주 분석이 선행이 되어야 하며, 참고 사항으로 하늘에서의 기운도 같이 읽어야 한다.

28수를 살펴보면 관장하는 기운이 모두 다르고 음양의 이치를 가지고 있기 때문에 특별히 좋은 별자리나 나쁜 별자리가 없다. 28수의 특징을 살펴보고 어떠한 기운 속에서 생했는지 알아보는 것에 주안점을 둔다. 또한 사주팔자에서 일간이 겉에 보이는 모습 체(體)라면 내재되어 있는 정신, 생각, 희망은 용신(用神)이라 하였다.

28수에는 간지와 건, 곤, 손, 간(乾坤巽艮) 사유(四維)도 같이 기술해 놓았으니 용신 간지와 해당 28수를 연결시켜 보면 된다. 위대한 디지털 만세력의 개발로 해당 일의 28수를 쉽게 알 수 있으니 감사한 일이다. 만세력이 없었으면 동방의 각 수(宿)부터 각항저방심미기… 남방의 진수(軫)까지 매일 확인해야 하는 번거로움을 감수해야 했을 것이다. 그러나 이면에는 원류도 모르면서 무조건적으로 차용하게 되는 경우도 있으니 신중해야 한다. 뜻은 알고 편리함을 추구한다면 문명의 이기를 잘 활용할 수 있을 것이다.

- **1988. 10. 12 수요일(箕)**

    ○ 庚 壬 戊
    ○ 子 戌 辰

술월의 경금으로 임수, 갑목을 용한다. 갑이 투간 되지 않으므로 투간된 임수을 선용한다.

청룡 동방 칠사 중 기수(箕宿)에 속하며 수성(水星)의 관장을 받는다. 기수(箕) 날에 생했지만 본인의 생각과 꿈은 현무 북방 위수(危)의 기운을 추구한다. 임수(壬)가 배속되어 있는 것은 위(危)수에 해당된다는 의미이다.

기수(箕宿)는 깃발, 태풍을 상징하며, 명분을 중요시하고 본인 중심적인 사고를 가지고 있다. 해와 달이 머무르는 곳에서 바람을 관장하고 구설과 오랑캐를 주관한다. 위수는 수확하여 저장하기를 좋아하고 편안한 상태임에도 자꾸 움직임을 추구한다. 안정이 잘 안 되기도 한다.

본인 사주들의 특징과 더불어 참고하면 좋을 듯하다. 해당 동물은 표범을 상징한다.

옛날에는 기수(箕宿)의 변화를 읽으면서 오랑캐의 움직임을 알 수 있고, 별이 모여서 미세하게 되면 우환이 생기며 기수가 이동하여 은하수 안으로 들어가면 나라에 재앙이 생기고 사람들이 서로 분란이 있다고 했다. 하지만 국운까지는 전문 천문학자의 몫으로 돌리고 여기서는 사주 분석 후 천문의 기운도 같이 살펴보아 그 별의 특징과 개인과 연결시키는 것만을 참고하여 살핀다.

- **1991. 1. 9 수요일(壁)**

○ 己 己 庚
○ 卯 丑 午

축월 섣달의 동토이다. 진술축미 월에는 목을 선용하고 동한의 땅을 녹여 주는 오화가 용신이다. 현무 북방 칠사 중 벽수(壁)에 속하며 수성의 관장을 받는다. 용신은 시간에 갑목이 있다면 갑을 선용하고 공협 인목, 묘목이 좋은 글자이다. 오화도 좋지만 축토에 의해 회기 되었다.

현무 북방 벽수는 천기, 관문, 임금의 담, 누설, 비밀, 학문, 하늘의 도서관에 해당한다. 실재 천문에 관심이 많고 공부하기를 좋아한다. 현실에서 공부로 인한 결실은 각각의 사주팔자와 운에 의해 작용된다. 사주와 운이 좋으면 그 학문으로 큰 도를 이룰 것이고, 나쁘면 학문을 펼치지 못할 것이다. 혹, 갑목을 선용한다면 추구하는 것은 동방의 심수의 영향 속에 있다고 볼 것이다. 높은 자리에 대한 이상과 꿈이 있고 사람들을 돕고 싶어 한다. 해당 동물은 수달에 해당된다.

• 1960. 12. 5 월요일(張)

○ 丁 丁 庚
○ 卯 亥 子

해월의 귀한 불이다. 천간 경금(庚)이 선용이다.

주작 남방 칠사 중 장수(張)에 속하며 화성의 관장을 받는다. 용신이 경금(庚)이므로 서방 칠사의 필수(畢)를 추구한다. 해당일은 장수(張)의 기운으로 예의가 있고 성정이 선하지만, 서방 백호 필수의 기운을 추구하기 때문에 권력을 추구하고 공기관과 관련된 일을 한다.

장수(張水)는 모래주머니 의식용, 감찰, 감독 보물을 의미하며 명당을 담당하는 어사의 일을 주관한다. 진귀한 보물, 의복, 부엌일을 관리 한다. 장수가 움직이면 상을 주는 일이 있으며 해당 동물은 사슴을 상징한다.

28수의 특징에 대한 자료는 넓고 방대하다. 본 필자가 기술한 28수의 특징은 꼭 알아야 할 단편적인 것만 기록하였으니 좀 더 세밀하고 정확한 별자리 특징을 찾아서 땅의 기운과 하늘의 별자리 기운을 운명에 연결해 보면 어떨까 생각해 본다. 무릇 학문이라 함은 머물러서 무턱대고 고전만 답습하거나 사실 확인도 하지 않은 사주팔자를 어려운 용어를 사용해 잘못된 풀이를 하는 것은 위험천만한 일이다. 본인이 항상 의문점을 갖고 분석하고 연구해서 임상으로 경험을 쌓아서 남에게 대가를 받고 운명 상담을 해 주는 것이다.

최근 역술가들이 유명인 사주를 앞다투어 실력을 뽐내며 분석하여 놓았다. 그런데 그 사람의 생년월일시가 실제와 다르더라 하는 경우가 있었다. 그 역술가들의 변명이 궁금해진다. 현대의 범람하는 매체 속에 공인들은 이미 모든 삶이 노출될 대로 된 상태에서 사실 확인도 안 된 생년월일시로 이 사람이 이랬기 때문에 팔자가 이러했다고 하는 것이 얼마나 우스운 일인가. 그것은 사주팔자를 분석하는 것이 아니라 사람을 사주팔자에 짜깁기하는 것이다.

28수를 기술해 놓은 이유는 서양이 12개월 별자리(물병, 물고기, 양, 황소, 쌍둥이, 게, 사자, 처녀, 천칭자리, 전갈, 사수, 염소자리)로 성향, 직업, 적성을 파악하고 있는 것과 다른 점을 이야기하고자 함이다. 서양에서는 예를 들어 사자자리(7월 23일~8월 22일)에 생한 사람은 모두 비슷한 성향, 직업, 적성에 근접해 있다는 논리를 가지고 있다. 그래서 서양은 30일 동안 출생자의 별자리가 모두 비슷하다는 결론인 반면에 동양 28수는 한 달 동안 뜨는 별이 각각 모두 다르다는 점에서 더 세분화되고 정확하다고 할 수 있다. 30을 하나로 모두 같게 읽느냐, 각각 세분해서 읽느냐의 정확도는 크게 차이가 날 것이다. 정확한 사주 분석으로 운명을 알고 어떠한 별자리의 기운이 있었는지 살펴보려면 운명을 한 방향으로만 단정 짓지 말고 더 폭넓게 바라봐야 한다. 아울러, 사주 명리학과 더불어 28수 천문에 대한 연구는 계속되어야 할 것이다. 그러면 운명의 또 다른 묘미를 알 수 있을 것이다.

참고문헌

유백온, 임철초, 『적천수 천미』, 다산글방, 2017

김석진, 『주역(대산주역강의)』, 한길사, 1999

무 영, 『사주와 자연이치』, 좋은땅, 2018

송영달, 『별자리 서당』, 북드라망, 2014

김관섭, 『천상열차분야지도』, 태일류천, 2012

부자 **사주** 가난한 **사주**

ⓒ 무영, 2022

초판 1쇄 발행 2022년 11월 11일

지은이   무영
펴낸이   이기봉
편집   좋은땅 편집팀
펴낸곳   도서출판 좋은땅
주소   서울특별시 마포구 양화로12길 26 지월드빌딩 (서교동 395-7)
전화   02)374-8616~7
팩스   02)374-8614
이메일   gworldbook@naver.com
홈페이지   www.g-world.co.kr

ISBN   979-11-388-1393-8 (03180)